外研社·供高等学校日语专业使用

新经典
日本语

基础教程 第二册 同步练习册

第三版

总主编 / 于 飞

主 审 / 修 刚 陈 岩 石川守〔日〕
　　　川口义一〔日〕

主 编 / 胡小春 安 月 张浩然 于 飞

副主编 / 王 猛 黄一峰 吕 萍

外语教学与研究出版社
北京

图书在版编目（CIP）数据

新经典日本语基础教程第二册同步练习册 / 胡小春等主编；王猛，黄一峰，吕萍副主编． —— 3 版． ——
北京：外语教学与研究出版社，2024.5
　　（新经典日本语 / 于飞总主编）
　　ISBN 978-7-5213-5251-1

　　Ⅰ．①新… Ⅱ．①胡… ②王… ③黄… ④吕… Ⅲ．①日语－高等学校－习题集 Ⅳ．①H369.6

　　中国国家版本馆 CIP 数据核字 (2024) 第 103881 号

出 版 人　王　芳
项目策划　杜红坡
责任编辑　尹虹方
责任校对　庞梦潋
装帧设计　彩奇风
出版发行　外语教学与研究出版社
社　　址　北京市西三环北路 19 号（100089）
网　　址　https://www.fltrp.com
印　　刷　三河市紫恒印装有限公司
开　　本　889×1194　1/16
印　　张　15　　答案手册：5.5
字　　数　200 千字
版　　次　2024 年 5 月第 3 版
印　　次　2024 年 5 月第 1 次印刷
书　　号　ISBN 978-7-5213-5251-1
定　　价　52.00 元

如有图书采购需求，图书内容或印刷装订等问题，侵权、盗版书籍等线索，请拨打以下电话或关注官方服务号：
客服电话：400 898 7008
官方服务号：微信搜索并关注公众号"外研社官方服务号"
外研社购书网址：https://fltrp.tmall.com

物料号：352510001

第三版序

近年来，随着我国现代化进程的持续深入与高等教育水平的不断提高，我国高等院校外语专业在人才培养模式、课程设置、教学内容、教学理念与教学方法等方面发生了很大变化。为了适应新时代的教学需求，在对全国不同类型院校日语专业教学现状进行调研的基础上，大连外国语大学和外语教学与研究出版社共同组织中日两国专家和一线教师，编写了"新经典日本语"系列教材。

本系列教材自出版以来，得到我国高等院校日语专业教师的广泛认可，受到使用院校的普遍好评。为了紧跟新时代日语教育发展的步伐，将党的二十大精神有机融入教材，落实立德树人根本任务，更好地服务于中国高等院校日语专业教学，全体编写人员一致认为有必要对本系列教材再次进行修订。为此，大连外国语大学组织60余名专业教师和9名日籍日语教育专家，在收集整理使用院校意见后，由主编统筹修订方案，专家审订修订内容，编写团队多轮反复修改，历时两年完成了本次修订。本次修订我们重点对教材中解释说明部分的科学性、会话内容与现实生活的结合度、例句的典型性、练习的针对性、录音及情境图示的生动性等进行了深入的研讨，修改了学习目标、句型、注解、解析、导入、练习等板块中的部分内容，替换了非典型例句、与知识点不同步的练习题及不明确的提示图片等。

"新经典日本语"系列教材包括基础教程、听力教程、会话教程、阅读教程、写作教程、高级教程、口译教程、笔译教程，具有以下特色。

一、第三版的设计和编写兼顾两个标准。

依据《普通高等学校本科专业类教学质量国家标准（外国语言文学类）》《普通高等学校本科日语专业教学指南》的培养目标、培养规格（素质要求、知识要求、能力要求）以及课程体系的要求编写，将立德树人作为教育、教学的首要任务，专业课程与课程思政同向同行。同时，在日语能力培养方面参照《JF日语教育标准》（日本国际交流基金会），采用进阶式日语能力设计模式。此外，本系列教材还强调同一阶段不同课程间的横向衔接，重视不同课程在教学上的相互配合和知识互补，旨在解决不同课程在教学目标、教学内容、课时分配等方面因相对独立所形成的矛盾和冲突。本系列教材将日语专业学习分为基础阶段和高年级阶段。基础阶段"学习日语"，培养学生的日语学习能力与语言运用能力；高年级阶段"用日语学"，培养学生的跨文化交际能力、思辨能力与研究能力。

二、突显现代教育认知理论在教学中的指导性。

为使教材在教学中发挥更积极的作用，在编写和修订过程中，我们吸收和借鉴了现代外语教育中的先进理念。虽然日语听、说、读、写、译能力的培养目标和培养模式有所不同，但理论和实践证明：外语习得的过程必须符合学习者的认知规律才能取得良好的效果。因此，本系列教材是在认知理论的指导下，贯彻相应的教学理念，结合了不同课程的特点设计编写而成的。

三、强调"任务型教学法"在教学中的运用。

外语学习不仅是语言知识积累的过程，更是学习者根据学习体验进行归纳、假设、推论、演绎的过程。因此，本系列教材既重视学生在课堂教学中的参与度，也强调学生课下自主学习的重要性。教师不再仅仅是语言知识的传授者、解释者，也是学习环境的创建者、学习任务的设计者。

四、构建内容充实、形式多样的立体化教学服务体系。

本系列教材除纸质版教材、配套音频外，还依托"U校园智慧教学云平台"，提供了标准化、规范化的课件、教案、微课视频、示范课、题库等，助力打造智慧课堂。

最后，感谢外研社领导和各位编辑多年来的陪伴和支持，正是这种精益求精的匠人态度、力争上游的进取精神，才成就了"新经典日本语"系列教材。同时，感谢使用院校的各位老师和同学对"新经典日本语"系列教材的关注和支持，更感谢在教材修订过程中提出宝贵意见的各位同仁。我们希望通过本次修订，使"新经典日本语"系列教材能更好地为中国高等院校日语专业教学提供服务。

"新经典日本语"系列教材编委会

2024年3月

前 言 ✒

　　《新经典日本语基础教程：第三版》是以高等院校零起点的日语专业学生为对象，以培养学生日语听、说、读、写综合语言运用能力为目标的日语综合教材。《新经典日本语基础教程：第三版》共八册（主教材第一至第四册、同步练习册第一至第四册），分别对应日语专业一、二年级的四个学期。

　　基础教程第一册由"発音"板块和14课构成，第二、三、四册各有16课。与之配套的同步练习册不仅强调对各课的知识点进行集中强化训练，还注重与国内日语水平考试以及新日语能力考试各级别的衔接。同步练习册中设置了与以上相关考试题型类似的专项训练，以此来提高学生应对相关考试的能力，同时达到复现知识点的目的。

教材特点

　　本套教材是在学习和吸收国外第二语言教学的先进理念和方法的基础上，借鉴国内外已经出版发行的优秀教材的经验，并结合我国日语本科教学的现状和教学大纲的要求编写设计的，在编写设计上主要体现以下几个特点。

1. 以学习为中心，以学生为主体，激发学生自主学习动力和语言探究潜能。

　　本套教材将"任务型教学法"融入其中，在课堂组织中强调学生的参与度。以学生为主体并不是要放弃教师在课堂上的主导地位，而是要让教师成为优秀的课堂引导者，最大限度地调动学生参与到课堂中，帮助学生发现和总结语言规律，举一反三，灵活运用。

2. 以输出为驱动，培养学生的日语综合应用能力。

　　具体而言，教材在注重听力与阅读理解等语言输入能力的同时，突出学生口语和书面表达能力的训练，以主题（话题）——情景——功能为主线，设计多样化的真实语境交际任务，重在培养学生的日语听说读写综合应用能力。

3. 以跨文化交际理论为指导，将解决跨文化冲突问题融入语言学习中。

　　教材在选材设计上强调内容的深度和真实性，要让学习者从语言学习中感受、理解不同文化的特征。通过语言学习，学生不仅能获得交际能力，还能了解不同民族间的文化差异在语言和思维上的真实表现，从而提高自身的跨文化交际能力与思辨能力。

4. 提供"教、学、测、评"完整的教学服务解决方案。

　　本套教材为教师提供教案、教学课件、教学示范课、期末试题库等教学资源，为学生自主

学习开发了"U校园"APP，为教学评价提供"测、评、研"一体化的 iTEST 测试系统。

修订内容

《新经典日本语基础教程第二册：第三版》主要修订内容如下。

1. 学习目标修订

   参照《JF 日语教育标准》，每课学习目标的前三项均以"能够……"的句式描述本课需要达成的任务，注重培养学生使用日语完成具体任务的能力。

2. 基础会话、应用会话、正文修订

   对会话内容与现实生活的结合度、表达的自然性等方面进行了修订，力求学生能够学以致用，使用自然、地道的日语进行交流。

3. 句型、注解修订

   句型、注解的解说部分以"接续""用法""释义""例句"的形式分条排列，简洁明了。"用法"解说简洁，体现该句型、注解的交际功能。"例句"部分，选用能够清楚体现该句型、注解交际功能的例句，替换非典型例句，修改表述不自然、不地道的例句；可以接续多种词类的句型、注解，各例句尽量使用接续词类不同的句子；融入思政内容，增加表达积极人生观、价值观的例句，以及包含二十大精神的例句。

4. 练习修订

   练习部分修改非典型、不自然的题例，替换提示不明确的情景图片，并将练习任务具体化、多样化，使其更有针对性。

5. 其他修订

   补充"关联词语"部分的读音，并在小知识栏目中加入中国文化元素及中国文化对日本文化的影响等内容。

在编写过程中，我们借鉴和吸收了众家之长，形成了自己的创新理念，但囿于学识和经验，在教材设计编写中尚存在不足之处。我们诚挚地希望业界专家和兄弟院校不吝赐教，提出批评和建议，敦促我们不断改进，以使本套教材日臻完善。

《新经典日本语基础教程》编写组

2024年3月

　　《新经典日本语基础教程第二册同步练习册：第三版》是《新经典日本语基础教程第二册：第三版》的配套练习册。书中所有的练习内容均围绕主教材中出现并要求掌握的知识点进行设计与编写，目的是补充、巩固和强化所学知识。

　　每课包括"课前预习""课后总结""自我检测"三部分，不仅可以帮助学生打好语言基础、提高语言的应用能力，而且有助于培养学生的自主学习能力。

　　与主教材一致，本书包含16课的内容。为了方便广大学习者更好地使用本书，下面我们以第4课为例，介绍本书的内容并提出使用本书的几点建议：

课前预习

　　要求学生事先预习本课单词、句型等相关知识后，观看 U 校园 APP 内的本课相关视频，课前完成本部分练习，为课堂学习打下良好的基础。

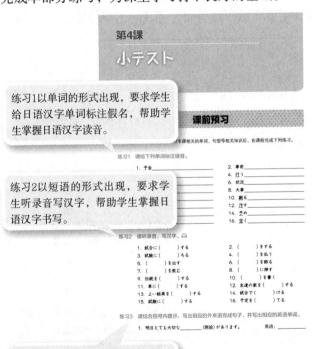

练习4因课而异，本课的练习之一要求学生通过翻译句子，复习"ている"的意义和用法，掌握"ておく""てある"的意义和用法。

练习1以单词的形式出现，要求学生给日语汉字单词标注假名，帮助学生掌握日语汉字读音。

练习2以短语的形式出现，要求学生听录音写汉字，帮助学生掌握日语汉字书写。

练习3以句子的形式出现，要求学生按照括号提示写出正确的外来语以及相应的英语单词，帮助学生掌握外来语的书写及含义。

课后总结

要求学生完成本课的全部学习后进行本部分练习，梳理本课重点学习内容。

练习1为本课出现的句型、注解等语法要点，要求学生进行总结，帮助学生巩固本课所学的语法知识。

练习2要求学生使用知识要点尝试达成交际目标，帮助学生提高实际应用能力。

自我检测

本部分练习的题型包括"语言知识（文字、词汇）""语言知识（语法）""读解""翻译"四部分，用于学生自我检测、查漏补缺。前三部分主要参照新日语能力考试的题型设置。

1. 言語知識（文字・語彙）

本部分练习的题型包括"汉字标注假名""假名标注汉字""外来语选择""词汇选择""同义句选择""正确用法选择"六种，均以句子的形式出现，有助于学生巩固每课所学单词的读音、对应汉字、词义及用法等，加深理解，提高语言运用能力。

要求学生给日语汉字标注假名，帮助学生掌握日语汉字读音。

要求学生写出对应的汉字，帮助学生掌握日语汉字书写。

要求学生选择正确的外来语，帮助学生掌握外来语的书写及含义。

要求学生选择适当的单词及用法，帮助学生掌握单词的含义及用法。

以句子的形式出现，要求学生选择与画线句的意思相近的表达，帮助学生掌握近义表达。

要求学生选择词语的正确用法，帮助学生掌握正确词义、搭配、变形等。

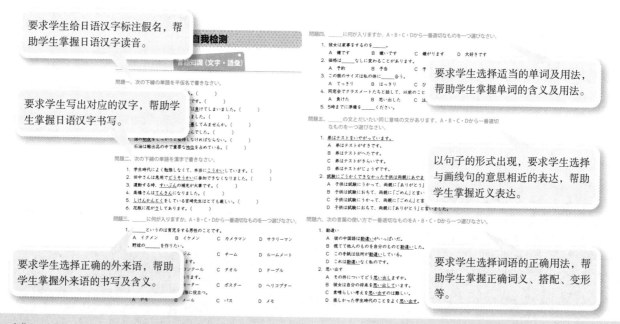

2. 言語知識（文法）

本部分练习的题型包括"助词填空""活用变形（因课而异）""完成句子""句子语法（选择语法项目/组合句子）"四种题型，有助于学生巩固每课所学的语法要点，提高运用能力。

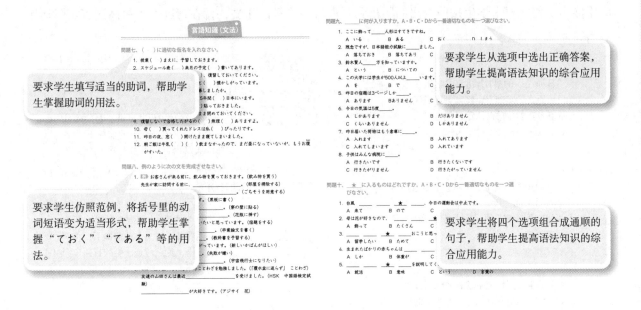

要求学生填写适当的助词，帮助学生掌握助词的用法。

要求学生仿照范例，将括号里的动词短语变为适当形式，帮助学生掌握"ておく""てある"等的用法。

要求学生从选项中选出正确答案，帮助学生提高语法知识的综合应用能力。

要求学生将四个选项组合成通顺的句子，帮助学生提高语法知识的综合应用能力。

3. 読解

本书的读解练习包括"阅读理解"和"日语短文朗读"两部分。"阅读理解"部分的题型为选择题，不仅考查学生在语篇中对日语单词、句型、语法知识等的理解，还考查学生的日语阅读理解能力和逻辑思维能力。"日语短文朗读"有助于培养学生良好的朗读习惯。

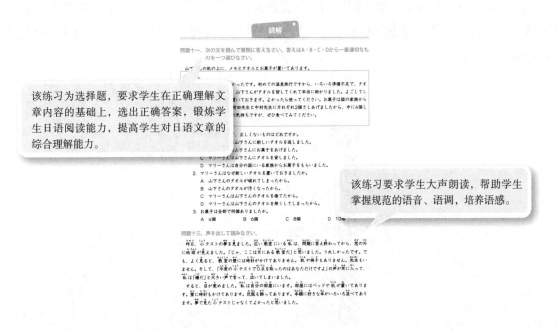

该练习为选择题，要求学生在正确理解文章内容的基础上，选出正确答案，锻炼学生日语阅读能力，提高学生对日语文章的综合理解能力。

该练习要求学生大声朗读，帮助学生掌握规范的语音、语调，培养语感。

4. 翻訳

本书的翻译练习包括"日译汉""汉译日"和"作文"三部分。翻译练习各有一篇短文，后设两道练习，重点考查学生在语篇中的语言运用能力，帮助学生巩固所学语法、词汇，提高语言综合应用能力。作文要求学生按照给出的题目和要求写一篇日语作文，旨在帮助学生提高语言实际运用能力。

"日译汉"的第1小题要求学生在理解日语原文的基础上，将其翻译成汉语，重点考查学生的汉语笔译能力。

"汉译日"的第1小题要求学生运用所学日语单词、句型、语法知识将一篇汉语短文翻译成日语，重点考查学生的日语笔译能力。

要求学生按照特定主题和要求写日语作文，帮助学生有效复习本课所学的单词和语法知识。

"日译汉"的第2小题要求学生在只看日语（不看汉语译文）的前提下，将其翻译成汉语，重点考查学生的汉语口译能力。

"汉译日"的第2小题要求学生在只看汉语（不看日语译文）的前提下，将其翻译成日语，重点考查学生的日语口译能力。

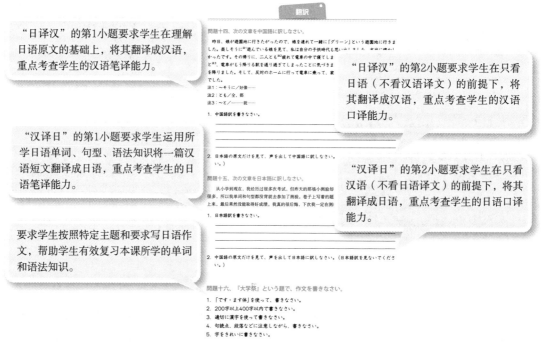

5. 自我评价表

在完成该课的所有练习后，学生需使用"自我评价表"进行自评。通过自评，学生可以清楚自己哪些练习完成得好，哪些完成得不太理想。充分了解自身的薄弱部分后，在今后的学习中有针对性地进行训练。

目录 🔍

第1課

冬休み

请观看第1课的视频，预习本课相关的单词、句型等相关知识后，在课前完成下列练习。

练习1　请给下列单词标注读音。

1. 大気汚染＿＿＿＿＿＿＿＿＿＿＿＿
2. 話題＿＿＿＿＿＿＿＿＿＿＿＿＿＿
3. 環境問題＿＿＿＿＿＿＿＿＿＿＿＿
4. 確か＿＿＿＿＿＿＿＿＿＿＿＿＿＿
5. 成績＿＿＿＿＿＿＿＿＿＿＿＿＿＿
6. 今学期＿＿＿＿＿＿＿＿＿＿＿＿＿
7. 枕＿＿＿＿＿＿＿＿＿＿＿＿＿＿＿
8. 自身＿＿＿＿＿＿＿＿＿＿＿＿＿＿
9. 羨ましい＿＿＿＿＿＿＿＿＿＿＿＿
10. 大好き＿＿＿＿＿＿＿＿＿＿＿＿＿
11. 似合う＿＿＿＿＿＿＿＿＿＿＿＿＿
12. 弱い＿＿＿＿＿＿＿＿＿＿＿＿＿＿
13. 太い＿＿＿＿＿＿＿＿＿＿＿＿＿＿
14. 冷静＿＿＿＿＿＿＿＿＿＿＿＿＿＿
15. 決まる＿＿＿＿＿＿＿＿＿＿＿＿＿
16. 手本＿＿＿＿＿＿＿＿＿＿＿＿＿＿
17. 落ちる＿＿＿＿＿＿＿＿＿＿＿＿＿
18. 助かる＿＿＿＿＿＿＿＿＿＿＿＿＿
19. 大口＿＿＿＿＿＿＿＿＿＿＿＿＿＿
20. 休講＿＿＿＿＿＿＿＿＿＿＿＿＿＿

练习2　请听录音，写汉字。 🎧

1. （　　　　　）を専門にする
2. （　　　　　）を買う
3. （　　　　　）の研究テーマ
4. 手が（　　　　　）がる
5. 成績が（　　　　）がる
6. 日本語の発音を（　　　　）にする
7. きれいな発音を（　　　　）にする
8. （　　　　）を身につける
9. 日本語の音声に（　　　　）がある
10. （　　　　）矢のごとし
11. 頭が（　　　　）に痛くなる
12. （　　　　）を抜く
13. （　　　　）に集まる
14. （　　　　）を旅行する
15. 電源を（　　　　）れる
16. （　　　　）をしている

练习3　请结合括号内提示，写出相应的外来语完成句子，并写出相应的英语单词。

1. 彼は＿＿＿＿＿＿（腰围）が太いです。　　　　　　　　　　英语：＿＿＿＿＿
2. 寒い冬には＿＿＿＿＿＿（火炉，暖炉）が温かさをもたらしてくれます。英语：＿＿＿＿＿
3. テレビの＿＿＿＿＿＿（播音员）は天気予報を伝えました。　　英语：＿＿＿＿＿
4. ＿＿＿＿＿＿（钢琴家）は美しい音楽を演奏しました。　　　英语：＿＿＿＿＿
5. その本にはたくさんの＿＿＿＿＿＿（页）があります。　　　英语：＿＿＿＿＿
6. ＿＿＿＿＿＿（煤气）の火を弱くします。　　　　　　　　　英语：＿＿＿＿＿
7. 冬の夜には、暖かい＿＿＿＿＿＿（睡衣）が必要です。　　　英语：＿＿＿＿＿
8. ＿＿＿＿＿＿（摄影师）はスポーツ大会で写真を撮りました。英语：＿＿＿＿＿

练习4　仿照范例，使用本课知识要点，完成句子。

例▶ 寒い・なる

→寒くなりました。

1. 涼しい・なる

→＿＿＿＿＿＿＿＿＿＿＿＿＿＿＿＿＿＿＿＿＿＿＿＿＿＿＿＿＿＿＿＿。

2. 元気・なる

→＿＿＿＿＿＿＿＿＿＿＿＿＿＿＿＿＿＿＿＿＿＿＿＿＿＿＿＿＿＿＿＿。

3. 部長・なる

→＿＿＿＿＿＿＿＿＿＿＿＿＿＿＿＿＿＿＿＿＿＿＿＿＿＿＿＿＿＿＿＿。

例▶ このドレス・短い

→このドレスを短くします。

4. 画面の文字サイズ・大きい

→＿＿＿＿＿＿＿＿＿＿＿＿＿＿＿＿＿＿＿＿＿＿＿＿＿＿＿＿＿＿＿＿。

5. 部屋・きれい

→＿＿＿＿＿＿＿＿＿＿＿＿＿＿＿＿＿＿＿＿＿＿＿＿＿＿＿＿＿＿＿＿。

6. 教科書の8ページの問題・宿題

→＿＿＿＿＿＿＿＿＿＿＿＿＿＿＿＿＿＿＿＿＿＿＿＿＿＿＿＿＿＿＿＿。

例▶ 出発・2日・する

→出発は2日にします。

7. 部屋・ツイン・する

→＿＿＿＿＿＿＿＿＿＿＿＿＿＿＿＿＿＿＿＿＿＿＿＿＿＿＿＿＿＿＿＿。

8. 朝食・牛乳・する

→＿＿＿＿＿＿＿＿＿＿＿＿＿＿＿＿＿＿＿＿＿＿＿＿＿＿＿＿＿＿＿＿。

例 ネックレスをする・お風呂に入る

→ ネックレスをしたまま、お風呂に入りました。

9. 電気をつける・出かける

→ ＿＿＿＿＿＿＿＿＿＿＿＿＿＿＿＿＿＿＿＿＿＿＿。

10. 昨夜、火事にはびっくりする・パジャマ・外に出た

→ ＿＿＿＿＿＿＿＿＿＿＿＿＿＿＿＿＿＿＿＿＿＿＿。

例 ドア・開く／ドア・開ける

→ ドアが開いています。／ドアを開けています。

11. 窓・閉まる／窓・閉める

→ ＿＿＿＿＿＿＿＿＿＿＿＿＿＿＿＿＿＿＿＿＿＿＿。

12. 電気・つく／電気・つける

→ ＿＿＿＿＿＿＿＿＿＿＿＿＿＿＿＿＿＿＿＿＿＿＿。

13. 電気・消える／電気・消す

→ ＿＿＿＿＿＿＿＿＿＿＿＿＿＿＿＿＿＿＿＿＿＿＿。

例 男の人・公園・散歩する

→ 男の人が公園を散歩しています。

14. 女の子・公園・走る

→ ＿＿＿＿＿＿＿＿＿＿＿＿＿＿＿＿＿＿＿＿＿＿＿。

15. 小鳥・空・飛ぶ

→ ＿＿＿＿＿＿＿＿＿＿＿＿＿＿＿＿＿＿＿＿＿＿＿。

课后总结

练习1　对照本课的语法要点，仿照范例，填写下表。

语法要点	造句	语法细节
例 イAく なる。	背が高くなりました。	用イ形容词表示某种性质或状态的变化。意为"变得（变成）……"。
ナAに なる。		
N1が N2に なる。		
Nを イAく する。		

（续表）

语法要点	造句	语法细节
Nを　ナAに　する。		
N1を　N2に　する。		
Nに　する。		
〜まま		
自動詞・他動詞		
N（场所）を　V（经过）		

练习2　仿照范例，使用本课知识要点，尝试达成以下的交际目标。

1. 描述人或事物的性质或状态的变化。
　　消しゴムは小さくなりました。

　　_____

　　_____

　　_____

2. 向别人介绍自己的寒假生活。

　　_____

　　_____

　　_____

3. 介绍一下你新学期的目标。

　　_____

　　_____

　　_____

自我检测

言語知識（文字・語彙）

問題一、次の下線の単語を平仮名で書きなさい。

1. 先学期より授業が少ないです。　（　　　　　）
2. 彼女は冷静な判断力を持って、危機的な状況に対処しました。　（　　　　　）
3. 何か焦げた匂いがします。　（　　　　　）
4. 朝食に蜂蜜を塗ったパンを食べました。　（　　　　　）
5. おばあさんの家には、古い茶碗がたくさんあります。　（　　　　　）
6. お金持ちになるためには、努力と計画が必要です。　（　　　　　）
7. 地球温暖化の問題は環境保護の重要性を強調しています。　（　　　　　）
8. 目標を立てて勉強します。　（　　　　　）
9. 週末に、子供を動物園に連れていきました。　（　　　　　）
10. 人が大勢集まっていますね。　（　　　　　）
11. このドアは閉まっています。　（　　　　　）
12. 世の中に完璧な人間はいない。　（　　　　　）
13. 大都市では土地の値段が上がっています。　（　　　　　）
14. このところ、病院で治療を受けています。　（　　　　　）
15. 百科事典でいろいろな知識を得ます。　（　　　　　）
16. 何かお勧めの料理はありませんか。　（　　　　　）

問題二、次の下線の単語を漢字で書きなさい。

1. 日本語のそつろんは書き言葉で書く必要があります。（　　　　　）
2. その患者の心臓病をちりょうします。（　　　　　）
3. このあたりはにぎやかです。（　　　　　）
4. これは私にはとってもたいせつな問題です。（　　　　　）
5. 町のひろばが人でいっぱいでした。（　　　　　）
6. れんらく先を教えてくださいませんか。（　　　　　）
7. 日本語をせんもんにします。（　　　　　）
8. かんきょうもんだいは今日の社会でますます重要になっています。（　　　　　）
9. りんごは私のだいすきな果物です。（　　　　　）
10. 東京周辺でここ数日、深刻なたいきおせんが続いています。（　　　　　）

11．財布が道路に<u>おち</u>ています。（　　　　）

12．この道は私が通勤でよく<u>とおっ</u>ています。（　　　　）

13．飛行機が空を<u>とん</u>でいます。（　　　　）

14．サッカーの<u>しあい</u>に出ます。（　　　　）

15．私の夢は<u>ようちえん</u>の先生になることです。（　　　　）

16．唐さんは<u>ゆた</u>かな暮らしをしています。（　　　　）

問題三、＿＿＿＿＿に何が入りますか。Ａ・Ｂ・Ｃ・Ｄから一番適切なものを一つ選びなさい。

1．写真や動画の撮影が＿＿＿＿＿の主な仕事です。
　　Ａ　エンジニア　　　Ｂ　カメラマン　　　Ｃ　コック　　　　Ｄ　バンド

2．今日は寒いので、＿＿＿＿＿をつけて部屋を温めました。
　　Ａ　スカーフ　　　Ｂ　スタート　　　Ｃ　ストーブ　　　Ｄ　スピーチ

3．ラジオの＿＿＿＿＿は、ニュースを伝えています。
　　Ａ　アナウンス　　　Ｂ　アナウンサー　　Ｃ　デート　　　Ｄ　リズム

4．コンサートで才能ある＿＿＿＿＿が美しい音楽を演奏しました。
　　Ａ　ギター　　　Ｂ　バイオリン　　　Ｃ　ピアノ　　　Ｄ　ピアニスト

5．教科書の64＿＿＿＿＿の本文を読んでください。
　　Ａ　メモ　　　　Ｂ　ページ　　　　Ｃ　ペット　　　Ｄ　ノート

6．＿＿＿＿＿のボタンが取れています。
　　Ａ　テンポ　　　Ｂ　ハンサム　　　Ｃ　パジャマ　　　Ｄ　メロディー

7．彼女の＿＿＿＿＿は55センチです。
　　Ａ　ウエスト　　　Ｂ　ショー　　　Ｃ　ドライブ　　　Ｄ　ヘリコプター

8．＿＿＿＿＿を消してから、部屋を出ました。
　　Ａ　ガス　　　　Ｂ　スーパー　　　Ｃ　ドア　　　Ｄ　バス

問題四、＿＿＿＿＿に何が入りますか。Ａ・Ｂ・Ｃ・Ｄから一番適切なものを一つ選びなさい。

1．停電したので、ろうそくに火を＿＿＿＿＿部屋を明るくしました。
　　Ａ　かかって　　　Ｂ　かけて　　　Ｃ　ついて　　　Ｄ　つけて

2．「王さん、日本語がとても上手ですね。＿＿＿＿＿ですよ。」
　　「いや、そんなことないですよ。」
　　Ａ　うつくしい　　　Ｂ　うらやましい　　Ｃ　おいしい　　　Ｄ　かなしい

3．彼女の行動はみんなの＿＿＿＿＿になりました。
　　Ａ　関心　　　　Ｂ　手本　　　　Ｃ　典型　　　Ｄ　象徴

4．ドアに鍵が＿＿＿＿＿ている。
　　Ａ　かかって　　　Ｂ　かけて　　　Ｃ　ついて　　　Ｄ　つけて

5．＿＿＿＿＿暑くなりましたね。

  A 必ず   B きっと   C ぜひ   D だいぶ

6. 半年ぐらい日本語を勉強しているので、＿＿＿上手になってきました。
  A そろそろ   B たんたん   C だんだん   D ぶらぶら

7. 彼は上から石を＿＿＿。
  A 割れました B 壊しました C こぼしました D 落としました

8. 3年ほど日本に留学している間に、大連の町は＿＿＿変わってしまいました。
  A なかなか   B すっかり   C はっきり   D ゆっくり

9. この茶碗は＿＿＿います。
  A こぼれて   B 壊れて   C 潰れて   D 割れて

10. 「明日、空港まで車で送りましょうか。」「それは＿＿＿。ありがとうございます。」
  A 助かります B 楽しみます C 通ります D 決まります

11. 週末に、よく犬を＿＿＿公園を散歩します。
  A 出して   B 持って   C 連れて   D 助けて

12. あっ、いけない。牛乳が＿＿＿います。
  A こぼして   B こぼれて   C こわして   D こわれて

13. 会議室は6時まで＿＿＿。
  A 塞がっています   B 立ち上がっています
  C 集まっています   D 助かっています

14. 楊さんはいつもどんなことでも＿＿＿に言う人です。
  A 大した   B 大げさ   C 大きい   D 大きさ

問題五、＿＿＿の文とだいたい同じ意味の文があります。Ａ・Ｂ・Ｃ・Ｄから一番適切なものを一つ選びなさい。

1. 私たちは買い物をしながら名古屋をぶらぶら歩きました。
  A 私たちはショッピングをしながら名古屋をしっかり走りました。
  B 私たちはショッピングをしながら名古屋をはっきり歩きました。
  C 私たちはショッピングをしながら名古屋をゆっくり歩きました。
  D 私たちはショッピングをしながら名古屋をなかなか歩きました。

2. 今年の誕生日のおくりものに母からスマホをもらいました。
  A 今年の誕生日のおみやげに母からスマホをもらいました。
  B 今年の誕生日のおみやげに母がスマホをくれました。
  C 今年の誕生日プレゼントに母からスマホをあげました。
  D 今年の誕生日プレゼントに母がスマホをくれました。

3. だいぶ寒くなりました。
  A ほんとうに寒くなりました。
  B ずっと寒くなりました。

  C　ずいぶん寒くなりました。

  D　もっと寒くなりました。

4.「日本語がお上手ですね。」「いや、<u>大したことはありません。</u>」

  A　たいせつなことはありません。

  B　大きいことはありません。

  C　うれしいことはありません。

  D　そんなことはありません。

5.<u>日常のストレスを忘れて力を抜きます。</u>

  A　日常のストレスを忘れてリラックスします。

  B　日常のストレスを忘れて力を落とします。

  C　日常のストレスを忘れて力になります。

  D　日常のストレスがたまった場合、力を合わせます。

問題六、次の言葉の使い方で一番適切なものをA・B・C・Dから一つ選びなさい。

1. 急

  A　このタイ料理は電子レンジを使って<u>急</u>にできるので、とても簡単です。

  B　あと5分で電車が出発してしまうので、<u>急</u>に駅に向かいました。

  C　教室から<u>急</u>に人が飛び出してきたので、ぶつかりそうになりました。

  D　新しいゲームを買ったので、家に帰って<u>急</u>にやってみました。

2. 身につける

  A　徐さんはたくさんの友人を<u>身につけ</u>ています。

  B　今回の陸北大学への短期留学では多くの知識を<u>身につける</u>ことができると思います。

  C　楊んは、将来は海外で働きたいという希望を<u>身につけ</u>ています。

  D　新しいクラス全員の顔と名前を<u>身につける</u>のに5日かかりました。

3. こぼす

  A　お辞儀をして、ポケットの中のスマホを<u>こぼして</u>しまいました。

  B　今日は気温が高くて、みんな汗を<u>こぼし</u>ながらバスを待っていました。

  C　クリップが取れて、コピーした資料を床に<u>こぼして</u>しまいました。

  D　机の上にジュースを<u>こぼして</u>、上着を汚してしまいました。

4. 分野

  A　彼は<u>分野</u>が広い。

  B　自然科学の各<u>分野</u>は、互いに深く関連している。

  C　採集した昆虫を<u>分野</u>する。

  D　ゴミを<u>分野</u>して収集する。

5. 大げさ

　　A　弟の誕生日に料理を作りすぎてしまい、<u>大げさ</u>に余ってしまいました。

　　B　楊さんは小さなことを<u>大げさ</u>に言うので、そのまま信じないほうがいいです。

　　C　努力した結果、日本語の試験の成績が<u>大げさ</u>に伸びました。

　　D　天気予報によると、明日は今日より<u>大げさ</u>に気温が上がるらしいです。

言語知識（文法）

問題七、（　　）に適切な仮名を入れなさい。

1. 今度の旅行は札幌（　　）します。

2. 私の夢は日本語の教師（　　）なることです。

3. 船が海峡（　　）通っています。

4. 暖房（　　）つけたので、部屋（　　）暖かくなりました。

5. ベッドの上は、朝出かけた時（　　）ままでした。

6. 英語はずいぶん上手（　　）なったでしょう。

7. 植物を大切（　　）しましょう。

8. その広場（　　）人々（　　）集まりました。

9. ズボン（　　）3センチぐらい短くしてください。

10. 会長（　　）助けて会社を守り立てます。

11. ほら、玄関の桜の花（　　）咲いていますよ。

12. 第1課は「冬休み」（　　）発表のテーマ（　　）しましょう。

問題八、（　　）の単語を適当な形で_____に書きなさい。

1. 食べられませんから、_____してください。（半分）

2. ラジオの音が小さいですから、_____してください。（大きい）

3. 都合が_____なった場合、連絡してください。（悪い）

4. 髪をもう少し_____してください。（短い）

5. 日本には、_____まま、魚を食べる習慣があります。（生）

6. 靴を_____まま、入ってはいけません。（はく）

7. 今学期の授業が終わったので、少し_____なりました。（暇）

8. 「王さんは将来、何になりたいですか。」「野球_____なりたいです。」（選手）

9. この街は昔より_____なりました。（にぎやか）

10. 私の故郷は昔と変わらないで_____ままです。（不便）

問題九、＿＿＿＿に何が入りますか。Ａ・Ｂ・Ｃ・Ｄから一番適切なものを一つ選びなさい。

1. 晩ご飯はすき焼き＿＿＿＿しましょう。
   A を　　　　　B に　　　　　C が　　　　　D の
2. 于さんは入院しましたが、それは山＿＿＿＿歩いていた時に足をくじいたからです。
   A に　　　　　B を　　　　　C が　　　　　D で
3. 家族と京都＿＿＿＿旅行します。
   A が　　　　　B も　　　　　C の　　　　　D を
4. 電気＿＿＿＿消えていますね。
   A が　　　　　B か　　　　　C に　　　　　D と
5. 向こうに行くには、橋＿＿＿＿渡らなければなりません。
   A で　　　　　B に　　　　　C が　　　　　D を
6. ご飯の量＿＿＿＿半分にしてください。
   A で　　　　　B を　　　　　C に　　　　　D へ
7. 兄は教師＿＿＿＿なって、学校で働いています。
   A で　　　　　B に　　　　　C の　　　　　D まで
8. 金曜日は都合が悪いので、土曜日に＿＿＿＿。
   A します　　　B しません　　C なります　　D なりません
9. 働きすぎて、病気＿＿＿＿なって、会社を休みました。
   A に　　　　　B で　　　　　C と　　　　　D も
10. 会議はあさって＿＿＿＿します。
    A が　　　　　B で　　　　　C に　　　　　D を
11. この図をもう少し＿＿＿＿してくださいませんか。
    A 小さい　　　B 小さく　　　C 小さくて　　D 小さな
12. うるさいので、＿＿＿＿していただけませんか。
    A 静かな　　　B 静かだ　　　C 静かに　　　D 静かで
13. 「飲み物は何にしますか。」
    「ジュースに＿＿＿＿。」
    A します　　　B なります　　C います　　　D あります
14. 病院で治療を受けて、体の具合がだんだん＿＿＿＿なりました。
    A いい　　　　B いく　　　　C よく　　　　D よくて
15. 電気を＿＿＿＿まま出かけました。
    A つける　　　B つけた　　　C つけている　　D つけます

問題十、＿＿★＿＿に入るものはどれですか。A・B・C・Dから一番適切なものを一つ選びなさい。

1. 友達に＿＿＿＿　＿＿＿＿　★　＿＿＿＿返していません。
   A　借りた　　　　　B　まま　　　　　　C　まだ　　　　　　D　本を

2. これから＿＿＿＿　＿＿＿＿　★　＿＿＿＿でしょう。
   A　の人材が　　　　B　必要　　　　　　C　になる　　　　　D　日本語＋aの知識

3. 大勢の人＿＿＿＿　＿＿＿＿　★　＿＿＿＿のが見えます。
   A　が　　　　　　　B　公園　　　　　　C　を　　　　　　　D　散歩している

4. 早くこの会社＿＿＿＿　＿＿＿＿　★　＿＿＿＿たいです。
   A　を　　　　　　　B　もっと　　　　　C　し　　　　　　　D　大きく

5. もっと＿＿＿＿　＿＿＿＿　★　＿＿＿＿と思います。
   A　なり　　　　　　B　たい　　　　　　C　日本語が　　　　D　上手に

読解

問題十一、次の文を読んで質問に答えなさい。答えはA・B・C・Dから一番適切なものを一つ選びなさい。

　私は、家のエアコンを取り替える仕事をしています。エアコンを買った人の家へ行って、古いエアコンと新しいエアコンを取り替えます。①1年で一番忙しいのは、7月です。日本は、7月から暑くなって、エアコンを使い始める人が増えるからです。私は、よく「冬は寒いから、暇でしょうね」と言われます注1が、実は、冬も忙しいです。部屋を暖かくする時は、ストーブが便利です。しかし、ストーブは火を使うので、危ないです。大部分のアパートでは、ストーブを使ってはいけないので、冬もエアコンを使う家が多いです。

　この仕事は、雨の日が、最も疲れます。雨が降っていると、エアコンを外から家の中へ運ぶ時、体が濡れます注2。雨が強い時は、②弱くなるのを待たなければならないので、時間もかかります。ただし、お客さんに「ありがとう」と言ってもらう注3と注4、非常にうれしいです。今後も、この仕事を続けていきたいと思います。

注1：〜と言われます／别人说……
注2：濡れる／淋湿
注3：〜てもらうと／请别人……
注4：〜と／—……就……

1. ①「1年で一番忙しいのは、7月です」とありますが、それはなぜですか。
   A　7月になると、晴れる日が多くなるから

　　　B　7月になると、故障するエアコンが増えるから

　　　C　7月になると、エアコンを使う人が増えるから

　　　D　7月になると、部屋を寒くしたい人が増えるから

2.　「ストーブ」の特徴に合っているものはどれですか。

　　　A　便利だが、危険だ。　　　　　　　B　便利で安全だ。

　　　C　便利だが、高い。　　　　　　　　D　便利で安い。

3.　②「弱くなるのを待たなければならない」とありますが、何が弱くなるのですか。

　　　A　仕事　　　　　B　雨　　　　　C　エアコン　　　　D　体

問題十二、次の文を読んで質問に答えなさい。答えはA・B・C・Dから一番適切なものを一つ選びなさい。

　ニュースは、新聞だけではなく、テレビで知ることもできます。

　じゃ、新聞なんか読まなくても、テレビを見ればいいじゃないか、①そのほうが楽だし、速いじゃないか。そんなふうに考える人もいるかもしれません。でもやはり、僕は新聞を読んでほしい注1と思います。新聞には、テレビにないよさがあると思うからです。

　テレビというのは、映像と音を組み合わせています。見る側は、目とか耳とかの感覚を働かせる注2ことになります。テレビの前に座っていると、感覚に訴える注3要素が次々に現れ、次々に消え、移っていくわけです。②これはテレビの特色ですが、同時に欠陥でもあります。

　時々こちらが考えさせられる注4ようなことを言ったり、興味深い画像が出てきたりしますが、あっと思ったら、もう次に移ってしまい、よほど印象深いもの以外は思い出しません。

　それに対して新聞、つまり注5、活字の場合は、立ち止まって注6考えることができます。それだけではなく、さらに③その先へ考えを進めることができます。想像を広げたり、新しい着想を得たりということが可能です。

注1：～てほしい／我希望……

注2：働かせる／开动，运用

注3：訴える／打动，震撼

注4：考えさせられる／不由得想

注5：つまり／也就是，即

注6：立ち止まる／停下来

1.　①「そのほう」の指すことはどれですか。

　　　A　ニュースを聞くこと　　　　　　B　テレビを見ること

　　　C　新聞を知ること　　　　　　　　D　新聞を読むこと

2.　文中に②「これはテレビの特色ですが、同時に欠陥でもあります」とありますが、なぜ欠陥なのですか。

　　　A　興味深いものでもすぐに次に移ってしまい、忘れることが多いから

B　時々こちらが考えさせられるようなことを言うから

C　見る側は、目とか耳とかの感覚を働かせなければならないから

D　テレビは映像と音を組み合わせるから

3.　③「その先へ考えを進めることができる」とありますが、誰ができるのですか。

A　新聞を読む人たち　　　　　　　B　ニュースを作る人たち

C　テレビを見る人たち　　　　　　D　活字を使う人たち

問題十三、声を出して読みなさい。

私の冬休み

　1月5日、冬休みが始まった次の日、小さなかばん片手に飛行機に飛び乗りました。今年は日本へ気楽な一人旅、3時間ぐらいで東京に着きました。空港では大勢の人が集まって張さんが大きく手を振って迎えてくれました。4年ぶりに会う張さんは元気そうでした。町の様子は驚くほど中国と似ています。

　郊外にある民俗村はその国の歴史や風俗習慣が分かって印象に残りました。一人で電車や地下鉄に乗った時に言葉が分からなくて大変でしたが、周りの人がとても親切にしてくれました。ゆっくり話して、繰り返しを多くして、ジェスチャーなどを使いました。私の好きな国がまた一つ増えました。

翻訳

問題十四、次の文章を中国語に訳しなさい。

　富士山は日本で一番高い山で、世界でも有名です。世界中から来る多くの外国人観光客や登山客を魅了しています注1。富士山は日本の象徴です。富士山の麓注2には湖があって、とても美しいです。冬は雪が降りますから、白くなります。夏も山の上に雪があります。夏と秋、いい天気の朝、富士山は赤くなります。富士山に登山できるのは、7月から9月までと言われています注3。富士山を訪ねる日本人は、環境を守るために注4、自分たちの出したゴミは必ず持ち帰るようにしています注5。

注1：魅了する／吸引

注2：麓／山脚

注3：〜と言われています／据说……，听说……

注4：〜ために／为了……

注5：〜ようにしています／尽量……

1. 中国語訳を書きなさい。

_____

_____

_____

2. 日本語の原文だけを見て、声を出して中国語に訳しなさい。（中国語訳を見ないでください。）

問題十五、次の文章を日本語に訳しなさい。

　　今天，我和朋友一起去公园散步。到达公园时，人们纷纷聚集在那里。孩子们在自由地玩耍，大人们则在享受野餐[注1]的乐趣。突然，雨开始落下。朋友迅速帮我[注2]找避雨[注3]的地方。但是，雨越下越大，所以我们在车里等雨停之前[注4]，聊了各种各样的事。这个下雨的经历也成为了难忘的回忆。

注1：野餐／ピクニック

注2：帮我／～てくれる

注3：避雨／雨宿（あまやど）り

注4：雨停之前／雨がやむまで

1. 日本語訳を書きなさい。

_____

_____

_____

2. 中国語の原文だけを見て、声を出して日本語に訳しなさい。（日本語訳を見ないでください。）

問題十六、『新学期の目標』を題にして、作文を書きなさい。

1. 「です・ます体」を使って、書きなさい。

2. 200字以上400字以内で書きなさい。

3. 漢字がある場合、できるだけ漢字を使って書きなさい。

4. 句読点、段落などに注意しながら、書きなさい。

5. 字をきれいに書きなさい。

自我评价表

A完成得很好　　B完成得一般　　C完成得不理想

	练习	练习内容	练习目的	自我评价
课前预习	练习1	汉字标注假名	掌握日语汉字读音	A·B·C
	练习2	听写汉字	掌握日语汉字书写	A·B·C
	练习3	填写外来语	掌握外来语的书写与含义	A·B·C
	练习4	完成句子	了解句型的接续及用法	A·B·C
课后总结	练习1	总结语法要点	巩固本课所学的语法知识	A·B·C
	练习2	使用知识要点达成交际目标	提高知识要点的实际应用能力	A·B·C
自我检测	问题一	汉字标注假名	掌握日语汉字读音	A·B·C
	问题二	假名标注汉字	掌握日语汉字书写	A·B·C
	问题三	外来语选择	掌握外来语的书写与含义	A·B·C
	问题四	词汇选择	掌握词汇的含义及用法	A·B·C
	问题五	同义句选择	掌握近义词汇及表达	A·B·C
	问题六	单词用法	掌握单词在句子中的正确用法	A·B·C
	问题七	助词填空	掌握助词的用法	A·B·C
	问题八	完成句子	掌握句型的接续及用法	A·B·C
	问题九	句子语法1（选择语法项目）	提高语法知识的综合应用能力	A·B·C
	问题十	句子语法2（组合句子）		A·B·C
	问题十一	阅读理解	提高分析、理解日语文章的能力	A·B·C
	问题十二			A·B·C
	问题十三	日语短文朗读	掌握规范的语音、语调，培养语感	A·B·C
	问题十四	日译汉	巩固所学语法、词汇，提高综合应用能力	A·B·C
	问题十五	汉译日		A·B·C
	问题十六	作文		A·B·C

勉強

请观看第2课的视频，预习本课相关的单词、句型等相关知识后，在课前完成下列练习。

练习1　请给下列单词标注读音。

1. 高校生＿＿＿＿＿＿＿＿＿＿＿　　2. 数学＿＿＿＿＿＿＿＿＿＿＿

3. 体重＿＿＿＿＿＿＿＿＿＿＿　　4. 弁当＿＿＿＿＿＿＿＿＿＿＿

5. 心配＿＿＿＿＿＿＿＿＿＿＿　　6. 暗記＿＿＿＿＿＿＿＿＿＿＿

7. 日程＿＿＿＿＿＿＿＿＿＿＿　　8. 田舎＿＿＿＿＿＿＿＿＿＿＿

9. 差す＿＿＿＿＿＿＿＿＿＿＿　　10. 教科＿＿＿＿＿＿＿＿＿＿＿

11. 増える＿＿＿＿＿＿＿＿＿＿＿　　12. 特に＿＿＿＿＿＿＿＿＿＿＿

13. 寂しい＿＿＿＿＿＿＿＿＿＿＿　　14. 事務室＿＿＿＿＿＿＿＿＿＿＿

15. 感じる＿＿＿＿＿＿＿＿＿＿＿　　16. 乾く＿＿＿＿＿＿＿＿＿＿＿

17. 秘書＿＿＿＿＿＿＿＿＿＿＿　　18. 逃げる＿＿＿＿＿＿＿＿＿＿＿

19. 塗る＿＿＿＿＿＿＿＿＿＿＿　　20. 幸せ＿＿＿＿＿＿＿＿＿＿＿

练习2　请听录音，写汉字。 🎧

1. 習ったものを（　　　）する　　2. 汗を（　　　）す

3. ストレスを（　　　）する　　4. 寮の（　　　）

5. （　　　）を出す　　6. （　　　）を聞く

7. 人を（　　　）ねる　　8. （　　　）が続く

9. （　　　）を取る　　10. （　　　）がない

11. けがが（　　　）る　　12. 故郷を（　　　）れる

13. 友達を（　　　）う　　14. （　　　）を下りる

15. 入学願書を（　　　）する　　16. 問題を（　　　）く

练习3　请结合括号内提示，写出相应的外来语完成句子，并写出相应的英语单词。

1. 明日は_____(健身房，运动俱乐部)へ行く日なんです。　　英语：_____
2. _____(紧张，压力)をためないでください。　　英语：_____
3. _____(节奏)感がある人はダンスが上手だと思います。　　英语：_____
4. この資料を_____(复印，拷贝)してください。　　英语：_____
5. 新製品の開発_____(项目，工程)です。　　英语：_____

练习4

1. 结合以前所学知识，预习本课有关"を"的解释，说明下列句子中"を"的用法的区别。

①お客さんが来ますから、部屋をきれいに掃除しました。
②飛行機が空を飛んでいます。
③電車を降りて、地下鉄に乗り換えました。

句子①中的"を"与(他动词/自动词)呼应使用，表示_____。
句子②中的"を"与(他动词/自动词)呼应使用，表示_____。
句子③中的"を"与(他动词/自动词)呼应使用，表示_____。

2. 预习本课"まで""までに"的意义和用法，并将下列句子翻译成中文，尝试理解两者的区别。

日语	中文
来年の3月まで日本にいます。	
来年の3月までに日本に行きます。	

句型"まで"释义为_____，表示_____；
句型"までに"释义为_____，表示_____。

课后总结

练习1　对照本课的语法要点，填写下表。

语法要点	造句	语法细节
～時、～。		
～前に、～。		
～後で、～。		
～まで		
～までに		
Ｖ　始める／終わる／終える／続ける。		
～ついでに、～。		
Ｖ　ながら		
Ｎ　中（じゅう）		
Ｎ（场所）を　Ｖ（离开）		

练习2　使用本课知识要点，尝试达成以下的交际目标。

（1）向别人谈论自己目前的学习情况。

_____

_____

_____

（2）向别人介绍缓解压力的方法。

_____

_____

_____

（3）使用日语表达事情发生的时间和先后顺序。

_____

_____

_____

自我検測

言語知識（文字・語彙）

問題一、次の下線の単語を平仮名で書きなさい。

1. 水を<u>流</u>したままにしないでください。 （　　　　）
2. 寮の<u>門限</u>は10時半です。 （　　　　）
3. 博物館の展示品には<u>触</u>らないでください。 （　　　　）
4. ストレス<u>解消</u>に歌を歌います。 （　　　　）
5. 友達を<u>訪</u>ねに行きましたが、家にいませんでした。 （　　　　）
6. 友達を<u>誘</u>って水泳に行きます。 （　　　　）
7. おととい、運動場で<u>運動会</u>がありました。 （　　　　）
8. 彼女はドアにペンキを<u>塗</u>りました。 （　　　　）
9. <u>一人暮</u>らしをのんびり楽しんでいます。 （　　　　）
10. 彼はよく自分の部屋を<u>片付</u>けます。 （　　　　）
11. あなたがいなくてとても<u>寂</u>しい。 （　　　　）
12. 図書館に『簿記』という教科書を<u>返却</u>しました。 （　　　　）
13. 趙さんは通訳を<u>目指</u>して一生懸命頑張っています。 （　　　　）
14. <u>肝心</u>なことを忘れていました。 （　　　　）
15. 朝早くから日が<u>暮</u>れるまで働いています。 （　　　　）

問題二、次の下線の単語を漢字で書きなさい。

1. 王さんは毎日学校に<u>べんとう</u>を持っていきます。（　　　　）
2. 彼の一番<u>しんぱい</u>していることは子供の教育です。（　　　　）
3. 日本語の勉強は単語の<u>あんき</u>が必要です。（　　　　）
4. 彼女は私と<u>たいじゅう</u>が同じです。（　　　　）
5. 私はジョンの<u>ひしょ</u>の鈴木と申します。（　　　　）
6. 彼女は運転<u>めんきょ</u>を持っています。（　　　　）
7. あの角を左へ<u>まが</u>ってください。（　　　　）
8. 最近日本に留学する学生が<u>ふ</u>えています。（　　　　）
9. 気をつけてください。ペンキはまだ<u>かわ</u>いていません。（　　　　）
10. 北星大学へ入学<u>がんしょ</u>を提出しました。（　　　　）
11. 私は入院中の友達を<u>おみまい</u>に行きました。（　　　　）

12. 犯人は事故現場<u>に</u>げました。（　　　　）

13. ずっとパソコンの前座っていて、<u>こし</u>が痛くなった。（　　　　）

14. 日本語の勉強が大好きです。<u>とく</u>に会話です。（　　　　）

15. 宋君は都会より<u>いなか</u>が好きだと言っていました。（　　　　）

問題三、_____に何が入りますか。A・B・C・Dから一番適切なものを一つ選びなさい。

1. ダイエットのために、____に通い始めました。
　　A　ホテル　　　　　B　スーパー　　　　C　スポーツクラブ　D　レストラン

2. 最近、私は____がたまっています。
　　A　ストレス　　　　B　スタッフ　　　　C　ストーブ　　　　D　スケジュール

3. 新商品の開発____が終了しました。
　　A　プロジェクト　　B　ヘリコプター　　C　プリント　　　　D　プレゼント

4. 渡辺さんは壁を____で好きな色に塗り替えました。
　　A　ペン　　　　　　B　ペンキ　　　　　C　ページ　　　　　D　ペット

5. ____に合わせて踊ります。
　　A　ドラマ　　　　　B　クリーム　　　　C　パズル　　　　　D　リズム

6. すみません、____機の使い方を教えてくださいませんか。
　　A　コート　　　　　B　コーラ　　　　　C　コップ　　　　　D　コピー

問題四、_____に何が入りますか。A・B・C・Dから一番適切なものを一つ選びなさい。

1. 図書館で本を_____時、学生カードが要ります。
　　A　借りる　　　　　B　貸す　　　　　　C　買う　　　　　　D　売る

2. 去年の9月から故郷を_____一人で北京に来ています。
　　A　さして　　　　　B　さそって　　　　C　はなれて　　　　D　むけて

3. _____をして発音の仕方を習います。
　　A　まね　　　　　　B　せき　　　　　　C　かたち　　　　　D　しあわせ

4. 同じ失敗を_____はいけない。
　　A　気に入って　　　B　繰り返して　　　C　付き合って　　　D　役に立って

5. 売り上げは1年で4倍に_____。
　　A　かんじました　　B　くれました　　　C　はなれました　　D　ふえました

6. 期末試験は_____難しかったです。
　　A　ずっと　　　　　B　すっかり　　　　C　けっこう　　　　D　だんだん

7. 明日9時に友達の王さんの家を_____。
　　A　なおります　　　B　たずねます　　　C　ときます　　　　D　さわります

8. この辺りは海に近いですから、_____寒いです。
　　A　きゅうに　　　　B　すぐに　　　　　C　たまに　　　　　D　とくに

9. 後1週間で期末試験ですから、_____しなければなりません。

    A　ふくしゅう　　　　B　よしゅう　　　　C　よやく　　　　D　きゅうこう

10. 車を運転するには、_____が必要です。

    A　あんき　　　　　　B　しんぱい　　　　C　めんきょ　　　　D　ろくおん

問題五、_____の文とだいたい同じ意味の文があります。A・B・C・Dから一番適切なものを一つ選びなさい。

1. <u>彼はずっと病気で寝ています。</u>

    A　彼は長い間病気で寝ています。

    B　彼はだんだん病気で寝ています。

    C　彼はけっこう病気で寝ています。

    D　彼は特に病気で寝ています。

2. <u>海外旅行のにっていが決まりました。</u>

    A　海外旅行をする予算を決めました。

    B　海外旅行をするスケジュールを立てました。

    C　海外旅行をするチケットを買いました。

    D　海外旅行をするお金を貯めました。

3. <u>机の上の本を本棚にかたづけました。</u>

    A　机の上に本と本棚をおきました。

    B　机の上の本と本棚はうりました。

    C　机の上の本を本棚のなかにいれました。

    D　机の上に本棚があります。

4. <u>宿題は月曜日にだしてください。</u>

    A　宿題は月曜日に提出してください。

    B　宿題は月曜日に発表してください。

    C　宿題は月曜日に選択してください。

    D　宿題は月曜日に完成し始めてください。

5. <u>彼女はその質問を繰り返しました。</u>

    A　彼女はその質問を何度も言いました。

    B　彼女はその質問に対して一度も回答しませんでした。

    C　彼女はその質問に答えました。

    D　彼女はその質問を回答し続けました。

6. <u>病気がなおりました。</u>

    A　病気になりました。

    B　病気がよくなりました。

    C　病気にきをつけています。

D　病気がもうすぐよくなります。

7. 家に帰って、ふくしゅうします。

　　A　家に帰って、レポートをかきます。

　　B　家に帰って、もういちどべんきょうします。

　　C　家に帰って、きれいにへやをそうじします。

　　D　家に帰って、ゆっくりやすみます。

問題六、次の言葉の使い方で一番適切なものをＡ・Ｂ・Ｃ・Ｄから一つ選びなさい。

1. 解く

　　A　この問題はとても簡単なので、すぐ解けた。

　　B　ジャケットのボタンが解いている。

　　C　忙しくて手が解けない。

　　D　その古い家から屋根と壁を解く。

2. 暗記

　　A　この素晴らしい景色をずっと暗記しておきたいです。

　　B　大学のクラスメートだった束さんを暗記していますか。

　　C　教科書に載っている例文は、暗記してください。

　　D　借りた第二言語習得の本をどこにしまったか、暗記していません。

3. たまる

　　A　胡先生の講演を聞くために、大学院生が会場にたまりました。

　　B　最近、残業が多いので、少しストレスがたまっています。

　　C　その映画はテレビで紹介されてから、急に人気がたまったそうです。

　　D　新しい学校ができてから、周りに店がたまりました。

4. 内容

　　A　廖さんの頭の内容は、来月の結婚のことでいっぱいです。

　　B　この薬は、頭痛によく効く内容が入っています。

　　C　このジュースの内容は、ドリアンとマンゴーと牛乳です。

　　D　この手紙の内容は、まだ誰にも話さないでください。

5. けっこう

　　A　このパンはけっこうまずい。

　　B　このデザインがけっこう気に入った。

　　C　勉強がけっこううまくいかない。

　　D　今日は昨日よりけっこう寒い。

言語知識（文法）

問題七、（　　）に適切な仮名を入れなさい。

1. 火事（　　）時、エレベーターを使わないでください。
2. 暇（　　）時、大連へ遊びに行きませんか。
3. 旅行（　　）前に、インターネットで資料を探すのは楽しいことです。
4. コンサート（　　）後で、彼女と海を見に行きました。
5. あした大連（　　）発って、ハルビンへ出張に行きます。
6. 散歩（　　）ついでに、図書館に行って本を借りてきました。
7. 彼女は黙って部屋（　　）出ました。
8. 階段（　　）下りて、事務室に行きます。
9. 食べる前（　　）手を洗わなくてはいけません。
10. 故郷（　　）離れて3年になります。

問題八、（　　）の単語を適当な形で_____に書きなさい。

1. 彼はレストランで_____ながら料理の勉強をしています。（働く）
2. 大連の美術館に_____ついでに公園を散歩しました。（行く）
3. 地下鉄でずっと_____続けていたので、とても疲れました。（立つ）
4. 今朝その本を_____終わりました。（読む）
5. 冬休みが_____までにレポートを書き終えたいと思っています。（終わる）
6. 映画が_____まで友達とおしゃべりをしていました。（始まる）
7. この薬はご飯を_____後で飲みます。（食べる）
8. 空港では飛行機に_____前に荷物の重さを量ります。（乗る）
9. けがを_____時、ガールフレンドはとても心配しました。（する）
10. _____時に、次から次へと電話がかかってくる。（忙しい）

問題九、_____に何が入りますか。Ａ・Ｂ・Ｃ・Ｄから一番適切なものを一つ選びなさい。

1. ジョギング_____後で、シャワーを浴びます。
   Ａ の　　　　　　Ｂ に　　　　　　Ｃ で　　　　　　Ｄ が
2. 明日_____日本語教育のレポートを提出してください。
   Ａ まで　　　　　Ｂ までに　　　　Ｃ に　　　　　　Ｄ で
3. 日本の国際会議に_____ついでに、速稲田大学の宮崎先生を訪ねるつもりです。

  A　出席している　　B　出席する　　　C　出席した　　　D　出席して

4. 音楽を_____ながらバスを待っています。

  A　聞こう　　　　　B　聞いた　　　　　C　聞き　　　　　D　聞く

5. その小説、_____終わった後、貸してくださいませんか。

  A　読む　　　　　　B　読め　　　　　　C　読み　　　　　D　読んだ

6. 私は毎朝7時に寮_____出ます。

  A　が　　　　　　　B　に　　　　　　　C　を　　　　　　D　と

7. 出張_____ついでに、帰りに家族へのおみやげを買いました。

  A　が　　　　　　　B　か　　　　　　　C　に　　　　　　D　の

8. デート_____前に、花束を準備します。

  A　の　　　　　　　B　が　　　　　　　C　に　　　　　　D　は

9. 昨日会社に_____前に、買い物に行きました。

  A　行く　　　　　　B　行っている　　　C　行った　　　　D　行って

10. 授業_____後で、カラオケに行きましょうか。

  A　で　　　　　　　B　に　　　　　　　C　の　　　　　　D　を

11. 留学_____時、金沢に住むつもりです。

  A　の　　　　　　　B　を　　　　　　　C　で　　　　　　D　へ

12. 彼は北清大学_____優秀な成績で卒業しました。

  A　に　　　　　　　B　を　　　　　　　C　で　　　　　　D　まで

13. ゆうべ遅く_____起きていたので、今朝眠くて仕方がない。

  A　に　　　　　　　B　で　　　　　　　C　まで　　　　　D　までに

14. 昨日の午後から雨が降り_____います。

  A　始まって　　　　B　続いて　　　　　C　終えて　　　　D　終わって

15. 午前_____、ずっと日本語を勉強していました。

  A　ごろ　　　　　　B　とき　　　　　　C　じゅう　　　　D　ちゅう

16. 私は30歳_____結婚したい。

  A　から　　　　　　B　まで　　　　　　C　までに　　　　D　で

17. 私は仕事がおもしろいので、30歳_____結婚しない。

  A　から　　　　　　B　まで　　　　　　C　までに　　　　D　で

問題十、___★___に入るものはどれですか。A・B・C・Dから一番適切なものを一つ選びなさい。

1. 会社で_____ _____ ___★___ _____。

  A　働きながら　　　B　アルバイト　　C　夜　　　　　　D　をします

2. 先生に_____ _____ ___★___ _____ほうがいいですよ。

  A　前に　　　　　　B　聞く　　　　　C　調べた　　　　D　自分で

3. _____ _____ ★ _____ことに気がつきました。
  A 電車に乗った B 忘れ物をした C 学校に   D 後で
4. ここで_____ _____ ★ _____。
  A 母が   B 来る   C 待っています D まで
5. 日本に_____ _____ ★ _____つもりです。
  A 帰国する   B 日本語教育の本も
  C ついでに   D 買う

読解

問題十一、次の文を読んで質問に答えなさい。

　田舎は何でも安いので、生活費があまりかかりません。広い家を買っても借りても、驚くほど[注1]安く済みます。庭も広いから①そこで野菜などを作って食べることもできます。自然がいっぱいだし、のんびりしているから、子供を育てるのにちょうどいいです。学力テストをしたら、小学生も中学生も1位は地方の県でした。子供だけではありません。②_____にとっても田舎は暮らしやすい[注2]所です。近所の人はみんな知り合いで、お付き合いが多いですから、都会のように一人暮らしで寂しいということはありません。

　なぜ田舎の人口が減り続けているのでしょうか。田舎の生活には車が必要だとか、店があまりないとか、不便なこともあります。しかし、一番の問題は田舎には仕事がないことです。仕事があれば、若者も帰ってきます。この問題を解決して、もっと田舎で暮らせるようにしたいものです。

注1：ほど／（表示程度）……得……

注2：〜やすい／容易……

 1. ①「そこ」とはどこですか。
  A 地方の県 B 庭   C 田舎   D 広い家
 2. 文中の　②　に入れるのに最も適当なものはどれですか。
  A 農民   B 子供   C お年寄り D 病人
 3. 田舎の人口が減り続けている一番の理由はどれですか。
  A 店が少ないから   B 若者が帰ってこないから
  C 田舎には仕事がないから   D 不便なことが少なくないから

問題十二、次の文を読んで質問に答えなさい。

　私は去年の9月から北清大学に入学して、日本語を勉強し始めました。日本語の中には漢字がたくさんあります。形が中国語に似ていますから、最初の頃は漢字を読めなくても、意味が分か

るような気がしました^{注1}。

　　__①__　、最近、日本語の漢字がそんなに簡単なものではないと感じました。日常でよく使われている漢字は日本語では2000字で、中国語では5000字もあると言われています^{注2}。日本語の漢字は中国語よりけっこう数量が少ないですが、二つ以上の読み方のある漢字もありますから、覚えにくい^{注3}と思います。例えば、「山」という漢字は、「山に登る」の中では「やま」と読みますが、「富士山」の中では「さん」と読みます。それに、「登山」の中では「ざん」になります。頭の中が混乱してしまうことがよくあります。

　　また、同じ漢字でも意味の違うものが少なくないです。例えば、日本語の「手紙」は「人に送る文書」という意味ですが、中国語では「トイレットペーパー」になります。<u>そういう時</u>は、一つずつ覚えるしかありません^{注4}。

　　今、日本語を勉強してほぼ1年になりました。漢字は難しいですが、おもしろいところもあると思います。

注1：〜ような気がする／覚得……，好像……

注2：〜と言われている／听说……，据说……

注3：〜にくい／难以……

注4：〜しかない／只好……

　　1.　__①__　には入れるのに最も適当なものはどれですか。

　　　　A　しかし　　　　　B　それから　　　　C　ですから　　　　D　そして

　　2.　<u>そういう時</u>とありますが、どんな時ですか。

　　　　A　同じ漢字でも意味が違う時

　　　　B　日本語の「手紙」の意味が分からない時

　　　　C　漢字の意味が覚えられない時

　　　　D　漢字が二つ以上の読み方がある時

　　3.　筆者は日本語の漢字にどのようなイメージを持っていますか。

　　　　A　読み方は少なくないですが、意味が中国語と同じです。

　　　　B　難しいですが、おもしろい点もあります。

　　　　C　簡単ですが、数が少ないです。

　　　　D　読み方が多いので、つまらないです。

問題十三、声を出して読みなさい。

日本語の勉強

　日本語の授業は1週間に5回あって、単語や文法、会話などを練習します。本を読んだり、録音を聞いたり、ビデオを見たりします。授業中は先生も私たちも日本語しか使いません。

　はじめに、簡単に復習してから、新出単語や文型を習います。先生は動作を見せて説明していきます。何回も文を聞かせてから、私たちに言わせます。私たちは単語や文型を使って、文

を作ったり、先生の質問に答えたり、学生同士の間で質問し合ったりします。

　よく、先生は短い会話を暗記させて、ロールプレイ練習をさせます。とても緊張しますが、実際に体を動かしながら話すのはおもしろいので、この練習が一番好きです。しかし、漢字は苦手です。先生は漢字が書いてあるカードを読ませたり、何回も書かせたりします。先生からのご指導に、心から感謝の意を申し上げます。

翻訳

問題十四、次の文章を中国語に訳しなさい。

　日常生活では、人間関係や学業、仕事など、さまざまなストレスに直面しています。しかし、そのストレスにうまく対処し、解消する方法はいくつかあります。

　まず、自分の好きなことや興味のある活動を見つけましょう。趣味はストレスを解消し、気分をリフレッシュする注1効果があります。例えば、音楽を聞いたり、絵を描いたり、読書をしたりすることなど、気分転換になる趣味を見つけてみましょう。また、自然の中に出ることは心身に良い影響を与えます。公園を散歩したり、山に登ったり、海を眺めたりすることなど、自然の美しい風景を楽しむことでリラックスできます。最後に、友達や家族との時間を大切にしましょう。これらの方法を試して、自分に合ったストレス解消法を見つけられるといい注2ですね。

注1：リフレッシュする／恢复精神

注2：といい／……就好了

1. 中国語訳を書きなさい。

　　_____

　　_____

　　_____

2. 日本語の原文だけを見て、声を出して中国語に訳しなさい。（中国語訳を見ないでください。）

問題十五、次の文章を日本語に訳しなさい。

　我正在学习日语。我用教科书练习汉字、平假名和片假名。我也记住日语的意思和罗马字。我读例句，理解语法和单词。我想有一天去日本，体验日本的文化、食物。如果我能说注1日语，我就能更多地了解日本的事情。我喜欢日语的声调、文字和表达方式。学习日语是一件有趣和有意义注2的事情。我想让我的日语更进步。

注1：如果我能说……／～が話せるようになったら
注2：有意义／やりがいがある

1. 日本語訳を書きなさい。

　　_____

　　_____

　　_____

　　_____

2. 中国語の原文だけを見て、声を出して日本語に訳しなさい。（日本語訳を見ないでください。）

問題十六、『私のストレス解消法』という題で、作文を書きなさい。

1. 「です・ます体」を使って、書きなさい。
2. 200字以上400字以内で書きなさい。
3. 漢字がある場合、できるだけ漢字を使って書きなさい。
4. 句読点、段落などに注意しながら、書きなさい。
5. 字をきれいに書きなさい。

自我评价表

A完成得很好　　B完成得一般　　C完成得不理想

	练习	练习内容	练习目的	自我评价
课前预习	练习1	汉字标注假名	掌握日语汉字读音	A・B・C
	练习2	听写汉字	掌握日语汉字书写	A・B・C
	练习3	填写外来语	掌握外来语的书写与含义	A・B・C
	练习4	完成句子	了解句型的接续及用法	A・B・C
课后总结	练习1	总结语法要点	巩固本课所学的语法知识	A・B・C
	练习2	使用知识要点达成交际目标	提高知识要点的实际应用能力	A・B・C
自我检测	问题一	汉字标注假名	掌握日语汉字读音	A・B・C
	问题二	假名标注汉字	掌握日语汉字书写	A・B・C
	问题三	外来语选择	掌握外来语的书写与含义	A・B・C
	问题四	词汇选择	掌握词汇的含义及用法	A・B・C
	问题五	同义句选择	掌握近义词汇及表达	A・B・C
	问题六	单词用法	掌握单词在句子中的正确用法	A・B・C
	问题七	助词填空	掌握助词的用法	A・B・C
	问题八	完成句子	掌握句型的接续及用法	A・B・C
	问题九	句子语法1（选择语法项目）	提高语法知识的综合应用能力	A・B・C
	问题十	句子语法2（组合句子）		A・B・C
	问题十一	阅读理解	提高分析、理解日语文章的能力	A・B・C
	问题十二			A・B・C
	问题十三	日语短文朗读	掌握规范的语音、语调，培养语感	A・B・C
	问题十四	日译汉	巩固所学语法、词汇，提高综合应用能力	A・B・C
	问题十五	汉译日		A・B・C
	问题十六	作文		A・B・C

英会話

请观看第3课的视频，预习本课相关的单词、句型等相关知识后，在课前完成下列练习。

练习1　请给下列单词标注读音。

1. 数年＿＿＿＿＿＿＿＿＿＿＿＿＿
2. 本人＿＿＿＿＿＿＿＿＿＿＿＿＿
3. 短期留学＿＿＿＿＿＿＿＿＿＿＿
4. 以前＿＿＿＿＿＿＿＿＿＿＿＿＿
5. 見学会＿＿＿＿＿＿＿＿＿＿＿＿
6. 怖い＿＿＿＿＿＿＿＿＿＿＿＿＿
7. 外資系企業＿＿＿＿＿＿＿＿＿＿
8. 人材＿＿＿＿＿＿＿＿＿＿＿＿＿
9. 泣く＿＿＿＿＿＿＿＿＿＿＿＿＿
10. 大通り＿＿＿＿＿＿＿＿＿＿＿＿
11. 殺人事件＿＿＿＿＿＿＿＿＿＿＿
12. 伝える＿＿＿＿＿＿＿＿＿＿＿＿
13. 沈む＿＿＿＿＿＿＿＿＿＿＿＿＿
14. 告げる＿＿＿＿＿＿＿＿＿＿＿＿
15. 責める＿＿＿＿＿＿＿＿＿＿＿＿
16. 運ぶ＿＿＿＿＿＿＿＿＿＿＿＿＿
17. 打つ＿＿＿＿＿＿＿＿＿＿＿＿＿
18. 井戸＿＿＿＿＿＿＿＿＿＿＿＿＿
19. 夕日＿＿＿＿＿＿＿＿＿＿＿＿＿
20. 怒る＿＿＿＿＿＿＿＿＿＿＿＿＿

练习2　请听录音，写汉字。 🎧

1. （　　）な人材
2. （　　）の生活
3. 英語の勉強を（　　）する
4. （　　）がある
5. 太陽が（　　）る
6. （　　）に勉強する
7. （　　）を言う
8. 会場の（　　）をする
9. 有名な画家の（　　）
10. 考えを（　　）す
11. （　　）した日々
12. 世界を（　　）げる
13. （　　）を尽くす
14. やろうとする（　　）
15. （　　）になる
16. 泉が（　　）れる

练习3　请结合括号内提示，写出相应的外来语完成句子，并写出相应的英语单词。

1. 仕事の_____(搭档)になります。　　　　　　　　　英语：_____

2. 返事は_____(传真)でお送りします。　　　　　　　英语：_____

3. 日本語_____(角)は週に1回あります。　　　　　　　英语：_____

4. 私は一応ピアノは弾けますが、あなたとは_____(程度，级别)が違います。

　　　　　　　　　　　　　　　　　　　　　　　　　　　　英语：_____

5. 彼は週末_____(志愿活动，志愿者)として病院で働きました。英语：_____

6. 親友の結婚式の_____(录像)を見ます。　　　　　　　英语：_____

7. 週末はよく郊外の山へ_____(郊游，徒步旅行)に出かけます。英语：_____

8. 消費税反対の_____(示威，示威游行)をします。　　　英语：_____

练习4

1. 结合以前所学句型"N1　に　N2　が　ある"，预习本课"N1　で　N2　が　ある"的意义和用法，并将下列句子翻译成中文，尝试理解两者的区别。

日语	中文
教室に机や椅子などがあります。	
今日の午後、教室でクラス会があります。	

句型"N1 に N2 が ある"表示_____，释义为_____。

句型"N1 で N2 が ある"表示_____，释义为_____。

2. 预习本课"V（る）ところだ""V（ている）ところだ""V（た）ところだ"的意义和用法，并将下列句子翻译成中文，尝试理解三者的区别。

日语	中文
会議は今から始まるところです。	
論文を書いているところです。	
宋さんは帰ったところです。	

句型"～ところだ"表示_____。其中"V（る）ところだ"表示_____，释义为_____；句型"V（ている）ところだ"表示_____，释义为_____。"V（た）ところだ"表示_____，释义为_____。

课后总结

练习1 对照本课的语法要点，填写下表。

语法要点	造句	语法细节
V　う／ようとする。		
V　たばかりだ。		
V（る・ている・た）ところだ。		
N　ばかり		
V　てばかりいる。		
N1　で　N2　がある。		
N　ぶり		
～くらい／ぐらい		
～さ		

练习2 使用本课知识要点，尝试达成以下的交际目标。

（1）介绍一下外语学习的经验和感想。

_____

_____

_____

（2）向别人介绍自己努力尝试过的事情。

_____

_____

_____

（3）使用日语介绍事情的进展。

_____

_____

_____

自我检测

言語知識（文字・語彙）

問題一、次の下線の単語を平仮名で書きなさい。

1. それはまた話が<u>別</u>です。　（　　　　　）
2. 後1年で大学を卒業して、<u>社会人</u>になります。　（　　　　　）
3. 晩ご飯の<u>用意</u>ができました。　（　　　　　）
4. 彼女はほほえんで賛成の意を<u>表</u>しました。　（　　　　　）
5. 彼女の言っていることが<u>理解</u>できなかったのです。　（　　　　　）
6. 彼らは大学を卒業後、<u>間</u>もなく結婚しました。　（　　　　　）
7. <u>充実</u>した大学生活を過ごしたいです。　（　　　　　）
8. 彼女はいつも僕の仕事に<u>文句</u>をつけます。　（　　　　　）
9. <u>健康</u>のためにジョギングをしています。　（　　　　　）
10. <u>田舎暮</u>らしのほうが好きです。　（　　　　　）
11. 赤ちゃんは大きな声で<u>泣</u>いていました。　（　　　　　）
12. 犯人は<u>逃</u>げようとしました。　（　　　　　）
13. 彼女は王君<u>本人</u>に話をしたいと言っています。　（　　　　　）
14. この資料を<u>翻訳</u>するにはちょっと時間がかかります。　（　　　　　）
15. お金ではこの問題は<u>解決</u>しませんよ。　（　　　　　）
16. 遠い<u>未来</u>に何が起こるか誰にも分からない。　（　　　　　）

問題二、次の下線の単語を漢字で書きなさい。

1. 家族と手を振って別れを<u>つげ</u>ました。（　　　　　）
2. ゆうべ、すごく<u>こわ</u>い夢を見ました。（　　　　　）
3. 彼は全力を<u>つく</u>して私を助けてくれました。（　　　　　）
4. 何をそんなに<u>おこ</u>っているんですか。（　　　　　）
5. 太陽が<u>すいへいせん</u>の上に昇りました。（　　　　　）
6. この<u>いど</u>は枯れています。（　　　　　）
7. 彼は情報技術の発展について<u>こうえん</u>しました。（　　　　　）
8. 今晩私の<u>ゆうしょく</u>は用意しなくてもいいですよ。（　　　　　）
9. 学校の<u>こうどう</u>で卒業式があります。（　　　　　）
10. 彼女は私の不注意を<u>せめ</u>ました。（　　　　　）

11. その船が海に<u>しず</u>もうとしています。（　　　　）

12. 鈴木先生は日本の経済に<u>くわ</u>しいです。（　　　　）

13. 荷物を3階に<u>はこ</u>んでください。（　　　　）

14. 今の気持ちは言葉では<u>つた</u>えられない。（　　　　）

15. 彼女は<u>あま</u>いものには目がない。（　　　　）

16. 国と国との付き合いでは人間同士の<u>こうりゅう</u>が重要だ。（　　　　）

問題三、＿＿＿＿に何が入りますか。Ａ・Ｂ・Ｃ・Ｄから一番適切なものを一つ選びなさい。

1. 彼は大学の時、＿＿＿＿をしていました。
   Ａ　ボランティア　　　Ｂ　ボールペン　　　　Ｃ　ボーナス　　　　Ｄ　ポケット

2. 北清大学の宣伝＿＿＿＿を制作します。
   Ａ　ビール　　　　　Ｂ　ピアノ　　　　　Ｃ　ビデオ　　　　　Ｄ　ホテル

3. 英会話力をもっと＿＿＿＿アップしなければなりません。
   Ａ　タオル　　　　　Ｂ　レモン　　　　　Ｃ　レポート　　　　Ｄ　レベル

4. ＿＿＿＿でこの資料を送ってください。
   Ａ　ファイル　　　　Ｂ　ファックス　　　Ｃ　ファッション　　Ｄ　ファン

5. 部屋の＿＿＿＿を利用します。
   Ａ　コート　　　　　Ｂ　コーヒー　　　　Ｃ　コース　　　　　Ｄ　コーナー

6. 家族を連れて＿＿＿＿をします。
   Ａ　パジャマ　　　　Ｂ　ハイキング　　　Ｃ　パートナー　　　Ｄ　ハンサム

7. 楊さんと＿＿＿＿になって英会話の練習をします。
   Ａ　ボランティア　　　Ｂ　ファン　　　　　Ｃ　パートナー　　　Ｄ　ハンサム

8. 来週、日本へ旅行に行くので、デパートへ＿＿＿＿を買いに行きます。
   Ａ　スーツケース　　　Ｂ　スポーツ　　　　Ｃ　チャンス　　　　Ｄ　ニュース

問題四、＿＿＿＿に何が入りますか。Ａ・Ｂ・Ｃ・Ｄから一番適切なものを一つ選びなさい。

1. 彼の英会話力は＿＿＿＿です。
   Ａ　すごい　　　　　Ｂ　きらい　　　　　Ｃ　あつい　　　　　Ｄ　さむい

2. ゆうべ風が強かった。＿＿＿＿雨が降った。
   Ａ　だいぶ　　　　　Ｂ　さらに　　　　　Ｃ　しかし　　　　　Ｄ　ですから

3. あんな難しい問題もすぐに解けるなんて、＿＿＿＿ですね。
   Ａ　さらに　　　　　Ｂ　さすが　　　　　Ｃ　だけ　　　　　　Ｄ　ばかり

4. 旅行をして視野を＿＿＿＿ことができます。
   Ａ　しらせる　　　　Ｂ　つたえる　　　　Ｃ　ひろげる　　　　Ｄ　つげる

5. 終電に間に合わなかった。＿＿＿＿、家へ歩いて帰った。
   Ａ　さすが　　　　　Ｂ　さらに　　　　　Ｃ　そこで　　　　　Ｄ　まもなく

6. 彼は本を棚に_____並べました。

    A　きちんと　　　　　B　すっかり　　　　　C　ずっと　　　　　D　きっと

7. 彼の作品には_____の美しさがあります。

    A　きょうこ　　　　　B　とくゆう　　　　　C　けんこう　　　　　D　ゆうしゅう

8. 彼女が家に入っていくのを_____。

    A　見えました　　　　B　見せました　　　　C　見られました　　　D　見かけました

9. 銭さんはサッカーのルールに_____です。

    A　かなしい　　　　　B　くわしい　　　　　C　さびしい　　　　　D　たのしい

10. 彼は_____この町に住んでいました。

    A　いぜん　　　　　　B　げんざい　　　　　C　さっき　　　　　　D　みらい

問題五、_____の文とだいたい同じ意味の文があります。A・B・C・Dから一番適
　　　切なものを一つ選びなさい。

1. われわれは彼にそのお知らせをつたえました。

    A　われわれは彼にそのお知らせをおしえました。

    B　われわれは彼にそのお知らせをききました。

    C　われわれは彼にそのお知らせをつげました。

    D　われわれは彼にそのお知らせをならいました。

2. しゅくだいをしているところです。

    A　しゅくだいがおわりました。

    B　しゅくだいをぜひします。

    C　しゅくだいをしています。

    D　しゅくだいをいまからします。

3. スーパーの前のおおどおりはにぎやかです。

    A　スーパーの前のぎんこうはにぎやかです。

    B　スーパーの前のこうえんはにぎやかです。

    C　スーパーの前のみせはにぎやかです。

    D　スーパーの前のみちはにぎやかです。

4. 今パーティーの料理をよういしています。

    A　今パーティーの料理をかたづけています。

    B　今パーティーの料理をつくっています。

    C　今パーティーの料理をたべています。

    D　今パーティーの料理をみています。

5. 燃えるゴミと燃えないゴミをきちんと分けましょう。

    A　燃えるゴミと燃えないゴミをちゃんと分けましょう。

    B　燃えるゴミと燃えないゴミをすっかり分けましょう。

  C　燃えるゴミと燃えないゴミをぶらぶら分けましょう。

  D　燃えるゴミと燃えないゴミばかり分けましょう。

問題六、次の言葉の使い方で一番適切なものをA・B・C・Dから一つ選びなさい。

1. 健康

  A　妹の成績がいつもより健康だったので、両親は喜びました。

  B　祖母は毎日運動しているので、今でもとても健康です。

  C　中山広場にある大きなビルは古いけど、健康だそうです。

  D　最近携帯電話は健康ではないみたいなので、時々変な音がします。

2. 活動

  A　このスーパーの活動は夜8時までです。

  B　修理が終わったようで、エスカレーターの活動がまた始まりました。

  C　走る前に、足などの活動をすると、けがをしにくいそうです。

  D　このグループは、中国の文化を紹介するために、文化教室を開くなどの活動をしています。

3. かれる

  A　暖かくなってきたので、雪はすっかりかれたようです。

  B　このパソコンはとても古いから、いろいろなところがかれて動かないです。

  C　2週間以上も水をやるのを忘れたので、部屋の花がかれてしまいました。

  D　火が強すぎて、肉が黒くかれてしまいました。

4. 未来

  A　地球の未来のために環境問題について考えましょう。

  B　いつ来られるか、未来の都合を教えてください。

  C　唐君の未来は何になりたいですか。

  D　未来の今頃、病院が建つ予定です。

5. きっかけ

  A　今回は気分が悪いのですが、次のきっかけにはぜひ出席したいと思います。

  B　大学院では日本語教育を専攻し、学習不安のきっかけについて研究しています。

  C　今回の事件をきっかけに、市民の防災に対する意識が高まりました。

  D　この事業に反対するきっかけは、学校への悪影響が予想されるからです。

言語知識（文法）

問題七、（　　）に適切な仮名を入れなさい。

1. 家（　）出ようとした時、電話がかかってきました。
2. 兄は健康のためにタバコ（　）やめようとしています。
3. 習ったばかり（　）単語を忘れてしまいました。
4. バス（　）出たところです。
5. 今電車（　）乗るところなんです。
6. 高校時代の友達と10年ぶり（　）会いました。
7. 今、日本語の宿題（　）しているところです。
8. 王さんは授業中、スマホ（　）見てばかりいます。
9. グラウンド（　）卓球の試合（　）あります。
10. 教室（　）送別会（　）あります。

問題八、（　　）の単語を適当な形で＿＿＿＿に書きなさい。

1. 彼のことを＿＿＿＿としましたが、忘れられません。（忘れる）
2. おじいさんが道を＿＿＿＿としていますが、車が多くて渡れません。（渡る）
3. 昨日給料を＿＿＿＿ばかりなのに、もう使ってしまいました。（もらう）
4. 今、干さんが＿＿＿＿ところなので、もう少し待ってください。（コピーする）
5. 今から、サッカーの試合が＿＿＿＿ところです。（始まる）
6. 娘は勉強しないで、＿＿＿＿ばかりいます。（遊ぶ）
7. プールの＿＿＿＿はどれくらいですか。（深い）
8. 泰山<ruby>泰山<rt>たいざん</rt></ruby>の＿＿＿＿は約1545メートルです。（高い）
9. 「卒論は書き終わりましたか。」
   「ええ。今朝、＿＿＿＿ところです。」（書き終わる）
10. 今から＿＿＿＿ところです。（出かける）
11. パーティーは18時半に始まります。今、会場を＿＿＿＿ところです。（準備する）
12. ゆうべ、第2課を＿＿＿＿ところです。（復習する）

問題九、＿＿＿＿に何が入りますか。A・B・C・Dから一番適切なものを一つ選びなさい。

1. もう歩けない＿＿＿＿疲れました。
   A　くらい　　　　　B　ごろ　　　　　　C　だけ　　　　　　D　ばかり
2. 「今、何をしていますか。」

「レポートの資料を_____ところです。」

    A　調べる　　　　　B　調べている　　　C　調べた　　　　　D　調べよう

3.「お父さんへのメッセージを送りましたか。」

「うん、さっき_____ところです。」

    A　送る　　　　　　B　送っている　　　C　送った　　　　　D　送ろう

4.「夕食はもう食べましたか。」

「いいえ、これから_____ところです。」

    A　食べる　　　　　B　食べている　　　C　食べた　　　　　D　食べよう

5. 胡君は先月この会社に_____ばかりです。

    A　入ろう　　　　　B　入った　　　　　C　入る　　　　　　D　入って

6. 唐さんの友達はきれいな女子学生_____です。

    A　くらい　　　　　B　ごろ　　　　　　C　ところ　　　　　D　ばかり

7. 私のルームメートは週末寝てばかり_____。

    A　あります　　　　B　います　　　　　C　します　　　　　D　です

8. お風呂に_____とした時、玄関のベルが鳴りました。

    A　入る　　　　　　B　入った　　　　　C　入ろう　　　　　D　入れる

9. 楊さんは日本人と会話の練習を_____としています。

    A　する　　　　　　B　しよう　　　　　C　して　　　　　　D　した

10. このシャツは1か月前に買った_____です。

    A　ところ　　　　　B　ばかり　　　　　C　くらい　　　　　D　まま

11. いくら忙しくても、電話_____する時間があるでしょ？

    A　ぐらい　　　　　B　ごろ　　　　　　C　だけ　　　　　　D　ばかり

12. 今年は10年_____の暖冬です。

    A　ぐらい　　　　　B　ごろ　　　　　　C　だけ　　　　　　D　ぶり

13. 北京_____万里の長城、故宮や頤和園などの名所旧跡があります。

    A　が　　　　　　　B　で　　　　　　　C　と　　　　　　　D　に

14. 来月、北京_____私の好きなアイドルのコンサートがあります。

    A　が　　　　　　　B　で　　　　　　　C　と　　　　　　　D　に

問題十、___★___に入るものはどれですか。A・B・C・Dから一番適切なものを一つ選びなさい。

1. _____ _____ ___★___ _____ないでくださいね。

    A　そんなに　　　　B　ばかり　　　　　C　甘いもの　　　　D　食べ

2. _____ _____ ___★___ _____です。

    A　へ　　　　　　　B　うち　　　　　　C　帰った　　　　　D　ところ

3. 父の_____ _____ ___★___ _____喜びました。

　　　A　帰国に　　　　　B　2年ぶりの　　　　C　家族が　　　　　D　とても

4. 劉さんは＿＿＿＿　＿＿＿＿　★＿＿　＿＿＿＿。

　　　A　宿題を　　　　　B　います　　　　　C　忘れて　　　　　D　ばかり

5. 昨日、学校の体育館＿＿＿＿　＿＿＿＿　★＿＿　＿＿＿＿。

　　　A　で　　　　　　　B　が　　　　　　　C　ありました　　　D　コンサート

読解

問題十一、次の文を読んで質問に答えなさい。答えはA・B・C・Dから一番適切なものを一つ選びなさい。

　私は時々コンサートへ行きます。今度、大連で私が大好きな歌手のコンサートがありますから、チケットが発売になった日に、急いでパソコンで買おうとしました。

　＿＿①＿＿、チケットは、10分で全部無くなりました。パンコンでもっと探したら、そのチケットが売られているところがありました。②そこでは、チケットを持っている人が、ほかの人に売ることができます。私は、ほしかったチケットを見つけて、うれしかったですが、③その後すぐに驚きました。チケットの値段が、初めの値段の5倍になっていたからです。チケットを安く買って、それを④高く売ろうとする人がいるのでしょう。私は、チケットを買うのをやめました。

　とても有名な歌手ですから、チケットがすぐに無くなるのは、仕方がありません。しかし、チケットを買ったばかりなのに、すぐに高い値段でほかの人に売るのは、よくないと思います。

1. 文中の＿＿①＿＿に入れるのに最も適当なものはどれですか。

　　　A　特に　　　　　　B　そこで　　　　　C　しかし　　　　　D　さらに

2. 文中の②「そこ」とはどこですか。

　　　A　コンサート会場　　　　　　　　　B　チケットを売っているサイト

　　　C　パソコンショップ　　　　　　　　D　チケット売り場

3. 文中の③「その後すぐに驚きました」とありますが、それはなぜですか。

　　　A　チケットが売り切れたから　　　　B　ほしかったチケットがなかったから

　　　C　チケットが安く買えるから　　　　D　チケットの値段が高くなっていたから

4. 文中の④「高く売ろうとする人」に対する筆者の気持ちはどれですか。

　　　A　賛成する　　　　B　批判的　　　　　C　うまい　　　　　D　すごい

問題十二、次の文を読んで質問に答えなさい。答えはA・B・C・Dから一番適切なものを一つ選びなさい。

　大学のそばに有名な回転寿司屋があるので、今日は日本人の友達と回転寿司へ行きました。①その店はいつもとても込んでいて、2時を過ぎていても、お客さんが多いそうですが、今日はすぐ座れました。もちろん、今までに寿司を食べたことがあります。でも、回転寿司は初めてで、とてもうれしかったです。いろいろな寿司が回っていました。そして、わざわざ注文しなくても、好きなものを取って食べることができます。これはとても便利です。寿司は1皿300円でした。少し高いと思っていましたが、おいしくて、10皿も食べておなかがいっぱいになりました。食べたばかりですから、友達と散歩をしました。

1. ①「その店」はどの店ですか。
   A　友達の回転寿司の店　　　　　B　回転寿司の店
   C　中華料理の店　　　　　　　　D　日本料理の店

2. 今日はどうしてとてもうれしかったのですか。
   A　回転寿司を初めて食べたから
   B　初めて大阪に到着したから
   C　友達と散歩したから
   D　回転寿司が安かったから

3. 回転寿司の便利なところは何ですか。
   A　いつも2時を過ぎると、すぐに座れるところ。
   B　少し高いが、おいしいところ。
   C　店の人に「……をください」と言わなくてもいいところ。
   D　食べたばかりで、散歩することができるところ。

問題十三、声を出して読みなさい。

英会話（えいかいわ）の勉強（べんきょう）

　私（わたし）は夏休（なつやす）みにイギリスへ行（い）く夏季（かき）コースに参加（さんか）しようと思（おも）います。そのために、1カ月前（いっかげつまえ）から英会話教室（えいかいわきょうしつ）に通（かよ）い始（はじ）めました。現在（げんざい）は英語（えいご）の勉強（べんきょう）に一生懸命（いっしょうけんめい）取（と）り組（く）んでいます。高校（こうこう）の頃（ころ）は英語（えいご）が得意（とくい）でしたが、英会話（えいかいわ）は苦手（にがて）でした。数年（すうねん）ぶりに英語（えいご）の勉強（べんきょう）を再開（さいかい）したばかりなので、理解（りかい）できない単語（たんご）ばかりで、困（こま）っています。

　また、友達（ともだち）の唐君（とうくん）も、将来（しょうらい）はイギリスへ留学（りゅうがく）しようと思（おも）っていて、英会話（えいかいわ）に関心（かんしん）があるそうです。私（わたし）の通（かよ）っている英会話教室（えいかいわきょうしつ）では無料体験（むりょうたいけん）が可能（かのう）なので、彼（かれ）も一緒（いっしょ）に見（み）に行（い）きました。唐君（とうくん）は、将来（しょうらい）は外国人（がいこくじん）と会話（かいわ）ができるようになりたくて、英会話（えいかいわ）を頑張（がんば）って学（まな）んでいます。私（わたし）も一生懸命勉強（いっしょうけんめいべんきょう）しようと思（おも）っています。

翻訳

問題十四、次の文章を中国語に訳しなさい。

　最近、私は新しい挑戦に取り組もう[注1]としています。それは、自分の限界を超え、新しいスキル[注2]を身につけることです。最初は不安もありましたが、成長するためには[注3]挑戦し、変化し続けることが大切だと感じました。

　新しいスキルを習得しようとすると、最初はなかなかうまくいかない[注4]こともあります。でも、あきらめずに[注5]練習し、学び続けることで、だんだんと上達していくことができます。

　毎日少しずつ[注6]進歩しようとする中で、同時に現在の自分を過去の自分と比較してもっとよくなりたいという欲望も感じています。これは私がなりたい自分に向かって[注7]努力し続ける原動力です。

　挑戦しようとすることは、未知の領域に飛び込む[注8]勇気が必要ですが、その結果として得られる充実感や成長の喜びは何物にも代えがたい[注9]ものがあります。

注1：取り組む／致力
注2：スキル／技能，本領
注3：〜ために／为了……
注4：うまくいく／进展顺利
注5：あきらめる／放弃，断念
注6：少しずつ／一点一点地
注7：〜に向かう／朝……，向……
注8：〜に飛び込む／投入……，参加……
注9：代えがたい／难以替代

1. 中国語訳を書きなさい。

_____

_____

_____

_____

_____

_____

2. 日本語の原文だけを見て、声を出して中国語に訳しなさい。（中国語訳を見ないでください。）

問題十五、次の文章を日本語に訳しなさい。

今天是我的生日，但是却是不走运^{注1}的一天。我把朋友送给我的礼物忘在^{注2}了车站的厕所中，等我发现^{注3}的时候，就赶紧跑去取，但是清扫员^{注4}正在打扫厕所。我滑倒^{注5}了，真的很糟糕。回到家想要冲个澡，刚要洗澡时朋友打电话过来^{注6}了，说我最喜欢的篮球比赛正在进行中。我马上打开了电视，可是比赛却刚好结束了。

注1：不走运／ついていない

注2：忘在／忘れてしまう

注3：发现／気づく

注4：清扫员／清掃作業員

注5：滑倒／滑って転んでしまう

注6：打电话过来／電話がかかってくる

1. 日本語訳を書きなさい。

_____

_____

_____

2. 中国語の原文だけを見て、声を出して日本語に訳しなさい。（日本語訳を見ないでください。）

問題十六、『外国語の勉強』という題で、作文を書きなさい。

1. 「です・ます体」を使って、書きなさい。
2. 200字以上400字以内で書きなさい。
3. 漢字がある場合、適切に漢字を使って書きなさい。
4. 句読点、段落などに注意しながら、書きなさい。
5. 字をきれいに書きなさい。

自我评价表

A完成得很好　　B完成得一般　　C完成得不理想

	练习	练习内容	练习目的	自我评价
课前预习	练习1	汉字标注假名	掌握日语汉字读音	A・B・C
	练习2	听写汉字	掌握日语汉字书写	A・B・C
	练习3	填写外来语	掌握外来语的书写与含义	A・B・C
	练习4	完成句子	了解句型的接续及用法	A・B・C
课后总结	练习1	总结语法要点	巩固本课所学的语法知识	A・B・C
	练习2	使用知识要点达成交际目标	提高知识要点的实际应用能力	A・B・C
自我检测	问题一	汉字标注假名	掌握日语汉字读音	A・B・C
	问题二	假名标注汉字	掌握日语汉字书写	A・B・C
	问题三	外来语选择	掌握外来语的书写与含义	A・B・C
	问题四	词汇选择	掌握词汇的含义及用法	A・B・C
	问题五	同义句选择	掌握近义词汇及表达	A・B・C
	问题六	单词用法	掌握单词在句子中的正确用法	A・B・C
	问题七	助词填空	掌握助词的用法	A・B・C
	问题八	完成句子	掌握句型的接续及用法	A・B・C
	问题九	句子语法1（选择语法项目）	提高语法知识的综合应用能力	A・B・C
	问题十	句子语法2（组合句子）		A・B・C
	问题十一	阅读理解	提高分析、理解日语文章的能力	A・B・C
	问题十二			A・B・C
	问题十三	日语短文朗读	掌握规范的语音、语调，培养语感	A・B・C
	问题十四	日译汉	巩固所学语法、词汇，提高综合应用能力	A・B・C
	问题十五	汉译日		A・B・C
	问题十六	作文		A・B・C

小テスト

课前预习

请观看第4课的视频，预习本课相关的单词、句型等相关知识后，在课前完成下列练习。

练习1　请给下列单词标注读音。

1. 予告＿＿＿＿＿＿＿＿＿＿＿＿＿　2. 事前＿＿＿＿＿＿＿＿＿＿＿＿＿

3. 前回＿＿＿＿＿＿＿＿＿＿＿＿＿　4. 行う＿＿＿＿＿＿＿＿＿＿＿＿＿

5. 範囲＿＿＿＿＿＿＿＿＿＿＿＿＿　6. 状況＿＿＿＿＿＿＿＿＿＿＿＿＿

7. 後悔＿＿＿＿＿＿＿＿＿＿＿＿＿　8. 大事＿＿＿＿＿＿＿＿＿＿＿＿＿

9. 壁＿＿＿＿＿＿＿＿＿＿＿＿＿　10. 謝る＿＿＿＿＿＿＿＿＿＿＿＿＿

11. 破る＿＿＿＿＿＿＿＿＿＿＿＿＿　12. 汚す＿＿＿＿＿＿＿＿＿＿＿＿＿

13. 睡眠薬＿＿＿＿＿＿＿＿＿＿＿＿＿　14. 懐かしい＿＿＿＿＿＿＿＿＿＿＿＿＿

15. 並べる＿＿＿＿＿＿＿＿＿＿＿＿＿　16. 空く＿＿＿＿＿＿＿＿＿＿＿＿＿

练习2　请听录音，写汉字。 🎧

1. 試合に（　　　　）する　　　　2. （　　　　）をする

3. 試験に（　　　　）ちる　　　　4. （　　　　）を払う

5. （　　　　）を出す　　　　6. （　　　　）を飾る

7. （　　　　）を飲む　　　　8. （　　　　）に挿す

9. 伝統を（　　　　）する　　　10. （　　　　）を書く

11. 車に（　　　　）する　　　　12. 友達の家を（　　　　）する

13. よい結果を（　　　　）する　　　14. 試合で（　　　　）ける

15. 試験に（　　　　）する　　　　16. 予定を（　　　　）てる

练习3　请结合括号内提示，写出相应的外来语完成句子，并写出相应的英语单词。

1. 明日とても大切な＿＿＿＿＿＿（测验）があります。　　　英语：＿＿＿＿＿＿＿

2. 勉強した内容を＿＿＿＿＿＿（记录，笔记）してください。　英语：＿＿＿＿＿＿＿

3. 食事の前に、食器を＿＿＿＿＿＿（桌子）に並べます。　　　英语：＿＿＿＿＿＿＿

4. 一緒に＿＿＿＿＿＿（海报）を壁に貼りましょう。　　　　　英语：＿＿＿＿＿＿＿

5. 私の＿＿＿＿＿＿（团队）は昨日の試合で勝ちました。　　　英语：＿＿＿＿＿＿＿

6. 国によって、＿＿＿＿＿＿（意识形态）もそれぞれ違うのです。英语：＿＿＿＿＿＿＿

练习4　复习"ている"的意义和用法，预习本课"ておく""てある"的意义和用法，并将下列句子翻译成中文，尝试理解三者的区别。

日语	中文
母は今ビールを冷蔵庫に入れています。	
母はビールを冷蔵庫に入れておきました。	
冷蔵庫にビールが入っています。	
冷蔵庫にビールが入れてあります。	

1. 使用"ておく"表达"提前做某事"时，前多接＿＿＿＿＿＿（自动词 / 他动词）。

2. "ている""てある"均可表示存续状态，在这种用法下，"ている"侧重强调＿＿＿＿＿＿，前接＿＿＿＿＿＿（自动词 / 他动词），"てある"侧重强调＿＿＿＿＿＿，前接＿＿＿＿＿＿（自动词 / 他动词）。

课后总结

练习1　对照本课的语法要点，填写下表。

语法要点	造句	语法细节
V　ておく。		
V　てある。		
V　てしまう。		
～がる。		

（续表）

语法要点	造句	语法细节
N1　という　N2		
N／数量词しか　〜ない。		
V　忘れる。		
N　中^{ちゅう}		
数量词　も		

练习2　使用本课知识要点，尝试达成以下的交际目标。

（1）简单介绍你是如何准备一场考试的。

_____

_____

_____

（2）简要介绍一件曾经令你感到遗憾的事情。

_____

_____

_____

（3）向大家简要描述你所在的教室是如何布置的。

_____

_____

_____

自我检测

言語知識（文字・語彙）

問題一、次の下線の単語を平仮名で書きなさい。

1. 彼女は学校へ行くのを<u>嫌</u>がる。（　　　　）

2. 明日、田中先生を<u>訪問</u>する予定です。（　　　　）

3. 残念ながら、うちのグループは<u>負</u>けてしまいました。（　　　　）

4. 咳が出たので、風邪薬を飲みました。（　　　　　）

5. キャノン杯スピーチ大会に応募してみませんか。（　　　　　）

6. 今朝牛乳を半分しか飲みませんでした。（　　　　　）

7. 国の制度をしっかりと堅持しなければならない。（　　　　　）

8. 石油は輸出品の中で重要な地位を占めている。（　　　　　）

9. 期末試験の内容が準備してありますか。（　　　　　）

10. やっと日本語能力試験に合格しました。（　　　　　）

11. 服を汚してしまって、すみません。（　　　　　）

12. 試合に負けて本当に悔しかった。（　　　　　）

13. 彼女は人形のようなかわいい顔をしている。（　　　　　）

14. 後で使いますから、そこに置いといてください。（　　　　　）

15. いつもごちそうになっていますので、今日は私が払います。（　　　　　）

問題二、次の下線の単語を漢字で書きなさい。

1. 学生時代によく勉強しなくて、本当にこうかいしています。（　　　　　）

2. 田中さんは急用でどうそうかいに参加できなくなりました。（　　　　　）

3. 運動する時、すいぶんの補充が大事です。（　　　　　）

4. 高橋さんはてんきんになりました。（　　　　　）

5. しけんかんとくをしている宮崎先生はとても厳しい。（　　　　　）

6. 花瓶に花がさしてあります。（　　　　　）

7. せんがっきの学校生活はどうでしたか。（　　　　　）

8. 李さんの家のテーブルにはいつも花がかざってあります。（　　　　　）

9. 選手たちは試合があるのは2週間後だとかんちがいしていました。（　　　　　）

10. 期末試験のはんいはもう先生から聞きました。（　　　　　）

11. 宿題をすませてから体育館へバドミントンに行きました。（　　　　　）

12. 高校時代がなつかしいです。（　　　　　）

13. 言うは易くおこなうは難し。（　　　　　）

14. チケットを不注意でやぶってしまいました。（　　　　　）

15. 今週末は、あいていますか。（　　　　　）

問題三、＿＿＿＿に何が入りますか。Ａ・Ｂ・Ｃ・Ｄから一番適切なものを一つ選びなさい。

1. ＿＿＿＿というのは育児をする男性のことです。
   Ａ　イクメン　　　　Ｂ　イケメン　　　　Ｃ　カメラマン　　　Ｄ　サラリーマン

2. 野球の＿＿＿＿を作りたい。
   Ａ　アイスクリーム　Ｂ　ジム　　　　　　Ｃ　チーム　　　　　Ｄ　ルームメート

3. ＿＿＿＿に果物が置いてあります。

      A　ゴーグル　　　　B　コンクール　　　C　タオル　　　　　D　テーブル

4. 寮の壁に_____が貼ってあります。

      A　エレベーター　　B　セーター　　　　C　ポスター　　　　D　ヘリコプター

5. _____することは語学の勉強に役立つ。

      A　デモ　　　　　　B　メール　　　　　C　パス　　　　　　D　メモ

6. われわれは_____分野で多くの試練に直面している。

      A　イデオロギー　　B　ストレス　　　　C　スピーチ　　　　D　プロジェクト

問題四、_____に何が入りますか。Ａ・Ｂ・Ｃ・Ｄから一番適切なものを一つ選びなさい。

1. 彼女は家事をするのを_____。

      A　嫌です　　　　　B　嫌いです　　　　C　嫌がります　　　D　大好きです

2. 価格は_____なしに変わることがあります。

      A　予約　　　　　　B　予告　　　　　　C　予定　　　　　　D　予報

3. この服のサイズは私の体に_____合う。

      A　てっきり　　　　B　はっきり　　　　C　ぴったり　　　　D　ゆっくり

4. 同窓会でクラスメートたちと話して、以前のことを全部_____。

      A　負けた　　　　　B　思い出した　　　C　注意した　　　　D　並べた

5. 5時までに準備を_____ください。

      A　済ませて　　　　B　飾って　　　　　C　差して　　　　　D　謝って

6. 論文を書く前に、研究計画を前もって_____なければならない。

      A　立て　　　　　　B　破ら　　　　　　C　汚さ　　　　　　D　飾ら

7. 人は誰でも豊な_____をしたがります。

      A　花瓶　　　　　　B　人形　　　　　　C　暮らし　　　　　D　一人前

8. 君は私を誰かと_____している。

      A　期待　　　　　　B　訪問　　　　　　C　勘違い　　　　　D　応募

問題五、_____の文とだいたい同じ意味の文があります。Ａ・Ｂ・Ｃ・Ｄから一番適切なものを一つ選びなさい。

1. <u>弟はテストをいやがっています。</u>

    A　弟はテストがすきです。

    B　弟はテストがへたです。

    C　弟はテストがきらいです。

    D　弟はテストがじょうずです。

2. <u>試験にごうかくできなかった子供は両親にあやまりました。</u>

    A　子供は試験にうかって、両親に「ありがとう」と言いました。

    B　子供は試験におちて、両親に「ごめん」と言いました。

C　子供は試験にうかって、両親に「ごめん」と言いました。

D　子供は試験におちて、両親に「ありがとう」と言いました。

3. 東京都のやちんは本当に高いです。

    A　東京都で家をかうのは高いです。

    B　東京都で家をかすのは高いです。

    C　東京都で家をかりるのは高いです。

    D　東京都で家をうるのは高いです。

4. 後悔しているが、覆水盆に返らず、今後のことに集中しよう。

    A　後悔しても間に合わないから、未来に向かって進もう。

    B　後悔しているから、一生懸命頑張って過去を変えよう。

    C　後悔しているから、水の入った盆を覆したら過去を変えられる。

    D　後悔しても間に合わないから、水を盆に入れて前進しよう。

5. 来週は木曜日しかあいていません。

    A　来週は木曜日だけがひまです。

    B　来週はやすみがおおいです。

    C　来週の木曜日はいそがしいです。

    D　来週はしごとがすくないです。

6. 狭い道では車にちゅういします。

    A　狭い道では車にのります。

    B　狭い道では車に気がつきます。

    C　狭い道では車にきょうみをもちます。

    D　狭い道では車に気をつけます。

問題六、次の言葉の使い方で一番適切なものをA・B・C・Dから一つ選びなさい。

1. 勘違い

    A　彼の中国語は勘違いがいっぱいだ。

    B　慌てて他人のものを自分のものと勘違いした。

    C　この手紙は住所が勘違いしている。

    D　これは勘違いなく私のです。

2. 思い出す

    A　その件についてどう思い出しますか。

    B　彼女は自分の将来を思い出しています。

    C　素晴らしい考えを思い出すのは難しい。

    D　楽しかった学生時代のことをよく思い出す。

3. ぴったり

    A　この青色のセーターは私にぴったりだ。

B　外国で高校時代の同級生に<u>ぴったり</u>会った。

C　これからもっと<u>ぴったり</u>勉強しなければなりません。

D　先生の質問に<u>ぴったり</u>答えてください。

4. 暮らし

A　半年経って、日本の<u>暮らし</u>に慣れてきた。

B　このビジネスホテルには、二泊<u>暮らし</u>の予定だ。

C　祖父は「年金だけでは<u>暮らし</u>をしていけない」と言った。

D　毎日暑い日が続きますが、いかがお<u>暮らし</u>でしょうか。

5. 汚す

A　お金を落として、旅行の計画を<u>汚して</u>しまった。

B　学校のルールを<u>汚して</u>しまいました。

C　お手洗いはきれいに使い、<u>汚さない</u>ように。

D　チーズをフライパンで温めて、少しずつ<u>汚した</u>。

言語知識（文法）

問題七、（　　　）に適切な仮名を入れなさい。

1. 授業（　　　）まえに、予習しておきます。

2. スケジュール表（　　　）来月の予定（　　　）書いてあります。

3. 期末試験（　　　）始まる前（　　　）、復習しておいてください。

4. 同窓会（　　　）みんなは昔のこと（　　　）懐かしがっています。

5. 再来週のコンテスト（　　　）応募しましたか。

6. あの人は小学校の時からもう15年間（　　　）日本にいます。

7. 廊下の壁（　　　）お知らせ（　　　）貼っておきました。

8. 寒いですから、窓（　　　）そのまま閉めておいてください。

9. 復習しないで合格したがるの（　　　）無理（　　　）ありますよ。

10. 母（　　　）買ってくれたドレスは私（　　　）ぴったりです。

11. 昨日の夜、窓（　　　）開けたまま寝てしまいました。

12. 朝ご飯は牛乳（　　　）（　　　）飲まなかったので、まだ昼になっていないが、もうおなかがすいた。

問題八、例のように次の文を完成させなさい。

1. 　例　お客さんが来る前に、<u>飲み物を買っておきます</u>。（飲み物を買う）

先生が家に訪問する前に、＿＿＿＿＿＿＿＿＿＿＿。（部屋を掃除する）

友達が遊びに来る前に、＿＿＿＿＿＿＿＿＿＿。（ごちそうを用意する）

2. 例▶ 字が<u>黒板に書いて</u>あります。（黒板に書く）

アイドルの写真が＿＿＿＿＿＿＿＿＿＿。（寮の壁に貼る）

買ったばかりの花が＿＿＿＿＿＿＿＿＿＿。（花瓶に挿す）

3. 例▶ 今日中に<u>宿題をして</u>しまいたいと思っています。（宿題をする）

今月末までに＿＿＿＿＿＿＿＿＿＿。（卒業論文を書く）

午前中は＿＿＿＿＿＿＿＿＿。（教科書を予習する）

4. 例▶ 娘は<u>新しいかばんをほしがって</u>います。（新しいかばんがほしい）

誰でも＿＿＿＿＿＿＿＿＿。（失敗が嫌い）

たくさんの子供は＿＿＿＿＿＿＿＿＿。（宇宙飛行士になりたい）

5. 例▶ <u>「覆水盆に返らず」ということわざ</u>を勉強しました。（「覆水盆に返らず」　ことわざ）

友達の山田さんは最近＿＿＿＿＿＿＿＿＿を受けました。（HSK　中国語検定試験）

＿＿＿＿＿＿＿＿＿が大好きです。（アジサイ　花）

6. 例▶ 朝ご飯は<u>パン一つしか食べません</u>でした。（パン一つ　食べる）

部屋に＿＿＿＿＿＿＿＿＿。（3人　いる）

試験の範囲を＿＿＿＿＿＿＿＿＿。（半分　復習する）

問題九、＿＿＿＿＿に何が入りますか。A・B・C・Dから一番適切なものを一つ選びなさい。

1. ここに飾って＿＿＿＿＿人形はすてきですね。
   A　いる　　　　　　B　ある　　　　　　C　おく　　　　　　D　しまう

2. 残念ですが、日本語能力試験に＿＿＿＿＿ました。
   A　落ちておき　　　B　落ちてあり　　　C　落ちてしまい　　D　落ちてい

3. 鈴木賢人＿＿＿＿＿方を知っていますか。
   A　という　　　　　B　についての　　　C　にとっての　　　D　としての

4. この大学には学生が500人以上＿＿＿＿＿います。
   A　を　　　　　　　B　で　　　　　　　C　も　　　　　　　D　と

5. 昨日の宿題は3ページしか＿＿＿＿＿。
   A　あります　　　　Bありません　　　　C　ありました　　　D　ありませんでした

6. 今日の気温は5度＿＿＿＿＿。
   A　しかあります　　　　　　　　　　　B　だけありません
   C　くらいありません　　　　　　　　　D　しかありません

7. 昨日届いた荷物はもう倉庫に＿＿＿＿＿。
   A　入れます　　　　　　　　　　　　　B　入れてあります
   C　入れてしまいます　　　　　　　　　D　入れています

8. 子供はみんな病院に＿＿＿＿＿。

　　　　A　行きたいです　　　　　　　　　　B　行きたくないです
　　　　C　行きたがりません　　　　　　　　D　行きたがっていません

9.「立ち入り禁止」_____どういう意味ですか。
　　　　A　と　　　　　　　B　って　　　　　　C　に　　　　　　　D　の

10. まだ暑いから、窓をそのまま_____ください。
　　　　A　開けておいて　　　　　　　　　　B　開けてしまって
　　　　C　開いておいて　　　　　　　　　　D　開いてしまって

11. 電気が_____から、部屋にいないでしょう。
　　　　A　消えている　　　　　　　　　　　B　消えてある
　　　　C　消しておいた　　　　　　　　　　D　消してしまった

12. 今日中に、宿題を済ませ_____たいと思います。
　　　　A　てあり　　　　　B　てい　　　　　C　てしまい　　　　D　てみ

13. 会議までに資料をコピーし_____。
　　　　A　てあります　　　B　ています　　　C　ておきます　　　D　てみます

14. ドアに鍵がかけ_____。
　　　　A　てある　　　　　B　ている　　　　C　ておいた　　　　D　てしまった

15. 試験_____だから、静かにしなさい。
　　　　A　じゅう　　　　　B　ちゅう　　　　C　うち　　　　　　D　なか

16. 昨日、一日_____、部屋にいて、どこにも行きませんでした。
　　　　A　じゅう　　　　　B　ちゅう　　　　C　うち　　　　　　D　なか

問題十、_____★_____に入るものはどれですか。A・B・C・Dから一番適切なものを一つ選びなさい。

1. 台風　_____　_____　★　_____、今日の運動会は中止です。
　　　　A　来て　　　　　　B　ので　　　　　　C　しまった　　　D　が

2. 母は花が好きなので、_____　_____　_____　_____あります。
　　　　A　飾って　　　　　B　たくさん　　　　C　部屋には　　　D　花が

3. _____　_____　★　_____おこうと思っています。
　　　　A　留学したい　　　B　ためて　　　　C　お金を　　　　D　から

4. 生まれたばかりの赤ちゃんは_____　_____　★　_____。
　　　　A　しか　　　　　　B　体重が　　　　C　3キロ　　　　D　ありません

5. _____　_____　★　_____を説明してくださいませんか。
　　　　A　就活　　　　　　B　意味　　　　　C　という　　　　D　言葉の

読解

問題十一、次の文を読んで質問に答えなさい。答えはA・B・C・Dから一番適切なも
　　　　　のを一つ選びなさい。

山下さんの机の上に、メモとタオルとお菓子が置いてあります。

山下さん
　おとといはとても楽しかったです。初めての温泉旅行ですから、いろいろ準備不足で、タオ
ルも忘れてしまいました。山下さんがタオルを貸してくれて本当に助かりました。よごしてし
まったので、新しいのを置いておきます。よかったら使ってください。お菓子は国の家族から
送られてきたものです。前田先生と中村先生にそれぞれ2個さしあげましたから、中に4個し
か残っていません。ほんの気持ちですが、ぜひ食べてみてください。
マリー

1. このメモについて、正しくないものはどれですか。
　A　マリーさんは山下さんに新しいタオルを返しました。
　B　マリーさんは山下さんにお菓子をあげました。
　C　マリーさんは山下さんにタオルを貸しました。
　D　マリーさんは自分の国にいる家族からお菓子をもらいました。

2. マリーさんはなぜ新しいタオルを置いておきましたか。
　A　山下さんのタオルが破れてしまったから
　B　山下さんのタオルが汚くなったから
　C　マリーさんは山下さんのタオルを捨てたから
　D　マリーさんは山下さんのタオルを無くしてしまったから

3. お菓子は全部で何個ありましたか。
　A　4個　　　　　　　　B　6個　　　　　　　C　8個　　　　　　　D　10個

問題十二、次の文を読んで質問に答えなさい。答えはA・B・C・Dから一番適切なも
　　　　　のを一つ選びなさい。

　私は小学校の卒業式のことをよく覚えています。卒業式には、別の学校に行ってしまった昔
の先生も久しぶりに来てくださいました。その中には1年生の時に大好きだった先生もいて、①
とてもうれしかったです。卒業式の最後に、私たち6年生はみんなで歌を歌いました。昔から歌
われている歌で、意味が分からない古い言葉もありましたが、「ここで歌うのは最後だ」と思っ
て、大きい声で歌いました。母は、それを聞いて「赤ちゃんだったあの子が、こんなに大きく
なった」と思って泣いてしまったそうです。友達の両親も泣いたと聞きました。5年生も、私た

ちに「ありがとう」と伝える歌を歌ってくれました。卒業式の後で、鈴木さんという後輩がたくさんの写真を撮ってくれました。同じ中学校に行けない友達と別れたくないと言って、泣いている人もいました。私は友達にノートを渡して、「私に何か言葉を書いて」と頼んでおきました。みんな、「6年間、友達でいてくれてありかとう」「ずっと忘れないよ」などと書いてくれました。今でも、そのノートを見ると、（　②　）。

1. ①「とてもうれしかった」とありますが、どうしてですか。
    A　1年生の時の先生が、家に来てくれたから
    B　大好きだった先生に、久しぶりに会えたから
    C　1年生の時、小学校が大好きだったから
    D　小学校の卒業式のことを思い出したから

2. 「私」の卒業式で歌われた歌について、正しいことは何ですか。
    A　卒業する子供と両親が、一緒に歌いました。
    B　卒業する6年生が、歌で「ありがとう」と伝えました。
    C　古い言葉の歌は、子供のために大人が歌いました。
    D　卒業する子供たちが歌った歌を聞いて、親たちは泣きました。

3. （　②　)には、どんな言葉が入りますか。
    A　古い言葉が覚えられます。　　　　B　もっと写真が撮りたくなります。
    C　小学校のことを思い出します。　　D　中学校に行きたくなります。

問題十三、声を出して読みなさい。

　昨日、小テストの夢を見ました。広い教室にいる私は、問題に答え終わってから、窓の外に地球が見えました。「じゃ、ここは月にある教室だ」と思いました。うれしかったです。でも、よく見ると、教室の壁には時計がかけてありません。机や椅子もありません。先生もいません。そして、「今度の小テストで0点を取ったのはあなただけですよ」の声が耳に入って、私は「嫌だ」と大きい声で言って、泣いてしまいました。

　すると、目が覚めました。私は自分の部屋にいます。部屋にはベッドや机が置いてあります。壁に時計もかけてあります。花瓶も飾ってあります。本棚に好きな本がいろいろ並べてあります。夢で見た小テストじゃなくてよかったと思いました。

翻訳

問題十四、次の文章を中国語に訳しなさい。

　昨日、娘が遊園地に行きたがったので、娘を連れて一緒に「グリーン」という遊園地に行きま

した。楽しそうに^{注1}遊んでいる娘を見て、私は自分の子供時代も思い出しました。本当に懐かしかったです。その帰りに、二人とも^{注2}疲れて電車の中で寝てしまいました。起きた時に外を見ると^{注3}、電車がもう降りる駅を通り過ぎてしまったことに気づきました。急いで娘を起こして電車を降りました。そして、反対のホームに行って電車に乗って、家に帰りました。おもしろい一日でした。

注1：〜そうに／好像……

注2：とも／全，都

注3：〜と／一……，发现……了

1. 中国語訳を書きなさい。

_____

_____

_____

_____

2. 日本語の原文だけを見て、声を出して中国語に訳しなさい。（中国語訳を見ないでください。）

問題十五、次の文章を日本語に訳しなさい。

　　从小学到现在，我经历过很多次考试，但昨天的那场小测验却是最令我难忘的。因为上周作业很多，所以我单词和句型都没背就去参加了测验。卷子上写着的题目我都曾见到过，但怎么也答不上来，最后果然没能取得好成绩。我真的很后悔，下次我一定在测验前复习。

1. 日本語訳を書きなさい。

_____

_____

_____

_____

2. 中国語の原文だけを見て、声を出して日本語に訳しなさい。（日本語訳を見ないでください。）

問題十六、『大学入学試験』という題で、作文を書きなさい。

1. 「です・ます体」を使って、書きなさい。
2. 200字以上400字以内で書きなさい。
3. 適切に漢字を使って書きなさい。
4. 句読点、段落などに注意しながら、書きなさい。
5. 字をきれいに書きなさい。

自我评价表

A完成得很好　B完成得一般　C完成得不理想

	练习	练习内容	练习目的	自我评价
课前预习	练习1	汉字标注假名	掌握日语汉字的读音	A·B·C
	练习2	假名标注汉字	掌握日语汉字的书写	A·B·C
	练习3	填写外来语	掌握外来语的书写及含义	A·B·C
	练习4	日译汉	了解句型的接续及用法	A·B·C
课后总结	练习1	总结语法要点	巩固本课所学的语法知识	A·B·C
	练习2	使用知识要点达成交际目标	提高知识要点的实际运用能力	A·B·C
自我检测	问题一	汉字标注假名	掌握日语汉字的读音	A·B·C
	问题二	假名标注汉字	掌握日语汉字的书写	A·B·C
	问题三	外来语选择	掌握外来语的书写及含义	A·B·C
	问题四	词汇选择	掌握词汇的含义及用法	A·B·C
	问题五	同义句选择	掌握近义词汇及表达	A·B·C
	问题六	词汇用法选择	掌握词汇的含义及用法	A·B·C
	问题七	助词填空	掌握助词的用法	A·B·C
	问题八	完成句子	掌握句型的接续及用法	A·B·C
	问题九	句子语法1（选择语法项目）	提高语法知识的综合应用能力	A·B·C
	问题十	句子语法2（组合句子）		A·B·C
	问题十一	阅读理解	提高分析、理解日语文章的能力	A·B·C
	问题十二			A·B·C
	问题十三	日语短文朗读	掌握规范的语音、语调，培养语感	A·B·C
	问题十四	日译汉	巩固所学语法、词汇，提高综合应用能力	A·B·C
	问题十五	汉译日		A·B·C
	问题十六	作文		A·B·C

文化祭

课前预习

请观看第5课的视频，预习本课相关的单词、句型等相关知识后，在课前完成下列练习。

练习1　请给下列单词标注读音。

1. 南側＿＿＿＿＿＿＿＿＿＿＿＿
2. 太極拳＿＿＿＿＿＿＿＿＿＿＿＿
3. 小麦粉＿＿＿＿＿＿＿＿＿＿＿＿
4. 模擬店＿＿＿＿＿＿＿＿＿＿＿＿
5. 演劇＿＿＿＿＿＿＿＿＿＿＿＿
6. 見事＿＿＿＿＿＿＿＿＿＿＿＿
7. 減る＿＿＿＿＿＿＿＿＿＿＿＿
8. 完全＿＿＿＿＿＿＿＿＿＿＿＿
9. 成果＿＿＿＿＿＿＿＿＿＿＿＿
10. 伝統＿＿＿＿＿＿＿＿＿＿＿＿
11. 通訳＿＿＿＿＿＿＿＿＿＿＿＿
12. 平和的＿＿＿＿＿＿＿＿＿＿＿＿
13. 激しい＿＿＿＿＿＿＿＿＿＿＿＿
14. 作家＿＿＿＿＿＿＿＿＿＿＿＿
15. 直行便＿＿＿＿＿＿＿＿＿＿＿＿
16. 高齢者＿＿＿＿＿＿＿＿＿＿＿＿
17. 涙＿＿＿＿＿＿＿＿＿＿＿＿
18. 水準＿＿＿＿＿＿＿＿＿＿＿＿
19. 込む＿＿＿＿＿＿＿＿＿＿＿＿
20. 人々＿＿＿＿＿＿＿＿＿＿＿＿

练习2　请听录音，写汉字。 🎧

1. （　　　　）を出す
2. （　　　　）をする
3. （　　　　）を目指す
4. （　　　　）に乗る
5. （　　　　）を買う
6. （　　　　）を受ける
7. （　　　　）を目指す
8. （　　　　）が減る
9. （　　　　）を準備する
10. （　　　　）を築く
11. 新鮮な（　　　　）
12. （　　　　）が優しい
13. ゴミを（　　　　）らす
14. （　　　　）でしゃべる
15. （　　　　）を作る
16. 会社から（　　　　）をもらう

练习3　请结合括号内提示，写出相应的外来语完成句子，并写出相应的英语单词。

1. 運動会について、何かいい＿＿＿＿＿（主意，想法）はありませんか。

　　　　　　　　　　　　　　　　　　　　　　　　　英语：＿＿＿＿＿

2. 最近、＿＿＿＿＿（环保，节能）生活を過ごす人が増えています。　英语：＿＿＿＿＿

3. ＿＿＿＿＿（工作人员）に聞いてみましょう。　　　　　　　英语：＿＿＿＿＿

4. 夏休みの自由研究の宿題にぴったりの＿＿＿＿＿（集会，活动）です。英语：＿＿＿＿＿

5. ＿＿＿＿＿（调味汁）を買ってきてください。　　　　　　　英语：＿＿＿＿＿

6. ＿＿＿＿＿（蛋黄酱）を入れ忘れてしまいました。　　　　　英语：＿＿＿＿＿

7. 彼女は＿＿＿＿＿（身材，外形）がいいですね。　　　　　　英语：＿＿＿＿＿

8. 文化祭の後、＿＿＿＿＿（塑料瓶）などがたくさん落ちていました。英语：＿＿＿＿＿

9. 授業の後、＿＿＿＿＿（运动场，操场）で友達と遊ぶことが大好きです。

　　　　　　　　　　　　　　　　　　　　　　　　　英语：＿＿＿＿＿

10. ＿＿＿＿＿（排球）を始めてから、毎日おなかがすいてしょうがない。

　　　　　　　　　　　　　　　　　　　　　　　　　英语：＿＿＿＿＿

11. 他人の部屋に入る時、＿＿＿＿＿（敲门）したほうがいいです。　英语：＿＿＿＿＿

12. ＿＿＿＿＿（流行性感冒）にかかったから、病院に行った。　英语：＿＿＿＿＿

13. 今やっている＿＿＿＿＿（收银员，收银台）の仕事が大好きです。英语：＿＿＿＿＿

14. ＿＿＿＿＿（幽默）のある人が好きです。　　　　　　　　　英语：＿＿＿＿＿

练习4　预习本课"Ｖ　ことにする""Ｖ　ことになる"的意义和用法，并翻译下列句子，尝试理解两者的区别。

日语	中文
夏休みに日本へ遊びに行くことにしました。	
夏休みに日本へ出張することになりました。	
毎日日記をつけることにしています。	
毎日日記をつけることになっています。	

1. 句型"Ｖ　ことにする"表示＿＿＿＿＿，是＿＿＿＿＿（主观性／客观性）表达；句型"Ｖ　ことになる"表示＿＿＿＿＿，是＿＿＿＿＿（主观性／客观性）表达。

2. 当"Ｖ　ことにする"后接"ている"构成"Ｖ　ことにしている"时，表示＿＿＿＿＿＿＿；当"Ｖ　ことになる"后接"ている"构成"Ｖ　ことになっている"时，表示＿＿＿＿＿＿＿。

课后总结

练习1　对照本课的语法要点，填写下表。

语法要点	造句	语法细节
Ｖ ことにする／ことにしている。		
Ｖ ことになる／ことになっている。		
Ｖ てくる。		
Ｖ ていく。		
〜てしょうがない。		
〜し、〜し〜。		
〜かもしれない。		
そのうえ		
〜とは		

练习2　使用本课知识要点，尝试达成以下的交际目标。

1. 简单介绍一项你最感兴趣的校园活动。

2. 简要介绍一件你长期坚持做的事情。

3. 简要介绍学校宿舍的规章制度。

自我检测

言語知識（文字・語彙）

問題一、次の下線の単語を平仮名で書きなさい。

1. 人類の進歩を図る歴史的責任を担う。（　　　　）
2. この会社は高い給料をくれますから、悪くないと思います。（　　　　）
3. 猫が驚いて、逃げてしまいました。（　　　　）
4. 非常に困難な事業ですが、最後まで頑張ろうと思います。（　　　　）
5. 最近、すてきな男の子に出会いました。（　　　　）
6. 物質的にも精神的にも豊かになることは、中国式現代化の崇高な追求である。（　　　　）
7. 世界の人口はだんだん減っていくでしょう。（　　　　）
8. 彼女は努力家で、よく頑張っていますよ。（　　　　）
9. 私の家庭教師は優秀だし、優しいし、かっこいいです。（　　　　）
10. 一日も早くお返事をお願いします。（　　　　）
11. 困った時はお互い様だ。（　　　　）
12. スーパーへ夕食の食材を買いに行きます。（　　　　）
13. 約束は必ず守らなければなりません。（　　　　）
14. 「共同富裕」は新たな成果を収めた。（　　　　）
15. このかばんは色がきれいですね。（　　　　）
16. 楊さんはミスコンで見事に優勝しました。（　　　　）

問題二、次の下線の単語を漢字で書きなさい。

1. 目からなみだが出てきた。（　　　　）
2. 運動して体重をへらしたいと思います。（　　　　）
3. その人形は最近よくうれています。（　　　　）
4. 大学のみなみがわに海があります。（　　　　）
5. 李さんはよくたいきょくけんをしています。（　　　　）
6. 陸上きょうぎに必要な能力は何でしょうか。（　　　　）
7. 後片付けが終わったら、今日の文化祭はかんぜんに終了です。（　　　　）
8. 生活すいじゅんが高くなっています。（　　　　）
9. 近年、新聞のきしゃの数がだんだん増えています。（　　　　）
10. 新しいぎょうむを拡張するのは難しいです。（　　　　）

11. 大連から東京まで<u>ちょっこうびん</u>が出ています。（　　　　）

12. この<u>ちゅうこしゃ</u>の価格は手ごろだ。（　　　　）

13. 朝は電車が<u>こ</u>んでいます。（　　　　）

14. この<u>ふく</u>のデザイナがとても気に入っています。（　　　　）

15. 私の夢は<u>さっか</u>になることです。（　　　　）

16. お金は<u>ばんのう</u>ではない。（　　　　）

問題三、_____に何が入りますか。A・B・C・Dから一番適切なものを一つ選びなさい。

1. アルバイトで_____の仕事をしています。
   A　ゴム　　　　　　　B　デモ　　　　　　　C　メモ　　　　　　　D　レジ

2. 田中先生は優しいし、_____もあります。
   A　ソース　　　　　　B　マヨネーズ　　　　C　ユーモア　　　　　D　ヨーロッパ

3. うちのクラスの李さんは学校の_____に参加しました。
   A　イクメン　　　　　B　イケメン　　　　　C　パソコン　　　　　D　ミスコン

4. 今年の運動会は「青春」を_____にやっていきたいと思います。
   A　テーマ　　　　　　B　タイプ　　　　　　C　スタイル　　　　　D　スケジュール

5. 娘は大学を卒業してから、_____になりました。
   A　ポスター　　　　　B　フリーター　　　　C　プリンター　　　　D　マスター

6. _____はおいしいですが、たくさん食べると太りますよ。
   A　アイディア　　　　B　スタッフ　　　　　C　ソース　　　　　　D　マヨネーズ

7. _____を自由に走っている子供が羨ましいです。
   A　グランド　　　　　B　サイド　　　　　　C　シーフード　　　　D　ドライブ

8. スポーツの中で、_____が一番好きです。
   A　タピオカ　　　　　B　ポップス　　　　　C　バレーボール　　　D　ブルーベリー

9. _____しないで、勝手に人の部屋に入ってはいけない。
   A　コック　　　　　　B　ノック　　　　　　C　ロック　　　　　　D　ファックス

10. 楊さんは_____がいいし、性格もいいから、クラスメートに人気があります。
    A　スタイル　　　　　B　スタッフ　　　　　C　ポスター　　　　　D　タブレット

問題四、_____に何が入りますか。A・B・C・Dから一番適切なものを一つ選びなさい。

1. 私は毎日（　　）3キロ走ることにしています。
   A　これから　　　　　B　互いに　　　　　　C　必ず　　　　　　　D　とっても

2. 文化祭の後のゴミの（　　）はとても大変だ。
   A　盛り上げ　　　　　B　後片付け　　　　　C　減らし　　　　　　D　成し遂げ

3. 昨日からあの子と連絡が取れなくて、とても（　　）。
   A　気がついている　B　気に入っている　C　気になっている　D　気をつけている

4. 大学の時に、（　　）競争を経て、日本に留学した。
　　A　くやしい　　　　B　なつかしい　　　C　はげしい　　　　D　まちどおしい
5. 今年の文化祭はとても（　　）から、来年の文化祭が待ち遠しいです。
　　A　込んだ　　　　　B　減った　　　　　C　かわいがった　　D　盛り上がった
6. こんなに道が（　　）いますから、約束に間に合わないかもしれない。
　　A　こんで　　　　　B　すいて　　　　　C　とおって　　　　D　いそいで
7. その知らせを聞いて、（　　）。
　　A　うれた　　　　　B　そろった　　　　C　おどろいた　　　D　であった
8. 来週からアルバイトの（　　）が上がることになりました。
　　A　ぎょうむ　　　　B　しすう　　　　　C　けいけん　　　　D　きゅうりょう
9. 今週の小テストは（　　）難しいとは思いませんでした。
　　A　これから　　　　B　それから　　　　C　そんなに　　　　D　とても
10. 私は毎日日本語で日記を（　　）ことにしています。
　　A　かかる　　　　　B　かける　　　　　C　つく　　　　　　D　つける
11. 楊さんは美人でスタイルもよくて、（　　）料理も上手だ。
　　A　そこで　　　　　B　そのうえ　　　　C　でも　　　　　　D　ところで
12. それを聞いて、（　　）てしょうがなかったので、つい笑ってしまいました。
　　A　かなしく　　　　B　おいしく　　　　C　おかしく　　　　D　くやしく

問題五、＿＿＿の文とだいたい同じ意味の文があります。A・B・C・Dから一番適切なものを一つ選びなさい。

1. クラスのみんなが花子ちゃんをかわいがっている。
　　A　クラスのみんなが花子ちゃんを嫌がっている。
　　B　クラスのみんなが花子ちゃんがかわいいと感じて、大事にしている。
　　C　クラスでは一人だけが花子ちゃんを嫌がっている。
　　D　クラスでは一人だけが花子ちゃんがかわいいと感じて、大事にしている。
2. 皆さんのおかげで、昨日の飲み会が盛り上がりました。
　　A　皆さんのおかげで、昨日の飲み会は雰囲気が静かになりました。
　　B　皆さんのおかげで、昨日の飲み会は雰囲気がにぎやかになりました。
　　C　皆さんのおかげで、昨日の飲み会は雰囲気がおかしくなりました。
　　D　皆さんのおかげで、昨日の飲み会は雰囲気がかっこよくなりました。
3. 今年の文化祭はゴミをへらそうとしています。
　　A　今年の文化祭はゴミを増やしたいと思っています。
　　B　今年の文化祭はゴミを多くしたいと思っています。
　　C　今年の文化祭はゴミを少なくしたいと思っています。
　　D　今年の文化祭はゴミを無くしたいと思っています。

4. 一人で海外に留学している娘のことが気になっています。

    A 一人で海外に留学している娘のことがしんぱいです。

    B 一人で海外に留学している娘のことがなつかしいです。

    C 一人で海外に留学している娘のことがおかしいです。

    D 一人で海外に留学している娘のことがかわいいです。

5. 海外赴任の夫の帰りが待ち遠しいです。

    A 遠くても、海外赴任の夫を待つことにします。

    B 遠いから、海外赴任の夫は帰ってこられません。

    C 海外赴任の夫は早く帰ってくるのを楽しみにします。

    D 海外赴任の夫は早く帰らなくてもいいです。

問題六、次の言葉の使い方で一番適切なものをA・B・C・Dから一つ選びなさい。

1. 気になる

    A 今日の試合の結果が、気になっている。

    B そんなに気になっても、きっとうまくいくと思う。

    C 何が難しいか考えて、学習者の気になる。

    D 帰りが気になって、傘を持っていく。

2. 盛り上がる

    A 本日は雨の中、当店に盛り上がっていただき、ありがとうございます。

    B ここは波や風が盛り上がって、サーフィンにいい。

    C どうもこの仕事のやり方を、よく盛り上がっていない。

    D 同窓会では懐かしい話がたくさん出て、盛り上がった。

3. お互いに

    A イチゴのケーキとチョコのケーキはお互いにおいしそうです。

    B あの夫婦は、どんな時でもお互いに協力し合ってきた。

    C 昨日、お互いにエレベーターに乗った人は、小学校の時の先生だった。

    D 学校で風邪が流行していて、クラスメートはお互いに授業を休んでいる。

4. 中古

    A これは中古の卵なので、早く食べたほうがいいですね。

    B 彼女は、子どもの頃から仲良くしている中古の友達です。

    C あの店で中古のカメラが安く買えますよ。

    D ここでアルバイトを始めてから3年なので、私は中古の店員です。

5. 成し遂げる

    A お金を落として、心を成し遂げてしまった。

    B 毎朝食事を成し遂げてから学校に行く。

    C 同じ生活を成し遂げるのは嫌なのです。

    D 10年かかってやっと研究を成し遂げた。

言語知識（文法）

問題七、（　　）に適切な仮名を入れなさい。

1. 友達の大学は模擬店が多いこと（　　）有名です。
2. つらい時はお互い（　　）頑張りましょう。
3. 運動会の準備は忙しいんです（　　）、本当に意義がありますね。
4. 来年の文化祭について、何（　　）いいアイディアはありませんか。
5. タバコをやめること（　　）しました。
6. 今すぐ小麦粉を買い（　　）行ってきますね。
7. 私は李さんが5種類もの外国語を話せる（　　）（　　）思わなかった。
8. ミスコンはうちのクラスの楊さんが見事（　　）優勝しました。
9. かわいがっていた犬（　　）死んで、悲しくてしょうがない。
10. 用事もある（　　）、今日はこれ（　　）失礼します。
11. 来月から、東京本社から大阪支社（　　）転勤すること（　　）なりました。
12. ダイエットしているので、甘いものを食べないこと（　　）している。
13. 日本の道路は左側（　　）走ること（　　）なっています。
14. 鈴木先生は優しい（　　）、かっこいい（　　）、それに教え方（　　）上手です。

問題八、例のように次の文を完成させなさい。

1. 例▶来月は試験があるので、今日から復習することにしました。（復習する）
   10キロ太ってしまったので、＿＿＿＿＿＿＿＿＿＿＿。（ダイエットする）
   留学経験がまだないので、来年＿＿＿＿＿＿＿＿＿＿＿。（留学する）
2. 例▶今週の水曜日から出張することになりました。（出張する）
   新聞によると、来月から＿＿＿＿＿＿＿＿＿＿＿。（税金が上がる）
   来年、日本に＿＿＿＿＿＿＿＿＿＿＿。（留学する）
3. 例▶息子は私の方へ走ってきました。（走る）
   5年間ずっと＿＿＿＿＿＿＿＿＿＿＿。（中国語を勉強する）
   さっき、＿＿＿＿＿＿＿＿＿＿＿。（雨が降る）
4. 例▶驚いた猫は速やかに逃げていきました。（逃げる）
   地球の人口はだんだん＿＿＿＿＿＿＿＿＿＿＿でしょう。（減る）
   卒業しても日本語を活かして＿＿＿＿＿＿＿＿＿＿＿たいと思います。（頑張る）
5. 例▶昨夜は夜更かししてしまって、昼は眠くてしょうがない。（眠い）
   朝ご飯を食べなかったので、今は＿＿＿＿＿＿＿＿＿＿＿。（おなかがすく）
   理想の大学に受からなくて、＿＿＿＿＿＿＿＿＿＿＿。（残念だ）

6. 例 今日は晴れだし、暖かいし、一緒に散歩に行かない？（晴れ、暖かい）

　　李さんは＿＿＿＿＿＿＿＿＿＿＿、きっともてるでしょう。（優しい、成績がいい）

　　家は＿＿＿＿＿＿＿＿＿＿＿、ぜひ遊びに来てくださいね。（駅に近い）

7. 例 呼んでも返事がないから、もう寝たのかもしれない。（寝る）

　　彼は一生懸命勉強しているから、今度は＿＿＿＿＿＿＿＿＿＿＿。（合格する）

　　李さんは一人暮らしだから、＿＿＿＿＿＿＿＿＿＿＿。（料理が上手）

問題九、＿＿＿＿に何が入りますか。Ａ・Ｂ・Ｃ・Ｄから一番適切なものを一つ選びなさい。

1. 体重を減らしたいので、毎日ジョギングする＿＿＿＿＿。
   A　ことにしない　　　　　　　　　　B　ことになる
   C　ことになっている　　　　　　　　D　ことにしている

2. 大きい犬が走っ＿＿＿＿＿、とても怖かったです。
   A　ていって　　　　B　てきて　　　　C　ておいて　　　　D　てあって

3. ドンさんは授業の途中で教室から出＿＿＿＿＿。
   A　ていきました　　　　　　　　　　B　てみました
   C　てありました　　　　　　　　　　D　ておきました

4. 7月に日本語能力試験があるので、アルバイトをしない＿＿＿＿＿。
   A　ことになった　　　　　　　　　　B　ことにした
   C　ことになっている　　　　　　　　D　ことにしている

5. 大学入試の結果が気になって＿＿＿＿＿。
   A　気がない　　　　B　しょうがない　　　C　意味がない　　　D　なにもない

6. 電気がついている＿＿＿＿＿、カーテンも開いている＿＿＿＿＿、きっと家にいると思う。
   A　で／で　　　　B　し／し　　　　C　が／が　　　　D　に／に

7. あの二人は釣り合っているし、結婚する＿＿＿＿＿。
   A　ことにする　　　　　　　　　　　B　ことにしている
   C　しかない　　　　　　　　　　　　D　かもしれない

8. 吉田さんは若い頃からずっと営業の仕事をして＿＿＿＿＿。
   A　きた　　　　　　B　いった　　　　C　あった　　　　D　しまった

9. 昨日は忙しかった＿＿＿＿＿、雨だった＿＿＿＿＿、どこへも行かなかった。
   A　か／か　　　　B　が／が　　　　C　たり／たり　　　　D　し／し

10. 結婚しても、今の仕事をやめないでやって＿＿＿＿＿と思います。
    A　こよう　　　　B　いこう　　　　C　よう　　　　D　あろう

11. 楊さんが休みなので、私が発表する＿＿＿＿＿。
    A　ことになった　　　　　　　　　　B　ことにした
    C　ことになっている　　　　　　　　D　ことにしている

12. 大学に入って、日本語を専攻する（　　）思いませんでした。

A　では　　　　　　　B　とは　　　　　　　C　とが　　　　　　　D　には

13. うちの学院では、毎朝、授業の前に日本語で朗読をする（　　　）。

A　ことになった　　　　　　　　　　B　ことにした

C　ことになっている　　　　　　　　D　ことにしている

14. あの子、学生服を着ているけど、見たこともないし、この学校の（　　　）かもしれない。

A　生徒だ　　　　　　　　　　　　　B　生徒だった

C　生徒じゃない　　　　　　　　　　D　生徒じゃなかった

問題十、__★__に入るものはどれですか。A・B・C・Dから一番適切なものを一つ選びなさい。

1. 日本語の　＿＿＿＿　＿＿＿＿　__★__　＿＿＿＿でしょう。

A　難しく　　　　　B　だんだん　　　　C　なっていく　　　　D　勉強は

2. 空が曇りになってしまい、　＿＿＿＿　＿＿＿＿　__★__　＿＿＿＿しれない。

A　降る　　　　　　B　かも　　　　　　C　これからは　　　　D　雨が

3. アメリカから＿＿＿＿　＿＿＿＿　__★__　＿＿＿＿人です。

A　きた　　　　　　B　おもしろい　　　C　英語の先生は　　　D　帰って

4. 社長は社員たちの　＿＿＿＿　＿＿＿＿　__★__　＿＿＿＿。

A　給料を　　　　　B　にした　　　　　C　こと　　　　　　D　上げる

5. スケージュールが＿＿＿＿　＿＿＿＿　__★__　＿＿＿＿になった。

A　こと　　　　　　B　出張しない　　　C　ので　　　　　　D　変更になった

読解

問題十一、次の文を読んで質問に答えなさい。答えはA・B・C・Dから一番適切なものを一つ選びなさい。

　　今日の午前、突然明日から彼女と一緒に一週間旅行に行くことになりました。かばんの中に洋服や歯ブラシやカメラなどを入れて、旅行の準備をし始めました。寝る前に布団に入った私は身分証明書を入れたかどうか心配でしょうがなかったので、もう一度荷物のチェックをすることにしました。起きて、またかばんの中を見ましたが、やはり身分証明書はありませんでした。最後は机の上においた財布の中を見ると、身分証明書が入っていました。本当に安心しました。財布をかばんの中に入れた後で、やっと寝ることができました。これからは、絶対前もって旅行のプランを立てることにしようと思いました。

1. 上記の内容について、正しくないものはどれですか。

A　旅行に行くのは2人です。

　　　B　旅行は急に決まったことです。

　　　C　身分証明書が無くなってしまいました。

　　　D　寝る前に身分証明書の入った財布は机の上にありました。

　2.　作者は何を心配していましたか。

　　　A　切符を買えるか買えないか

　　　B　荷物をチェックしたかしなかったか

　　　C　布団に荷物を入れたか入れなかったか

　　　D　荷物に身分証明書を入れたか入れなかったか

　3.　最後かばんの中に入っていないかもしれないものはどれですか。

　　　A　コート　　　　　B　本　　　　　　C　身分証明書　　　D　カメラ

問題十二、次の文を読んで質問に答えなさい。答えはA・B・C・Dから一番適切なものを一つ選びなさい。

　コーヒーは今から200年ぐらい前に、オランダ人が日本に持ってきました。明治時代の初めまでコーヒーを飲む人は少なかったですが、今、日本人は1年に1人560杯ぐらいコーヒーを飲みます。

　ところで、コーヒーは体に悪いとよく年を取った人に言われますが、実はコーヒーにはいろいろいい働きがあります。

　まず疲れた時、眠くてしょうがないけれど、仕事や勉強をしなければならない時、コーヒーを飲むと、元気になります。頭の働きがよくなります。日本の大学でコーヒーの働きについて調べたことがあります。トラックの運転手が長い時間車を運転してから、簡単な計算をしました。眠かったので、間違いがたくさんありました。コーヒーを飲んでから、もう一度計算をしました。すると、間違いが少なくなりました。

　次にコーヒーを飲むと、リラックスすることができます。ですから、私は喫茶店で友達と話す時、仕事が終わって少し休む時、よくコーヒーを飲みます。特に受験勉強の時に、毎日コーヒーを飲むことにしていました。

　また熱いコーヒーを飲むと、体が温かくなります。コーヒー1杯は2分のジョギングと同じ働きをします。みなさん、コーヒーはおいしいし、リラックス効果もあるし、ちょっと休んで、飲んでみませんか。

　1.　上記の内容について、正しくないものはどれですか。

　　　A　コーヒーはオランダ人が日本へ持ってきたものです。

　　　B　今日本人は1年に1人560杯ぐらいコーヒーを飲みます。

　　　C　明治時代の初め、日本人はよくコーヒーを飲みました。

　　　D　コーヒーが体に悪いとは言えません。

　2.　日本の大学でコーヒーの働きについて調べた結果はどれですか。

　　　A　トラックの運転手は長い時間運転して眠かったが、計算の間違いが少なかった。

B　トラックの運転手は長い時間運転して眠かったが、計算の正確率は高かった。

C　コーヒーを飲んだトラックの運転手は計算の間違いが減少した。

D　コーヒーを飲んだトラックの運転手は計算の正確率は低くなった。

3. コーヒーの働きとして、不適切なのはどれですか。

A　体を若くさせる効果

B　リラックス効果

C　体を元気にさせる効果

D　熱いと、体を温かくさせる効果

問題十三、声を出して読みなさい。

相撲

相撲を見たことがありますか。相撲は日本の古いスポーツです。日本では1300年ぐらい前から相撲をしていました。年に1回、7月に天皇の前で相撲をしました。

800年ぐらい前に、相撲は侍のスポーツになりました。侍は強くなりたかったですから、よく相撲の練習をしました。

江戸時代に相撲はプロスポーツになりました。毎年2回たくさんの人が相撲を見に行きました。みんなご飯を食べたり、お茶を飲んだりしてもよかったです。また、有名な力士は落語や歌舞伎の主人公になりました。

今相撲は年に6回あります。東京で3回、それから大阪と名古屋と福岡です。

相撲はおもしろいし、伝統的だし、いいスポーツです。いろいろな力士がいて、体が大きい人や小さい人、モンゴルやロシアなどいろいろな国の人もいます。時々小さい力士が大きい力士に勝ちます。今外国のテレビで相撲を見ることができます。日本から外国へ力士が行って、相撲をすることもあります。

翻訳

問題十四、次の文章を中国語に訳しなさい。

日本では、小学校と中学校で9年間の義務教育が実施される注1ことになっています。高校は義務教育ではありませんが、中学生の97%以上が高校へ行きます。そして、3年間勉強して、高校生の50%ぐらいが大学へ行きます。私は去年高校を出ました。私の高校は制服がないし、髪型も自由だし、本当に最高です。それに、部活もたくさんあります。妹は今、女子生徒だけの高校に通っています。髪を染め注2てはいけないことになっています。ピアス注3や化粧もしてはいけま

せん。制服の形も変えてはいけません。

注1：～される／被……

注2：髪を染める／染发

注3：ピアス／耳钉，耳环

1. 中国語訳を書きなさい。

_____

_____

_____

_____

2. 日本語の原文だけを見て、声を出して中国語に訳しなさい。（中国語訳を見ないでください。）

問題十五、次の文章を日本語に訳しなさい。

今年是我在这家便利店打工的第二年。店长昨天说从下个月起我的时薪会涨到1110日元。听了店长的话，我非常开心，并且决定今后要继续[注1]努力下去。和我一起在这里打工的同伴们都又能干，性格又好，能认识他们真的很幸运[注2]。大学毕业后，也许我会去其他的城市，到时候[注3]也可能会辞掉这份工作，但这一年多的时光中，我在这里成长[注4]了很多，也学到了很多。

注1：继续/引き続き

注2：幸运／ラッキー

注3：到时候／その時になったら

注4：成长／成長する

1. 日本語訳を書きなさい。

_____

_____

_____

_____

2. 中国語の原文だけを見て、声を出して日本語に訳しなさい。（日本語訳を見ないでください。）

問題十六、『大学祭』という題で、作文を書きなさい。

1. 「です・ます体」を使って、書きなさい。

2. 200字以上400字以内で書きなさい。

3. 適切に漢字を使って書きなさい。

4. 句読点、段落などに注意しながら、書きなさい。

5. 字をきれいに書きなさい。

自我评价表

A完成得很好　　B完成得一般　　C完成得不理想

	练习	练习内容	练习目的	自我评价
课前预习	练习1	汉字标注假名	掌握日语汉字的读音	A·B·C
	练习2	假名标注汉字	掌握日语汉字的书写	A·B·C
	练习3	填写外来语	掌握外来语的书写及含义	A·B·C
	练习4	日译汉	了解句型的接续及用法	A·B·C
课后总结	练习1	总结语法要点	巩固本课所学的语法知识	A·B·C
	练习2	使用知识要点达成交际目标	提高知识要点的实际运用能力	A·B·C
自我检测	问题一	汉字标注假名	掌握日语汉字的读音	A·B·C
	问题二	假名标注汉字	掌握日语汉字的书写	A·B·C
	问题三	外来语选择	掌握外来语的书写及含义	A·B·C
	问题四	词汇选择	掌握词汇的含义及用法	A·B·C
	问题五	同义句选择	掌握近义词汇及表达	A·B·C
	问题六	词汇用法选择	掌握词汇的含义及用法	A·B·C
	问题七	助词填空	掌握助词的用法	A·B·C
	问题八	完成句子	掌握句型的接续及用法	A·B·C
	问题九	句子语法1（选择语法项目）	提高语法知识的综合应用能力	A·B·C
	问题十	句子语法2（组合句子）		A·B·C
	问题十一	阅读理解	提高分析、理解日语文章的能力	A·B·C
	问题十二			A·B·C
	问题十三	日语短文朗读	掌握规范的语音、语调，培养语感	A·B·C
	问题十四	日译汉	巩固所学语法、词汇，提高综合应用能力	A·B·C
	问题十五	汉译日		A·B·C
	问题十六	作文		A·B·C

第6課

社会見学

课前预习

请观看第6课的视频，预习本课单词、句型等相关知识后，在课前完成下列练习。

练习1 请给下列单词标注读音。

1. 内閣＿＿＿＿＿＿＿＿＿＿＿
2. 総理大臣＿＿＿＿＿＿＿＿＿＿＿
3. 目覚まし時計＿＿＿＿＿＿＿＿＿
4. 収集日＿＿＿＿＿＿＿＿＿＿＿
5. 文字＿＿＿＿＿＿＿＿＿＿＿
6. 政治家＿＿＿＿＿＿＿＿＿＿＿
7. 流行語＿＿＿＿＿＿＿＿＿＿＿
8. 道路＿＿＿＿＿＿＿＿＿＿＿
9. 国会＿＿＿＿＿＿＿＿＿＿＿
10. 特急電車＿＿＿＿＿＿＿＿＿

练习2 请听录音，写汉字。🎧

1. この博物館では、写真（　　　　）は禁止です。
2. （　　　　）時間に遅れないようにしてください。
3. 国会議事堂内はすべて（　　　　）です。
4. （　　　　）は見学の注意事項を説明しています。
5. （　　　　）に忘れないでください。
6. 子供の（　　　　）はどうですか。
7. ピアノで（　　　　）弾きます。
8. 留学するために、（　　　　）しています。
9. （　　　　）ですから、気をつけてください。
10. 大事な資料を（　　　　）くしてしまいました。

练习3 请结合括号内提示，写出相应的外来语完成句子，并写出相应的英语单词。

1. 話す＿＿＿＿＿＿（速度）が速いです。　　　　　　英语：＿＿＿＿＿＿

2. すみません。_____（宣传册）をもらってもいいですか。　　　英语：_____

3. 疲れを取るために、_____（桑拿）へ行きました。　　　英语：_____

4. 国会議事堂に政治家、_____（大众传媒）などたくさんの関係者がいました。

英语：_____

5. 寝る前に、目覚まし時計を_____（调整）しました。　　英语：_____

6. 海外旅行に_____（护照）が必要です。　　　英语：_____

7. _____（电子邮件地址）を確認してください。　　英语：_____

8. 作文_____（比赛）で優勝しました。　　　英语：_____

9. _____（警卫，保安）は施設の安全を守る職業についている人のことを指しています。　　　英语：_____

10. さっき、テレビであの政治家の_____（演讲）を聞きました。英语：_____

练习4　预习表达目的、目标及变化等含义的句型。

1. 预习"〜ようにする""〜ようになる"和"〜なくなる"，完成下面的填空，初步掌握三者的用法。

①これから、日本語の授業でできるだけ日本語を使う_____。

②日本語を勉強してもう1ヶ月経ち、少し日本語が話せる_____。

③卒業後、あまり日本語を使わないから、今はもう日本語が話せ_____。

（1）"〜ようにする"用于表述_____。

（2）"〜ようになる"用于表述_____。当表述"不再做某事"或"变得不能做某事"时，使用句型_____。

2. 预习表示目的的句型，结合下面的例句，完成下面的填空，初步掌握"ために"和"ように"的用法和区别。

①家を買うために、ずっとお金を貯めています。

②留学のために、ずっとお金を貯めています。

③大きい家が買えるように、ずっとお金を貯めています。

④太らないように、甘いものを食べないことにしています。

"ために"和"ように"用于表示目的，后句表示实现该目的所采取的行动。但"ために"前面多接_____（见①），其前接_____（见②）的用法是其独有的；而"ように"前面则多接_____（见③）。此外，"ように"前面还可接续_____，后句表示"做某事以免出现某种状况"（见④）。

课后总结

练习1 对照本课的语法要点，填写下表。

语法要点	造句	语法细节
～ようにする。		
～ように、～。		
～ようになる。		
～なくなる。		
～ために、～。		
～なさい。		
～な。		

练习2 使用本课知识要点，尝试达成下面的交际目标。

1. 介绍最近努力达成的目标。

   _____

   _____

   _____

2. 介绍最近为达成某目标而采取的行动。

   _____

   _____

   _____

3. 描述自身所发生的变化。

   _____

   _____

   _____

自我检测

言語知識（文字・語彙）

問題一、次の下線の単語を平仮名で書きなさい。

1. このスマホの<u>文字</u>はお年寄りにとって小さすぎるかもしません。（　　　　）
2. ここでは初心者の方でも<u>一曲</u>弾ける方法を紹介しましょう。
3. このようなゴミは<u>収集</u>日当日、朝8時までに指定した場所に出してください。（　　　　）
4. 今度の社会見学は<u>国会議事堂</u>へ行くことになりました。（　　　　）
5. 3連休の最終日、高速<u>道路</u>は各地で渋滞が起きています。（　　　　）
6. <u>目覚まし時計</u>をかけ忘れました。（　　　　）
7. 彼は部下にすぐ<u>出発</u>するように命じた。（　　　　）
8. <u>特急電車</u>で東京へ行くことになりました。（　　　　）
9. 毎年ボーナスの一部を銀行に<u>貯金</u>しています。（　　　　）
10. 大丈夫ですよ。後は私に<u>任せ</u>て、休んでください。（　　　　）
11. 残念ながら、今回の見学では<u>総理大臣</u>を見ることができませんでした。（　　　　）
12. 一度は失敗したが、<u>諦め</u>てはいない。（　　　　）
13. 特定の人でなく、すべての人に利益を<u>公平</u>に配ります。（　　　　）
14. 分からない単語は辞書を<u>引</u>いて調べてください。（　　　　）
15. 正しい<u>答え</u>はどれですか。（　　　　）
16. 子どもを<u>育</u>てるのに、「褒める」ことが効果的です。

問題二、次の下線の単語を漢字で書きなさい。

1. 家を買うために、お金を<u>ため</u>ています。（　　　　）
2. 教室内は<u>きんえん</u>です。（　　　　）
3. 患者はまだ<u>きけん</u>な状態にあります。（　　　　）
4. 今回の失敗で自信とやる気を<u>なく</u>してしまいました。（　　　　）
5. <u>かかり</u>の人が対応しますから、心配しないでください。（　　　　）
6. あの政治家を首相とする新しい<u>ないかく</u>が発足しました。（　　　　）
7. 最近、<u>たいちょう</u>があまりよくないので、病院へ行きました。（　　　　）
8. 私の言うことは<u>ぜったい</u>に忘れないでね。（　　　　）
9. <u>かんけいしゃ</u>以外の人は中に入ってはいけません。（　　　　）
10. ここでは<u>さつえい</u>禁止ですから、ルールを尊重しましょう。（　　　　）

問題三、_____に何が入りますか。A・B・C・Dから一番適切なものを一つ選びなさい。

1. 高血圧の方は_____をやめたほうがいいでしょう。
   A　タオル　　　　　B　ミルク　　　　　C　レベル　　　　　D　サウナ

2. 博物館の入りロで_____がもらえます。
   A　ミスコン　　　　B　パンフレット　　C　アイディア　　　D　ファックス

3. ここに_____と電話番号を記入してください。
   A　ポスター　　　　B　ハイキング　　　C　メールアドレス　D　ビデオ

4. 調査では、75%の人が_____は信頼できないと答えました。
   A　コンテスト　　　B　マスコミ　　　　C　サウナ　　　　　D　スピード

5. _____違反は危険ですから、処分も厳しいです。
   A　サウナ　　　　　B　イベント　　　　C　スタイル　　　　D　スピード

6. 目覚まし時計を6時に_____しました。
   A　セット　　　　　B　メモ　　　　　　C　パンフレット　　D　マスコミ

7. _____マンの仕事は人が集まるところで施設や人の安全を守ることです。
   A　ガイド　　　　　B　ゲート　　　　　C　ガード　　　　　D　カート

8. 海外へ行く時、_____の申請は必要です。
   A　マスコミ　　　　B　チラシ　　　　　C　パスポート　　　D　パンフレット

9. 劉さんは先月写真_____で優勝しました。
   A　スピーチ　　　　B　イベンド　　　　C　コンテスト　　　D　アイディア

問題四、_____に何が入りますか。A・B・C・Dから一番適切なものを一つ選びなさい。

1. 親から_____子があそこで泣いています。
   A　きえた　　　　　B　はぐれた　　　　C　つれた　　　　　D　なくなった

2. みなさん、明日の説明会に_____遅れないようにしてください。
   A　もうすこし　　　B　くれぐれも　　　C　まもなく　　　　D　さらに

3. このことは_____許しません。
   A　きっと　　　　　B　必ず　　　　　　C　ぜひ　　　　　　D　絶対

4. 急いで走って_____終電に間に合った。
   A　いよいよ　　　　B　やっぱり　　　　C　やっと　　　　　D　だんだん

5. 謝るのは難しいけど、悪かったのはこっちだから、_____謝りやなさい。
   A　からかじめ　　　B　おたがいに　　　C　かならず　　　　D　さっさと

6. 私はいつも人生を_____楽しもうとしています。
   A　できるだけ　　　B　けっこう　　　　C　とくに　　　　　D　さすが

7. 彼女は充実した生活を_____います。
   A　くらして　　　　B　あそんで　　　　C　おくって　　　　D　さそって

8. _____あと1分で新年を迎えます。
   A　やっと　　　　　B　とうとう　　　　C　いよいよ　　　　D　やっぱり

75

問題五、_____の文とだいたい同じ意味の文があります。A・B・C・Dから一番適切なものを一つ選びなさい。

1. 最近、そんな人を見なくなりました。
  A　最近、そんな人がだいぶ多くなりました。
  B　最近、そんな人が少し多くなりました。
  C　最近、そんな人が少し少なくなりました。
  D　最近、そんな人がほとんどいなくなりました。

2. できるだけ早く来てください。
  A　できたら早く来てください。
  B　必ず早く来てください。
  C　なるべく早く来てください。
  D　もっと早く来てください。

3. 机の上を片付けなさい。
  A　机をきれいに並べなさい。
  B　机の上をきれいにしなさい。
  C　机の上をきれいに飾りなさい。
  D　机の上にきれいなものを置きなさい。

4. だれでも分かるように説明しました。
  A　簡潔に説明しました。
  B　親切に説明しました。
  C　流暢に説明しました。
  D　簡単に説明しました。

5. いかにして生きるべきか、それは誰にも分からない。
  A　どうして生きるか、誰も分からない。
  B　どのような生き方をするか、だれも分からない。
  C　何のために生きるか、だれも分からない。
  D　生きている意味は何か、だれも分からない。

問題六、次の言葉の使い方で一番適切なものをA・B・C・Dから一つ選びなさい。

1. さっさと
  A　さっさと彼の手紙に返事を書いてしまうつもりだ。
  B　そんなにさっさとどこへ行くの。
  C　今朝はいつもよりさっさと起きた。
  D　花を飾って、テーブルをさっさとした。

2. 行き渡る
  A　前の道を行き渡ると、右に銀行が見えますよ。
  B　遠足のプリントが全生徒の家庭に行き渡ったかどうか確認してください。

C　このレストランの<u>行き渡った</u>サービスに大満足しました。

D　歩道は川で<u>行き渡り</u>になっている。

3. 諦める

A　不満を言うのを<u>諦めよう</u>。

B　タバコを<u>諦めた</u>ほうがいいですよ。

C　家庭の事情で、大学二年生の時、学校を<u>諦める</u>ことにしました。

D　女性は結婚するために自分の仕事を<u>諦める</u>必要はない。

4. くれぐれも

A　<u>くれぐれも</u>生活習慣病になる可能性がある。

B　<u>くれぐれも</u>チェックしましたので、問題はないでしょう。

C　<u>くれぐれも</u>お邪魔して、すみませんでした。

D　<u>くれぐれも</u>お体をお大事に。

5. やっと

A　彼女の言うことは<u>やっと</u>正しいだろうと彼は思った。

B　1年間頑張ったが、<u>やっと</u>合格しなかった。

C　時間は少しかかったが、<u>やっと</u>目的地に到着した。

D　3か月前に失踪した姉は一切連絡もなく、<u>やっと</u>帰ってくることはなかった。

言語知識（文法）

問題七、（　　）に適切な仮名を入れなさい。

1. 危ない。触る（　　）。

2. 「これは何ですか。」「ワープロです。」「へえ、これ（　　）ワープロですか。」

3. 考え（　　）（　　）、全然答えが分かりません。

4. 一番懐かしい（　　）は学生時代です。

5. 切符はどこで買う（　　）教えてください。

6. 後で、係の人（　　）（　　）説明がありますから、よく聞いてください。

7. この店（　　）は、お肉は売っていますが、シーフードはありません。

8. 来月仕事（　　）アメリカへ行くことになっています。

9. 最近料理（　　）関心を持っています。

問題八、（　　）の中の内容を正しい形で、文を完成させなさい。

1. _____ために、今日本語を勉強しています。（日本の会社で働く）

2. _____ように、日本語を勉強しています。（日本語を上手に話す）

3. _____ように、タクシーで行きます。（遅れる）

4. ＿＿＿＿＿＿＿＿＿ために、大きいかばんを買いました。（旅行）

5. 塾に行く前に、＿＿＿＿＿＿＿＿ように、晩ご飯を作っておきます。（子供が食べる）

問題九、正しいものを選びなさい。

1. 明日から、毎朝日本語のニュースを読む（aようにします　bようになります）。

2. うちの子は一人で自転車に乗れる（aようにしました　bようになりました）。

3. 口の中に食べ物を入れたまま、（a話す　b話さない）ようにしてください。

4. 忘れ物を（aする　bしない）ように、何度も確認しました。

5. 王さんはこのごろ遊びに（a来るように　b来なく）なりました。どうしたんでしょう。

6. 期末試験の（aように　bために）、復習しています。

7. 車内でタバコを（a吸いなさい　b吸うな）。

問題十、＿＿＿＿＿に何を入れますか。A・B・C・Dから一番適切なものを一つ選びなさい。

1. 前の人に続いてまっすぐ＿＿＿＿＿なさい。
   A　歩いた　　　　B　歩く　　　　　C　歩き　　　　D　歩け

2. 学校を卒業してからは、もう英語を使っていないので、＿＿＿＿＿。
   A　話せないことになりました　　　B　話さないことにしました
   C　話せないようにしました　　　　D　話せなくなりました

3. 最近、日本語の小説が＿＿＿＿＿ようになりました。
   A　読む　　　　B　読める　　　　C　読んだ　　　　D　読めた

4. 1時の面接に＿＿＿＿＿、飛行機で行かなければなりません。
   A　間に合うために　　　　　　　　B　間に合うように
   C　間に合えるように　　　　　　　D　間に会わないために

5. 何をしているんだ。僕の話をちゃんと＿＿＿＿＿よ。
   A　聞く　　　　B　聞か　　　　C　聞け　　　　D　聞き

6. 失敗はしても後悔は＿＿＿＿＿ようにしている。
   A　する　　　　B　している　　　　C　しない　　　　D　しなくて

7. おじいさんに聞こえる＿＿＿＿＿、大きな声で話しました。
   A　のに　　　　B　ように　　　　C　ことに　　　　D　ために

8. 明日、遠足でしょ？ ちゃんと＿＿＿＿＿ように、今夜は早く寝なさい。
   A　起きる　　　　B　起きない　　　C　起きられる　　　D　起きられない

9. 川の水がきれいになりました。それで、川に魚が＿＿＿＿＿ようになりました。
   A　見る　　　　B　見せる　　　　C　見られる　　　　D　見た

10. 電車に遅れるよ。＿＿＿＿＿。
    A　急がず　　　　B　急ぐな　　　　C　急ぎ　　　　D　急げ

11. 友達と大げんかしてから、まったく＿＿＿＿＿なりました。

    A　話すように　　　B　話さないように　C　話さないこと　　D　話さなく

12. 若い時ほどお酒が＿＿＿＿＿。

    A　飲まなくなりました　　　　　　　　B　飲めなくなりました

    C　飲まなかったです　　　　　　　　　D　飲めなかったです

13. 体が丈夫になる＿＿＿＿＿、先週からジョギングを始めました。

    A　ために　　　　　B　には　　　　　　C　ように　　　　　D　のに

14. こんなに一生懸命に働いているのは家族＿＿＿＿＿です。

    A　に　　　　　　　B　ために　　　　　C　のため　　　　　D　ため

15. 母はいつも「勉強＿＿＿＿＿、勉強＿＿＿＿＿」とうるさく言います。

    A　して／する　　　B　しろ／しろ　　　C　する／して　　　D　して／しろ

16. 漢字を覚える＿＿＿＿＿、毎日ノートに５０回書いています。

    A　ことに　　　　　B　ように　　　　　C　ために　　　　　D　には

17. 面接＿＿＿＿＿、新しいスーツと靴を買いました。

    A　ので　　　　　　B　から　　　　　　C　のように　　　　D　のために

問題十一、＿＿★＿＿に入るものはどれですか。Ａ・Ｂ・Ｃ・Ｄから一番適切なものを一つ選びなさい。

1. 病院で＿＿＿＿＿ ＿＿＿＿＿ ＿★＿ ＿＿＿＿＿しています。

    A　ように　　　　　B　検査を受ける　　C　一回　　　　　　D　半年に

2. ＿＿＿＿＿ ＿＿＿＿＿ ＿★＿ ＿＿＿＿＿、家族との連絡方法を決めておきます。

    A　慌てない　　　　B　地震が　　　　　C　ように　　　　　D　起きても

3. ゲームは＿＿＿＿＿ ＿＿＿＿＿ ＿★＿ ＿＿＿＿＿ました。

    A　やら　　　　　　B　なってから　　　C　大人に　　　　　D　なくなり

4. ＿＿＿＿＿ ＿＿＿＿＿ ＿★＿ ＿＿＿＿＿ために来ました。

    A　あなたに　　　　B　前に　　　　　　C　出発する　　　　D　一目会う

5. 私は＿＿＿＿＿ ＿＿＿＿＿ ＿★＿ ＿＿＿＿＿働いているのです。

    A　自分の生活　　　B　ではなく　　　　C　会社のため　　　D　のために

読解

問題十二、次の文を読んで質問に答えなさい。

　世界中のあちこちで突然蜂がいなくなったそうだ^{注1}。蜂蜜が食べられなくなると心配する人もいる。しかし蜂蜜だけの問題ではない。蜂は農業と深い関係がある。今まで、トマト、カボチャなどの野菜、リンゴやベリーなどの果物に実をつけるために、多くのところで蜂を使っていた。受粉を担う蜂がいなくなったら^{注2}、世界の農地の35％で収穫量が低下し、世界の主要な農作物

の87品種が影響を受けるだろう。食べ物が入手困難になり、値段が上がるかもしれないし、あるいはなくなってしまうかもしれない。これを人間やドローン^{注3}などで行うこともできるが、コスト^{注4}がとても高くなる。もちろん蜂以外にも花粉媒介者は存在するが、蜜蜂が最も優れている。科学者は蜂を殺しているものが何か、まだ解明していないが、人間が自然を壊し続けてきたから、このようなことが起きたのではないか。蜂のことははじまりで今後もっと大変なことが起きるのではないかと実に心配だ。

注1：そうだ/据说，听说
注2：たら/如果……的话
注3：ドローン/无人机
注4：コスト/成本

1. 蜂はどんなことをしていますか。
    A　蜂蜜をつくったり、受粉の手伝いをしたりしています。
    B　蜂蜜や果物や野菜の実を作ったりしています。
    C　食べ物をおいしくするために働いています。
    D　実を育てるために飛んでいます。

2. これは何を指しますか。
    A　実をつけること
    B　蜂を飛ばせること
    C　受粉を助けること
    D　食べ物を増やすこと

3. このようなこととは何を指しますか。
    A　蜂が受粉のために飛ばなくなったこと
    B　蜂が弱くなってしまったこと
    C　蜂と農業の関係がなくなったこと
    D　多くの場所で蜂が消えていること

4. 著者は蜂が消えたことについてどう考えていますか。
    A　もう蜂蜜は食べられなくなるでしょう。
    B　蜂が消えた原因は分からないでしょう。
    C　問題は蜂だけのことで終わらないでしょう。
    D　受粉は人間がやらなければならなくなるでしょう。

5. この文の内容に合っているものはどれですか。
    A　蜂がいなくなったら、ほかの花粉媒介者もいるので、大丈夫です。
    B　蜂の代わりにドローンを使って受粉を行うことは技術的に難しいです。
    C　蜂が消えた理由はまだ分かりませんが、環境に対する人間の破壊と関係があるでしょう。
    D　蜂が消えたら、一番心配するのは蜂蜜が好きな人でしょう。

問題十三、次の文を読んで質問に答えなさい。答えはA・B・C・Dから一番適切なものを一つ選びなさい。

　日本ほど温泉が多い国はたぶんないでしょう。日本中にはいい温泉がたくさんあります。ですから温泉を楽しみに日本に来る外国人もいます。それでは、みなさんは温泉に入る時のマナーを知っていますか。

　外国では水着を着て温泉に入る所が多いですが、日本では着ているものを全部脱がなければなりません。またお湯の中に入る前に、お湯を体にかけて簡単に汚れを取ります。これはお風呂のお湯を汚さないためのとても大切なマナーです。洗い場には体を洗うためにタオルを持って行ってもいいですが、お湯の中に入れてはいけません。顔を洗うのもだめです。これもお湯を汚さないためです。そのほか、体が濡れたまま出て、脱衣場の床を濡らさないように簡単に体を拭いてから出ることなどに気をつけなければなりません。マナーを知らずにけんかになったりしないように、そして、誰もが気持ちよく利用できるように、温泉の入り口には以上のマナーが書いて貼ってあります。外国人でも分かるように英語、中国語、韓国語などで書かれているので、日本語が分からなくても問題ありません。日本人でも入り方を知らない人がいるので、日本語の注意書きもあります。また、温泉に体にいい成分がいろいろ入っていますが、それは温泉によって違います。ですから、多くの温泉では、マナーのほか、成分も紹介してくれます。誰でも温泉を楽しめるように、みんなマナーを守りましょう。

1. 温泉の説明で正しいのはどれですか。
    A　日本は世界で一番いい温泉の成分をもっています。
    B　温泉に入る時に、すべての服を脱ぐのは日本だけです。
    C　温泉の成分はいろいろありますが、日本のどこへ行っても同じです。
    D　温泉を楽しむのは日本人だけではありません。
2. 次のマナーの中で、どれが一番大切ですか。
    A　入る前にまず体をしっかり洗うこと
    B　簡単に体を洗ってからお湯に入ること
    C　水着を着てお湯に入ること
    D　お風呂場にタオルを持っていかないこと
3. 温泉の入り方の注意書きはなぜ必要ですか。
    A　温泉の入り方は場所によって違うから
    B　外国人は日本の入り方を知らないから
    C　誰も温泉の入り方を知らないから
    D　温泉の入り方を知らない人がいるから
4. 本文の内容と違っているのはどれですか。
    A　新しいタオルはお湯の中に入れてもいいです。
    B　水着を着て入る国もあります。
    C　筆者はみんなにマナーを守ってほしいと言っています。

D　注意書きは全部日本語以外の言葉です。

問題十四、声を出して読みなさい。

日本で暮らす外国人は様々な日本の文化に感心したり驚いたりしています。その中の一つが子どものお弁当です。ご飯をそのままではなく、子どもが喜ぶように、丸くしたり、自動車や動物の形に作ったりします。野菜、ソーセージなどもハートや星の形にしたりします。お弁当はそれほど時間をかけなくてもきれいに作ることができます。前の日のおかずや冷凍食品などを使えばいいのです。基本はいろいろなものをきれいに見えるように入れることだと思います。

翻訳

問題十五、次の文章を中国語に訳しなさい。

N1に合格するために、先月から一生懸命勉強しています。毎朝、6時に起きるようにしています。そして、単語を忘れないように、毎晩寝る前に1時間暗記しています。半月後、単語が覚えられるようになりました。問題をする時も間違えなくなりました。勉強は大変ですから、たまに朝寝坊[注1]をしたくなりました。そんな時、自分に「寝坊するな、早く起きろ」と言い聞かせました[注2]。明日はいよいよN1のテストです。問題が難しいかもしれませんが、最後まで頑張りたいです。

注1：朝寝坊／睡懒觉
注2：自分に……と言い聞かせる／对自己说……

1. 中国語訳を書きなさい。

_____

_____

_____

_____

2. 日本語の原文だけを見て、声を出して中国語に訳しなさい。（中国語訳を見ないでください。）

問題十六、次の文章を日本語に訳しなさい。

经朋友介绍，我在大学附近的一家餐馆开始打工。工作内容不太难，但要背很多菜的名称。为了能尽快记住，我把菜单写在了笔记本上，拼命地背。我还尽可能地对客人使用敬语。最开始担心自己能不能做好，但现在已经可以很好地应对[注1]工作了。

注1：应对／対応する

1. 日本語訳を書きなさい。

_____

_____

_____

_____

2. 中国語の原文だけを見て、声を出して日本語に訳しなさい。（日本語訳を見ないでください。）

問題十七、『大学生活』という題で、作文を書きなさい。

1. 「です・ます体」を使って、書きなさい。
2. 200字以上400字以内で書きなさい。
3. 漢字がある場合、適切に漢字を使って書きなさい。
4. 句読点、段落などに注意しながら、書きなさい。
5. 字をきれいに書きなさい。

自我评价表

A完成得很好　　B完成得一般　　C完成得不理想

	练习	练习内容	练习目的	自我评价
课前预习	练习1	汉字标注假名	掌握日语汉字读音	A・B・C
	练习2	假名标注汉字	掌握日语汉字书写	A・B・C
	练习3	填写外来语	掌握外来语的书写及含义	A・B・C
	练习4	目的、目标及变化等句型	了解句型的接续及用法	A・B・C
课后总结	练习1	总结语法要点	巩固本课所学的语法知识	A・B・C
	练习2	使用知识要点达成交际目标	提高知识要点的实际应用能力	A・B・C
自我检测	问题一	汉字标注假名	掌握日语汉字读音	A・B・C
	问题二	假名标注汉字	掌握日语汉字书写	A・B・C
	问题三	外来语选择	掌握外来语的书写及含义	A・B・C
	问题四	词汇选择	掌握词汇的含义及用法	A・B・C
	问题五	同义句选择	掌握近义词汇及表达	A・B・C
	问题六	词汇用法选择	掌握词汇的含义及用法	A・B・C
	问题七	助词填空	掌握助词的用法	A・B・C
	问题八	完成句子	掌握句型的接续及用法	A・B・C
	问题九	句子语法1（选择语法项目）	提高语法知识的综合应用能力	A・B・C
	问题十	句子语法2（选择语法项目）		A・B・C
	问题十一	句子语法3（组合句子）		A・B・C
	问题十二	阅读理解	提高分析、理解日语文章的能力	A・B・C
	问题十三			A・B・C
	问题十四	日语短文朗读	掌握规范的语音、语调，培养语感	A・B・C
	问题十五	汉译日	巩固所学语法、词汇，提高综合应用能力	A・B・C
	问题十六	日译汉		A・B・C
	问题十七	作文		A・B・C

協力

课前预习

请观看第7课视频，预习本课相关的单词、句型等相关知识。之后请在课前完成下列练习。

练习1 请给下列单词标注读音。

1. 間違い＿＿＿＿＿＿＿＿＿＿＿＿＿　　2. 書類＿＿＿＿＿＿＿＿＿＿＿＿＿＿＿

3. 入国管理局＿＿＿＿＿＿＿＿＿＿　　4. 部下＿＿＿＿＿＿＿＿＿＿＿＿＿＿＿

5. 同僚＿＿＿＿＿＿＿＿＿＿＿＿＿＿　　6. 応募者＿＿＿＿＿＿＿＿＿＿＿＿＿

7. 調査＿＿＿＿＿＿＿＿＿＿＿＿＿＿　　8. 協力＿＿＿＿＿＿＿＿＿＿＿＿＿＿

9. 指導＿＿＿＿＿＿＿＿＿＿＿＿＿＿　　10. 割引＿＿＿＿＿＿＿＿＿＿＿＿＿＿

练习2 请听录音，写汉字。🎧

1. （　　　　）は先輩に頼みました。

2. 時間が（　　　　）です。

3. 内容はちょっと（　　　　）で、私には分かりません。

4. 来週の土曜日は（　　　　）りですから、それまでに出さなければなりません。

5. （　　　　）でアメリカへ行くことになりました。

6. 面接に合格できた時、みんな（　　　　）んでくれました。

7. 友達は面接を受ける時、緊張している私を（　　　　）ましてくれました。

8. 係の人に切符を（　　　　）してもらいました。

9. スピーチの（　　　　）を書き終わりました。

10. 母には元気で（　　　　）きしてほしい。

练习3　请结合括号内提示，写出相应的外来语完成句子，并写出相应的英语单词。

1. この近くに＿＿＿＿＿（商务）ホテルがあります。　　　　　英语：＿＿＿＿＿
2. 車が＿＿＿＿＿（爆胎）して、走れなくなりました。　　　英语：＿＿＿＿＿
3. 当社の製品の＿＿＿＿＿（产品目录）です、どうぞご覧ください。英语：＿＿＿＿＿
4. この書類に間違いがないか＿＿＿＿＿（检查）してください。　英语：＿＿＿＿＿
5. ＿＿＿＿＿（快门）を押す瞬間は、手ブレを起こさないように最大限の注意を払います。

英语：＿＿＿＿＿

练习4　复习第一册第8课表示物品授受关系的句型。在此基础上，预习本课表示"为某人做某事"的句型，并完成下面的填空。

①「時間は大丈夫ですか。駅まで送って＿＿＿＿＿ましょうか。」
②私は掃除が下手だから、時々友達が来て、私の部屋をきれいにして＿＿＿＿＿ます。
③野菜をたくさん買ったので、店の人に家まで届けて＿＿＿＿＿ました。

1. 当表示"我或己方的人为他人做某事"时，应使用＿＿＿＿＿；当表示"他人为我或己方的人做某事"时，可使用＿＿＿＿＿或＿＿＿＿＿。
2. 同样表示"他人为我或己方的人做某事"，＿＿＿＿＿以动作执行者、即他人为主语；＿＿＿＿＿以动作接受者、即"我或己方的人"为主语。

课后总结

练习1　对照本课的语法要点，填写下表。

语法要点	造句	语法细节
～てやる／てあげる／てさしあげる。		
～てもらう／ていただく。		
～てくれる／てくださる。		
～てくれませんか／てくださいませんか。		
～てもらえませんか／ていただけませんか。		
～てほしい。		
それで		

練習2　使用本课知识要点，尝试达成以下的交际目标。

1. 使用日语表述自己给予他人帮助或受到他人帮助的经历。

_____

_____

2. 使用日语恳请对方帮助自己。

_____

_____

3. 使用日语表述自己对他人或其他事物的期望。

_____

_____

自我检测

言語知識（文字・語彙）

問題一、次の下線の単語を平仮名で書きなさい。

1. 今原稿を<u>直</u>しているところです。（　　　）
2. お<u>手数</u>をおかけしてすみません。（　　　）
3. <u>調査</u>の結果はまだ出ていません。（　　　）
4. この遊園地の入場料はいくらですか。<u>割引</u>で入れる方法はありませんか。（　　　）
5. <u>励</u>ましてくれた人に、「ありがとう」と言いたいです。（　　　）
6. 早く国へ帰って親の<u>喜</u>ぶ顔が見たいです。（　　　）
7. 昨日は一日<u>原稿</u>を書いていました。（　　　）
8. 日本人の平均寿命と<u>長生</u>きの秘訣を紹介しましょう。（　　　）
9. 昔の<u>同僚</u>に会いました。（　　　）
10. 会議は<u>半日</u>で終わりました。（　　　）
11. 今回の旅は<u>心</u>に残るでしょう。（　　　）
12. 現在、生活が<u>苦</u>しいと感じる人の割合が増えているようです。（　　　）
13. <u>祖母</u>はまもなく80歳を迎えます。（　　　）
14. 滞在延長は<u>入国管理局</u>で申請しなければなりません。（　　　）
15. 開催<u>期間</u>は広告の中に記載してあります。（　　　）

問題二、次の下線の単語を漢字で書きなさい。

1. すいせんじょうの書き方が分かりません。（　　　　　）
2. 皆さんのごきょうりょくをお願いします。（　　　　　）
3. この世にまちがいをしない人はいないでしょう。（　　　　　）
4. 彼はいつもせんもんようごに注意しています。（　　　　　）
5. 関係しょるいを保存してください。（　　　　　）
6. けんしゅうのために2年日本にいました。（　　　　　）
7. しめきりに間に合うように必死に頑張りました。（　　　　　）
8. おうぼしゃの個人情報を入力します。（　　　　　）
9. 今の生活に十分にまんぞくしています。（　　　　　）
10. よろしくごしどうを願います。（　　　　　）
11. おとしよりにはもっと礼儀正しくしなさい。（　　　　　）
12. 知識だけではなく、じっせんが必要です。（　　　　　）
13. 率直に意見をこうかんしました。（　　　　　）
14. ホテルの前で私をひろってください。（　　　　　）
15. こまかい点にもっと注意しなさい。（　　　　　）

問題三、＿＿＿＿に何が入りますか。A・B・C・Dから一番適切なものを一つ選びなさい。

1. 原稿を出す前に、誤字脱字があるかどうかもう一度＿＿＿＿したほうがいいですよ。
   A　シャッター　　　B　アンケート　　　C　チェック　　　D　ポスター
2. 貴社の製品の詳細な資料や＿＿＿＿をいただきたいのですが……
   A　ベジネス　　　B　アンケート　　　C　カタログ　　　D　カード
3. 社会人として、＿＿＿＿マナーを身につけることは非常に重要です。
   A　チーム　　　B　レベル　　　C　パートナー　　　D　ビジネス
4. ＿＿＿＿に名前と住所を書かないで、そのまま出してください。
   A　サービス　　　B　アンケート　　　C　パンフレット　　　D　カタログ
5. 自転車が＿＿＿＿したので、自転車屋まで押して行った。
   A　パーク　　　B　カーブ　　　C　パンク　　　D　パンダ
6. ＿＿＿＿を押すと、すぐに写真が出来上がります。
   A　ファックス　　　B　ノック　　　C　パジャマ　　　D　シャッター

問題四、＿＿＿＿に何を入れますか。A・B・C・Dから一番適切なものを一つ選びなさい。

1. 子供の成長を見続けることにとても＿＿＿＿している。
   A　はらはら　　　B　いらいら　　　C　わくわく　　　D　ぐずぐず
2. 薬の＿＿＿＿で、病気の広がるのが抑えられた。
   A　せい　　　B　おかげ　　　C　こと　　　D　もの

3. お＿＿＿＿ですが、後で電話してくださいませんか。

    A　急　　　　　　　B　面倒　　　　　　　C　迷惑　　　　　　D　手数

4. 新計画を＿＿＿＿点まで検討しました。

    A　するどい　　　　B　こまかい　　　　　C　ちいさい　　　　D　おおい

5. この機械で食券を買って、それをお店の人に＿＿＿＿んですよ。

    A　譲る　　　　　　B　渡す　　　　　　　C　挙げる　　　　　D　許す

6. 道が分からないので、＿＿＿＿の人に声をかけてみました。

    A　おしゃべり　　B　お助け　　　　　　C　通りがかり　　　D　通り

7. 朝起きが弱いので、母に＿＿＿＿てもらった。

    A　覚め　　　　　　B　覚まし　　　　　　C　起き　　　　　　D　起こし

8. 文法のミスを＿＿＿＿てくださいませんか。

    A　治し　　　　　　B　直し　　　　　　　C　正し　　　　　　D　修し

9. 日本では昼間でも夜でもタクシーを＿＿＿＿ことができる。

    A　会う　　　　　　B　拾う　　　　　　　C　借りる　　　　　D　乗る

10. 昨日、夜遅くまでゲームをした。＿＿＿＿寝坊した。

    A　それと　　　　　B　そして　　　　　　C　それで　　　　　D　それに

問題五、＿＿＿＿の文とだいたい同じ意味の文があります。A・B・C・Dから一番適切
    なものを一つ選びなさい。

1. 山田さんが買い物にさそってくれた。

    A　山田さんは私に「買い物に行きなさい」と言いました。

    B　山田さんは私に「一緒に買い物に行きませんか」と言いました。

    C　山田さんは私の代わりに買い物に行きました。

    D　山田さんは私のために買い物に行ってきました。

2. レポートの締め切りは今週の水曜日です。

    A　レポートは今週の水曜日に出してください。

    B　レポートは今週の火曜日まで書きます。

    C　レポートは今週の水曜日以降に出してください。

    D　レポートは今週の水曜日までに出さなければなりません。

3. 交通事故の被害者になった場合、まず警察に連絡しなければなりません。

    A　交通事故がおきた時、まず警察に連絡します。

    B　交通事故にあった時、まず警察に連絡します。

    C　交通事故をみた時、まず警察に連絡します。

    D　交通事故をおこした時、まず警察に連絡します。

4. お手数をおかけいたしますが、提案書をチェックしていただけませんか。

    A　お急ぎですが、提案書をチェックしてください。

　　B　時間がかかるでしょうが、提案書をチェックしてください。

　　C　無理かもしれませんが、提案書のチェックをお願いします。

　　D　恥ずかしいですが、提案書のチェックをお願いします。

5.　食べすぎは病気を起こすことがあります。

　　A　たくさん食べると必ず病気になります。

　　B　ちゃんと食べないと病気になるかもしれません。

　　C　必要以上に食べることは病気の原因の一つです。

　　D　食べたり食べなかったりすることは病気になりやすいです。

問題六、次の言葉の使い方で一番適切なものをA・B・C・Dから一つ選びなさい。

1.　わくわく

　　A　前の車はわくわくと運転している。もっと速く運転してほしい。

　　B　日本への旅行にわくわくしている。

　　C　明日の試験のことを考えると、胸がわくわくして寝られない。

　　D　バスが来なくて、わくわくしている。

2.　それで

　　A　タバコをやめました。それで健康になりました。

　　B　暑いですね。それで窓を開けましょうか。

　　C　メガネは疲れる。それで軽いのを買おう。

　　D　突然外が暗くなった。それであちこちで雷が鳴り始めて、雨が降ってきた。

3.　細かい

　　A　彼は細かい声で助けを求めた。

　　B　彼女は足が長くて細かいです。

　　C　細かいお金はありますか。

　　D　細かい線で絵を描きます。

4.　しっかり

　　A　机をしっかり一行に並べてください。

　　B　しっかり8時になりました。

　　C　しっかり彼だと思っていた。

　　D　縄の両端をしっかり結びなさい。

言語知識（文法）

問題七、（　　）に適切な仮名を入れなさい。

1. もっと多くの外国人と友達（　　）なりたい。
2. 先輩（　　）教えてくれたので、すぐやり方が分かった。
3. 携帯を見（　　）（　　）（　　）、運転してはいけません。
4. 王さん（　　）（　　）授業のメモを貸してもらった。
5. このラジオはよく故障する（　　）、音も悪いから、新しいのを買いたい。
6. レポートは来週の水曜日（　　）（　　）（　　）出さなければなりません。
7. 今回の調査（　　）ご協力お願いします。
8. この問題（　　）（　　）（　　）（　　）心配している。
9. 今は新しい挑戦（　　）わくわくしています。
10. 心（　　）（　　）喜んでいます。
11. この問題が難しすぎて、クラスで一番の彼（　　）も解けませんでした。
12. 彼は英文学（　　）非常に詳しいです。

問題八、（　　）の中の動詞を授受表現の形にして、文を完成させなさい。

1. 私が新しい家を＿＿＿＿＿＿＿＿＿（買う）ので、両親はたいへん喜びました。
2. 山田教授は江戸時代の歴史について、詳しく＿＿＿＿＿＿＿＿＿（説明する）。
3. 先生に手紙の書き方を＿＿＿＿＿＿＿＿＿（教える）。本当に感謝しています。
4. いつも自分でお弁当を作りますが、今日は忙しかったので、母に＿＿＿＿＿＿＿＿＿（作る）。
5. 道に迷った時、親切な人がホテルまで＿＿＿＿＿＿＿＿＿（案内する）。

問題九、正しいものを選びなさい。

1. 百合さんが（a.作ってくれた　b.作った）ケーキはとてもおいしかったです。お礼に百合さんにCDをあげました。
2. マリアさんが風邪を引いたので、私は薬を買ってきて（a.もらいました　b.あげました）。
3. 今まで私に協力して（a.くださった　b.いただいた）方々に感謝します。
4. 市民文化祭は大成功だった。隣の市の人たちも手伝って（a.あげた　b.くれた）。
5. テレビの音を小さくして（a.くれませんか　b.もらいますか）。
6. 記念写真を撮って（a.もらえませんか　b.やれますか）。
7. 早く夏休みが来て（a.ほしい　b.たい）です。

問題十、＿＿＿＿に何を入れますか。Ａ・Ｂ・Ｃ・Ｄから一番適切なものを一つ選びなさい。

1. 誕生日だったので、友達にいっぱいお祝いし＿＿＿＿。
　　Ａ　てくれた　　　　Ｂ　てもらった　　　　Ｃ　ていただいた　　Ｄ　てくださった
2. 私は毎晩、子供が寝る時、絵本を読んで＿＿＿＿ます。
　　Ａ　やり　　　　　　Ｂ　くれ　　　　　　　Ｃ　もらい　　　　　Ｄ　いただき
3. 社長に私たちの気持ちを分かって＿＿＿＿と思います。
　　Ａ　あげたい　　　　Ｂ　さしあげたい　　　Ｃ　いただきたい　　Ｄ　ください
4. 先生は私たちにその辺の地図を描いて＿＿＿＿。
　　Ａ　もらいました　　Ｂ　いただきました　　Ｃ　さしあげました　Ｄ　くださいました
5. 李さんはレストランの電話番号を知らないから、＿＿＿＿ください。
　　Ａ　教えて　　　　　Ｂ　教えてくれて　　　Ｃ　教えてもらって　Ｄ　教えてあげて
6. 会社を辞める話は、まだみんなに＿＿＿＿ほしいんです。
　　Ａ　言え　　　　　　Ｂ　言って　　　　　　Ｃ　言い　　　　　　Ｄ　言わないで
7. 私はおばあさん＿＿＿＿かばんを買ってあげました。
　　Ａ　の　　　　　　　Ｂ　に　　　　　　　　Ｃ　が　　　　　　　Ｄ　へ
8. 私は妹＿＿＿＿部屋を掃除してやりました。
　　Ａ　が　　　　　　　Ｂ　の　　　　　　　　Ｃ　が　　　　　　　Ｄ　に
9. 皆様に楽しんで＿＿＿＿ように頑張ります。
　　Ａ　くだされる　　　Ｂ　いただける　　　　Ｃ　さしあげる　　　Ｄ　あげられる
10. 私は息子＿＿＿＿公園へ連れて行ってあげました。
　　Ａ　に　　　　　　　Ｂ　で　　　　　　　　Ｃ　を　　　　　　　Ｄ　と
11. 山田さんも参加して＿＿＿＿か。人数が足りなくて困っているんです。
　　Ａ　もらいません　　　　　　　　　　　　　Ｂ　やりません
　　Ｃ　いただけません　　　　　　　　　　　　Ｃ　あげません
12. この仕事は協力して＿＿＿＿。頼むよ。
　　Ａ　くれたい　　　　Ｂ　やりたい　　　　　Ｃ　もらいたい　　　Ｄ　あげたい
13. 国に帰っても私のことを＿＿＿＿ほしい。
　　Ａ　忘れて　　　　　Ｂ　忘れないで　　　　Ｃ　覚えてもらい　　Ｄ　覚えないで
14. 赤ちゃんに＿＿＿＿ですから、おもちゃをあげました。
　　Ａ　笑え　　　　　　Ｂ　笑いなさい　　　　Ｃ　笑ってほしい　　Ｄ　笑うな
15. ガイド＿＿＿＿案内してくれる旅行も楽しいが、一人で自由に旅をしたい。
　　Ａ　が　　　　　　　Ｂ　は　　　　　　　　Ｃ　に　　　　　　　Ｄ　から
16. あなたの体が心配だから、あまりタバコは＿＿＿＿。
　　Ａ　吸ってほしい　　　　　　　　　　　　　Ｂ　吸ってほしいじゃない
　　Ｃ　吸わなくてほしい　　　　　　　　　　　Ｄ　吸ってほしくない
17. ごめん。こっちに醤油を取ってきて＿＿＿＿？

　　A　やらない　　　　　　　　　B　くれない
　　C　もらわない　　　　　　　　D　あげない

問題十一、__★__に入るものはどれですか。A・B・C・Dから一番適切なものを一つ
　　　　　選びなさい。

1. 美容院で_____　_____　_★_　_____、シャンプーを買った。
　　A　もらった　　　B　切って　　　　C　ついでに　　　D　髪を
2. 夫が文句を_____　_____　_★_　_____、助かる。
　　A　手伝って　　　B　くれて　　　　C　言わずに　　　D　家事を
3. 会社の先輩は、_____　_____　_★_　_____。
　　A　くれない　　　B　暇な　　　　　C　手伝って　　　D　のに
4. _____　_____　_★_　_____あげましょう。
　　A　紹介して　　　B　この分野　　　C　に詳しい　　　D　日本人を
5. あの先生は、学生から質問があると、いつも_____　_____　_★_　_____。
　　A　分かり　　　　B　答え　　　　　C　てくれる　　　D　やすく

読解

問題十二、次の文を読んで、文章全体の内容を考えて、1から6の中に入る最もよい
　　　　　ものを、A・B・C・Dから一つ選びなさい。

　図書館で本を借りて読みたいと思っても、図書館から遠い所に住んでいる一人暮らしのお年寄りには難しい。特に地方では人口が少なくなったため、電車やバスの本数が減って利用しにくくなっている。それで、家にずっと①_____人が増えている。

　そんな人のために、郵便局員が図書館の本を届けてくれるサービスが千代市で始まった。サービスを希望すると注1、月に2回、その人の所を郵便局員が訪問して②_____。リストを見せて読みたい本の希望を聞く。③_____、郵便で届けるというやり方だ。もちろん、郵送料はサービスを受ける人が払う④_____。本が読みたくても⑤_____人にとって注2は安い料金だろう。こんなサービスを自分が住む町でも⑥_____と思う人はきっと多いだろう。

注1：〜と／只要……就……
注2：〜にとって／对……来说

1. A　いるしかない　　　　　　　B　いることができない
　　C　いてもいい　　　　　　　　D　いたくない
2. A　あげる　　　B　もらう　　　C　くれる　　　D　いく
3. A　それでは　　B　すると　　　C　そして　　　D　ところで

4. A　ようにする　　　　　　　　B　ことにする
　　C　ようになる　　　　　　　　D　ことになる

5. A　図書館へ行く　　　　　　　B　図書館へ行った
　　C　図書館へ行ける　　　　　　D　図書館へ行けない

6. A　始めたい　　　　　　　　　B　始めてほしい
　　C　始めよう　　　　　　　　　D　始めない

問題十三、次の文を読んで質問に答えなさい。答えはA・B・C・Dから一番適切なものを一つ選びなさい。

「おもちゃ病院」を聞いたことがありますか。ボランティアでおもちゃを直す病院のことです。最近は、壊れたおもちゃを直す人は少なくなって、壊れたら^{注1}捨てる時代と言われています^{注2}。けれども、（　①　）と思っている人も、少なくはないのです。大好きなおもちゃが壊れてしまった子供にとっては、それを直してくれるおもちゃの②「ドクター」が、神様のようです^{注3}。

久保さんは「ドクター」の一人です。子供の頃、好奇心が強く、おもちゃを分解して、また元に戻すのが大好きでした。それで、おもちゃの修理に興味を持ち始め、電気工学の知識を自分で勉強していました。今は暇な時間を利用して、人の壊れたおもちゃを修理してあげます。

切れた電気の線や折れたネジをちょっと直す昔のおもちゃと違って、今のおもちゃは直すのが難しくなりました。新しい技術を使っているからです。また、電子部品の値段が高く、修理にお金もかかります。それでも、おもちゃが直った時に子供たちの明るい笑顔を見たり、「ありがとう」という声を聞いたりすると、（　③　）と思うそうです。久保さんは「おもちゃの修理がきっかけで物を大事にする気持ちを持ってくれるなら^{注4}、これよりうれしいことはない」と言っています。

注1：〜たら／如果……
注2：〜と言われています／听说，据说
注3：〜ようです／像……
注4：〜なら／要是……的话

1. （　①　）に何を入れたらいいですか。
　　A　買ったらすぐ捨てよう　　　　B　買いたいものを全部買いたい
　　C　物をもっと大切にしよう　　　D　物を永遠に使いたい

2. ②「ドクター」とはどういう意味ですか。
　　A　おもちゃのメーカー　B　専門家　　C　先生　　D　病院

3. どうしてドクターが子供にとって、「神様」ですか。
　　A　無料でサービスしてくれるから
　　B　要らないおもちゃを捨ててくれるから
　　C　大好きなおもちゃを修理してくれるから

        D 自分の気持ちをよく分かってくれるから
  4.（　③　）に何を入れたらいいですか。
        A 直すのが大変だ　　　　　　　　　B 直せてよかった
        C 直らなくて残念だ　　　　　　　　D 直らないでほしい
  5. 久保さんはどうしておもちゃのドクターになったのですか。
        A おもちゃを分解するのが小さい頃からの趣味だから
        B 暇な時間を利用してお金を儲けたいから
        C 子供の笑顔が見たいから
        D 子供に物を大事にする気持ちをもってほしいから

問題十四、声を出して読みなさい。

　今や、日本のどこの大学でもキャンパスを歩くと、よく外国人の留学生を見かけるようになりました。こうした留学生たちに、生活・勉学上、異文化適応、進路、対人関係など、きっといろいろな問題や悩みがあるでしょう。留学中に起こる問題は、自分だけで考えても解決できないこともあります。留学生を対象に親切に相談に乗ってくれる所に「留学相談室」があります。どんな問題でもかまいませんので、困ったことが起きたら相談に行きましょう。

翻訳

問題十五、次の文を中国語に訳しなさい。

　日本に来て半年が過ぎて、だんだん日本の生活にも慣れてきました。それで、経験を積み重ねるために、アルバイトをしてみようと思って、友達に相談しました。彼はもう 2 年ぐらい日本に住んでいるので、アルバイトの経験もあります。「学校の勉強のほうは大丈夫ですか」と心配してくれましたが、「少しなら、大丈夫です」と何度も説明したので、あるレストランを紹介してくれました。

　面接の時、すごく緊張して、店長さんの話は半分しか分かりませんでしたが、今はもう仕事に慣れて、レストランで働いている日本人とも友達になりました。やっぱりアルバイトをしてよかったと思います。

1. 中国語訳を書きなさい。

_____

_____

_____

2. 日本語の原文だけを見て、声を出して中国語に訳しなさい。（中国語訳を見ないでください。）

問題十六、次の文を日本語に訳しなさい。

　　我有三个室友。上周，我感冒了，浑身发冷^{注1}，而且还发烧^{注2}。杨同学给我买来了药。刘同学给我订了粥。我还拜托李同学借给我课堂笔记。因为大家的帮忙，感冒四天就好了。为表示感谢，我给大家买了水果。大家一边吃水果，一边快乐地交谈。希望我们的友谊能一直继续^{注3}下去。

注1：发冷／寒気がする
注2：发烧／熱が出る
注3：友谊继续／友情が続く

1. 日本語訳を書きなさい。

　　_____

　　_____

　　_____

2. 中国語の原文だけを見て、声を出して日本語に訳しなさい。（日本語訳を見ないでください。）

問題十七、『私の友達』という題で、作文を書きなさい。

1. 「です・ます体」を使って、書きなさい。
2. 200字以上400字以内で書きなさい。
3. 適切に漢字を使って書きなさい。
4. 句読点、段落などに注意しながら、書きなさい。
5. 字をきれいに書きなさい。

自我评价表

A完成得很好　B完成得一般　C完成得不理想

	练习	练习内容	练习目的	自我评价
课前预习	练习1	汉字标注假名	掌握日语汉字读音	A・B・C
	练习2	假名标注汉字	掌握日语汉字书写	A・B・C
	练习3	填写外来语	掌握外来语的书写及含义	A・B・C
	练习4	行为授受关系的句型	了解句型的接续及用法	A・B・C
课后总结	练习1	总结语法要点	巩固本课所学的语法知识	A・B・C
	练习2	使用知识要点达成交际目标	提高知识要点的实际应用能力	A・B・C
自我检测	问题一	汉字标注假名	掌握日语汉字读音	A・B・C
	问题二	假名标注汉字	掌握日语汉字书写	A・B・C
	问题三	外来语选择	掌握外来语的书写及含义	A・B・C
	问题四	词汇选择	掌握词汇的含义及用法	A・B・C
	问题五	同义句选择	掌握近义词汇及表达	A・B・C
	问题六	词汇用法选择	掌握词汇的含义及用法	A・B・C
	问题七	助词填空	掌握助词的用法	A・B・C
	问题八	完成句子	掌握句型的接续及用法	A・B・C
	问题九	句子语法1（选择语法项目）	提高语法知识的综合应用能力	A・B・C
	问题十	句子语法2（选择语法项目）		A・B・C
	问题十一	句子语法3（组合句子）		A・B・C
	问题十二	阅读理解	提高分析、理解日语文章的能力	A・B・C
	问题十三			A・B・C
	问题十四	日语短文朗读	掌握规范的语音、语调，培养语感	A・B・C
	问题十五	日译汉	巩固所学语法、词汇，提高综合应用能力	A・B・C
	问题十六	汉译日		A・B・C
	问题十七	作文		A・B・C

第8課

病院で

请观看第8课的视频，预习本课相关的单词、句型等相关知识后，在课前完成下列练习。

练习1　请给下列单词标注读音。

1. 看護師＿＿＿＿＿＿＿＿＿＿＿　　　2. 手術＿＿＿＿＿＿＿＿＿＿＿＿＿

3. 大金持ち＿＿＿＿＿＿＿＿＿＿　　　4. 中止＿＿＿＿＿＿＿＿＿＿＿＿＿

5. 有名人＿＿＿＿＿＿＿＿＿＿＿　　　6. 方言＿＿＿＿＿＿＿＿＿＿＿＿＿

7. 一見＿＿＿＿＿＿＿＿＿＿＿　　　　8. 病室＿＿＿＿＿＿＿＿＿＿＿＿＿

9. 各国＿＿＿＿＿＿＿＿＿＿＿　　　　10. 綿＿＿＿＿＿＿＿＿＿＿＿＿＿＿

练习2　请听录音，写汉字。 🎧

1. （　　　　）が折れている　　　　　2. （　　　　）びそうになった

3. （　　　　）がある　　　　　　　　4. （　　　　）らしくなってきた

5. （　　　　）のような人　　　　　　6. （　　　　）が出る

7. 難しい言葉を使う（　　　　）　　　8. かわいい（　　　　）

9. 映画みたいな（　　　　）　　　　　10. 厳しい（　　　　）

练习3　请结合括号内提示，写出相应的外来语完成句子，并写出相应的英语单词。

1. ＿＿＿＿＿＿＿（x光片）を撮ってみましょう。　　　　　　　　英語：＿＿＿＿＿＿

2. ＿＿＿＿＿＿＿（巧克力）のような甘いものがほしくなってきました。　英語：＿＿＿＿＿＿

3. ＿＿＿＿＿＿＿（熊猫）は海外でも大人気です。　　　　　　　　英語：＿＿＿＿＿＿

4. ＿＿＿＿＿＿＿（超人）は何でもできます。　　　　　　　　　　英語：＿＿＿＿＿＿

5. イギリスの女王は高い＿＿＿＿＿＿＿（钻石）を持っています。　英語：＿＿＿＿＿＿

6. 心の＿＿＿＿＿＿＿（平衡）が崩れそうになった時、十分休んだほうがいいですよ。

　　　　　　　　　　　　　　　　　　　　　　　　　　　　　　英語：＿＿＿＿＿＿

练习4

1. 预习本课中样态助动词和比况助动词的接续，仿照例子完成下表。

词例	样态助动词	比况助动词	
	～そうだ	～ようだ	～みたいだ
消える	例 消えそうだ		
消えない			
おいしい			
おいしくない			
いい／よい			
簡単だ			
簡単ではない			
学生	——		
学生ではない			

2. 预习本课中的样态助动词和比况助动词的活用形式，完成填空。

(1) 彼は_____（おいしい＋そうだ）うどんを食べています。

(2) 彼は_____（眠い＋そうだ）顔で「おやすみ」と言いました。

(3) 私は将来_____（母＋ようだ）医者になりたいです。

(4) 田中さんは_____（中国人＋ようだ）中国語がペラペラです。

(5) _____（上海＋みたいだ）大都市には外国人がたくさんいます。

(6) うちの娘は_____（天使＋みたいだ）かわいいです。

规律："～ようだ、～そうだ、～みたいだ"的活用形式与_____一致。

课后总结

练习1. 对照本课的语法要点，填写下表。

语法要点	造句	语法细节
～そうだ。（外观，趋势，预测）		
～ようだ。（比喻，示例）		
～みたいだ。（比喻，示例）		
N　らしい。（典型）		
少しも～ない。		
疑问词 でも		

练习2. 使用本课知识要点，尝试达成以下的交际目标。

1. 身体不适时能够简单叙述症状和感受。

    _____

    _____

2. 谈论去医院的经历。

    _____

    _____

3. 用比喻的方式描写事物。

    _____

    _____

4. 表述事物的典型特征。

    _____

    _____

自我检测

言語知識（文字・語彙）

問題一、次の下線の単語を平仮名で書きなさい。

1. お客さんの秘密を守ります。（　　　　）
2. スイカが大きすぎて袋に入りません。（　　　　）
3. 心を鬼にしてスマートフォンをオフにしましょう。（　　　　）
4. タイの真夏は40度になる時もあります。（　　　　）
5. 彼は私ととても仲がいいです。（　　　　）
6. 台風で木が折れました。（　　　　）
7. 机に手を突きます。（　　　　）
8. この間、京都に行ってきました。（　　　　）
9. 歌手になる夢が破れました。（　　　　）
10. ここでは昼と夜の温度の差が大きいです。（　　　　）

問題二、次の下線の単語を漢字で書きなさい。

1. せんたくものを片付けるのは面倒くさいです。（　　　　）
2. ゆうべ、寝る前にたくさん水を飲んだから、目がはれました。（　　　　）
3. うちの娘が母の日に花をプレゼントしてくれて、胸があつくなりました。（　　　　）
4. 荷物をおろす。（　　　　）
5. 彼とは3年前にわかれました。（　　　　）
6. 子供の目がかがやいている。（　　　　）
7. 太陽は雲にかくれている。（　　　　）
8. 今年の夏にほんかくてきな調査が始まりました。（　　　　）
9. 中国には非常に多くのほうげんが存在している。（　　　　）
10. よくきく薬は苦いものです。（　　　　）

問題三、＿＿＿＿に何が入りますか。A・B・C・Dから一番適切なものを一つ選びなさい。

1. 私はよく＿＿＿＿を聴きながら、仕事をします。
   A　ジャズ　　　　　B　ジンズ　　　　　C　ジャングル　　　D　ジャパン
2. けがしてすぐ病院に行って、＿＿＿＿を撮りました。
   A　シャッター　　　　B　シャツ　　　　　C　レントゲン　　　D　シャンプー

3. アメリカの映画には＿＿＿＿＿が人を助けるシーンが多かった。
　　A　スーパー　　　　　B　スリッパ　　　　C　スケジュール　　D　スーパーマン

4. 彼女は幸せそうに子供が作ってくれた＿＿＿＿＿を食べています。
　　A　レインコート　　　　　　　　　B　レコード
　　C　チョコレート　　　　　　　　　D　メッセージカード

5. ＿＿＿＿＿不足で元気がないです。
　　A　ビタミン　　　　　B　ミルク　　　　　C　スポーツ　　　　D　アイデア

6. 家族と一緒にいる時間も大切です。仕事も好きです。＿＿＿＿＿を取るのが難しいです。
　　A　スペース　　　　　B　グランド　　　　C　バレーボール　　D　バランス

問題四、＿＿＿＿＿に何が入りますか。A・B・C・Dから一番適切なものを一つ選びなさい。

1. 彼が描いた金魚は＿＿＿＿＿生きているようです。
　　A　まるで　　　　　　B　だいぶ　　　　　C　とくに　　　　　D　さすが

2. まだ一年生なのに、長い文章を＿＿＿＿＿読めて本当にすごいですね。
　　A　わくわく　　　　　B　いよいよ　　　　C　ぶらぶら　　　　D　すらすら

3. 今年は雪が＿＿＿＿＿降りませんでした。変ですね。
　　A　少しも　　　　　　B　いくらも　　　　C　しか　　　　　　D　少し

4. ＿＿＿＿＿気持ちが作品には一番重要です。
　　A　低い　　　　　　　B　寒い　　　　　　C　すごい　　　　　D　熱い

5. 昨日雪の中で4時間も猫を探していたので、風邪を＿＿＿＿＿しまいました。
　　A　かかって　　　　　B　もらって　　　　C　引いて　　　　　D　なって

6. 地震でマンションが＿＿＿＿＿潰れそうです。
　　A　今にも　　　　　　B　今でも　　　　　C　今さら　　　　　D　今まで

7. 「先生、今回のレポートは2000字しか書けていないんですが、大丈夫でしょうか。」
　　「ちょっと見せて……（先生が見た後）＿＿＿＿です。字数より内容のほうが大事です。」
　　A　だめ　　　　　　　B　けっこう　　　　C　大事　　　　　　D　絶対

8. 雨で試合は＿＿＿＿＿になった。
　　A　休止　　　　　　　B　中止　　　　　　C　中断　　　　　　D　廃止

9. ＿＿＿＿＿お肉のようですが、実は豆腐です。
　　A　一見　　　　　　　B　一度　　　　　　C　一目　　　　　　D　一番

10. 念のため、とりあえずレントゲンを＿＿＿＿＿確認しました。
　　A　して　　　　　　　B　作って　　　　　C　描いて　　　　　D　撮って

問題五、＿＿＿＿＿の文とだいたい同じ意味の文があります。A・B・C・Dから一番適切
　　　　なものを一つ選びなさい。

1. 今にも雨が降りそうな空です。

  A　今すぐ雨が降りそうな空です。

  B　今でも雨が降りそうな空です。

  C　今朝雨が降りそうな空です。

  D　だんだん雨が降りそうな空です。

2. <u>彼は仕事に熱い気持ちをもっています。</u>

  A　彼の仕事先は熱いです。

  B　彼は仕事のことで怒っています。

  C　彼は仕事に熱心です。

  D　彼は丁寧に仕事をしています。

3. <u>本格的な調査が始まりました。</u>

  A　本来の調査が始まりました。

  B　調査は正式的に始まりました。

  C　合格して調査を始めました。

  D　本体の調査が始まりました。

4. <u>この間、京都に行ってきました。</u>

  A　昔京都に行ってきました。

  B　これから京都に行きます。

  C　この一年、京都に行っていきました。

  D　この前、京都に行ってきました。

5. 店員：袋は要りますか。

  客：<u>けっこうです。</u>

  A　要ります。

  B　必要です。

  C　あります。

  D　要りません。

問題六、次の言葉の使い方で一番適切なものをA・B・C・Dから一つ選びなさい。

1. すらすら

  A　朝ご飯を食べた後、町を<u>すらすら</u>します。

  B　この本は絵もかわいくて、最後まで<u>すらすら</u>と読めました。

  C　絵里子は朝から<u>すらすら</u>と働いています。

  D　地面の雪が溶けそうになって、<u>すらすら</u>しています。

2. 本格的

  A　彼は<u>本格的</u>なサッカー選手です。

  B　よくテレビでパンダを見ますが、まだ<u>本格的</u>に見ることがありません。

  C　今<u>本格的</u>に言っています。

　　　　D　練習でできないことは、本格的にでもできません。

3. 隠れる

　　　　A　窓がカーテンで隠れます。

　　　　B　家が土で隠れます。

　　　　C　魚は石の下に隠れました。

　　　　D　彼の手がポケットに隠れました。

4. 別れる

　　　　A　彼は今の職を別れて、外国へ単身赴任することとなりました。

　　　　B　先生が言ったことよく別れました。

　　　　C　その問題でみんなの意見が別れました。

　　　　D　彼と別れるつもりです。

5. 破れる

　　　　A　地震で家が破れた。

　　　　B　あの子供は破れた服を着ている。

　　　　C　冷蔵庫から牛乳が破れた。

　　　　D　茶碗が落ちて破れた。

言語知識（文法）

問題七、（　　）に適切な仮名を入れなさい。

1. 交通事故（　　）歯（　　）折れました。

2. お見舞い（　　）来てくれてありがとう。

3. 誰（　　）でも秘密（　　）あります。

4. 一人（　　）家（　　）いる（　　）は寂しかったです。

5. ひざ（　　）床（　　）突いて謝罪します。

6. 後二日（　　）退院します。

7. 喉（　　）腫れたから、薬局（　　）行って薬（　　）出してもらった。

8. 薬（　　）飲んでも効かない場合、手術（　　）受けてもらうこと（　　）なるかもしれない。

問題八、正しい形を使って、例のように文を完成させなさい。

　　例1　眠いです。～そうです。

　　　　斉藤さん、眠そうですね。昨日何時に寝ましたか。

1. 死にます。～そうです。

　　年末はやることが多く、忙しくて＿＿＿＿＿です。

2. 元気でした。～そうです。

　　昨夜留学をしている娘とビデオ電話をしました。＿＿＿＿＿ので、安心しました。

3. 気持ちいいです。～そうです。

　　猫が＿＿＿＿寝ています。

4. 出ます。～そうです。

　　学生が送ってくれたメッセージカードを見て涙が＿＿＿＿＿＿＿。

5. 悪い人ではないです。～そうです。

　　あの人は誰にでも優しいから＿＿＿＿＿＿＿＿です。

6. 日本語コーナーです。～ようです。

　　＿＿＿＿＿＿＿＿楽しいイベントに参加してみたいです。

7. います。～ようです。

　　まるでサウナの中に＿＿＿＿＿＿＿＿天気だ。

8. かわいかったです。～ようです。

　　リナさんは子供の頃、とても＿＿＿＿＿＿＿＿、リナさんの娘も同じようにかわいい。

9. 上海です。～みたいです。

　　＿＿＿＿＿＿＿＿大都市では地下鉄がとても便利です。

10. スイカやみかんです。～みたいです。

　　＿＿＿＿＿＿＿＿水分が多い果物を食べたいです。

11. 石です。～みたいです。

　　このパンは＿＿＿＿＿＿＿硬いです。

12. いないです。～みたいです。

　　ドアが閉まっていて、誰も＿＿＿＿＿＿＿＿です。

13. 自分です。～らしいです。

　　これからは＿＿＿＿＿＿＿生きていきたいです。

14. 都会です。～らしいです。

　　ここは夜中の1時まで町に人がいっぱいで、とても＿＿＿＿＿＿＿都会です。

15. 彼ではないです。～らしいです。

　　遅刻するなんて＿＿＿＿＿＿＿です。

問題九、正しいものを選びなさい。

1. 田中さんは背が（a. 高そうです　b. 高いです）。

2. 患者：朝から喉が痛くて、熱もあります。

　　医者：風邪（a. そうですね　b. のようですね）。

3. 新しい映画のポスターを見て、

　　「この映画おもしろ（a. そうですね　b. のようですね）。」

4. 皆さんと一緒に日本語の勉強ができて（a. うれしいです　b. うれしようです）。

5. うちのワンちゃんは目が大きくて（a. かわいいです　b. かわいそうです）。

105

問題十、＿＿＿＿＿＿に何が入りますか。Ａ・Ｂ・Ｃ・Ｄから一番適切なものを一つ選びな
さい。

1. 映画を見ながら、感動して泣き＿＿＿＿＿なる時がありますか。
   A　ように　　　　　B　らしく　　　　　C　そうに　　　　　D　みたく

2. マリさん＿＿＿＿＿日本語が上手に話せるようになりたいです。
   A　みたいに　　　　B　らしい　　　　　C　みたいな　　　　D　ように

3. 母＿＿＿＿＿＿優しい人になりたいです。
   A　みたい　　　　　B　のような　　　　C　らしい　　　　　D　たがる

4. 家でごろごろしてテレビばかりを見ている父親はあまり存在感がない、まるで透明人
   間＿＿＿＿＿。
   A　らしい　　　　　B　みたいだ　　　　C　ようだ　　　　　D　そうだ

5. 鈴木さんは毎日残業しているので、大変＿＿＿＿＿。
   A　だらしい　　　　B　のみたいだ　　　C　ようだ　　　　　D　そうだ

6. 紙芝居では、一枚一枚の絵が芝居をする＿＿＿＿＿動きます。
   A　ように　　　　　B　みたいな　　　　C　そうに　　　　　D　らしい

7. 高橋先生は、いつも先生＿＿＿＿＿服を着ている。
   A　のような　　　　B　みたいな　　　　C　そうな　　　　　D　らしい

8. このスープは色が少し赤くて、辛＿＿＿＿＿。
   A　そうだ　　　　　B　みたい　　　　　C　ようだ　　　　　D　らしい

9. 「何か食べられないものがありますか。」
   「いいえ、何＿＿＿＿＿食べられます。」
   A　にも　　　　　　B　でも　　　　　　C　何か　　　　　　D　何が

10. 彼は卒業した後のことを少しも＿＿＿＿＿。
    A　考えています　　B　考えていません　C　考えました　　　D　考えます

問題十一、＿＿★＿＿に入るものはどれですか。Ａ・Ｂ・Ｃ・Ｄから一番適切なものを一つ
選びなさい。

1. 困った＿＿＿＿＿ ＿＿＿＿＿ ＿★＿＿＿ ＿＿＿＿＿。
   A　来てください　B　いつでも　　　　C　時は　　　　　　D　相談に

2. この絵は＿＿＿＿＿ ＿＿＿＿＿ ＿★＿＿＿ ＿＿＿＿＿ですね。
   A　絵　　　　　　B　らしい　　　　　C　鈴木さん　　　　D　いかにも

3. この本は＿＿＿＿＿ ＿＿＿＿＿ ＿★＿＿＿ ＿＿＿＿＿です。
   A　図書館には　　B　なさそう　　　　C　ですから　　　　D　とても古い

4. 有名な＿＿＿＿＿ ＿＿＿＿＿ ＿★＿＿＿ ＿＿＿＿＿です。
   A　に会えるなんて　B　夢　　　　　　C　小説家　　　　　D　みたい

5. 子供の＿＿＿＿＿ ＿＿＿＿＿ ＿★＿＿＿ ＿＿＿＿＿。
   A　まるで　　　　B　輝いている　　　C　目は　　　　　　D　星のように

読解

問題十二、次の文を読んで質問に答えなさい。

研究者が「ながら族」のほうが効率のよい頭の使い方をしていると発表しました。「ながら族」というのは、二つのことを一緒にするという意味です。研究者が調査した結果、料理などの①<u>複雑なこと</u>をする時は、音楽を聞くような単純なことをするのがいいと分かりました。一方、②<u>単純なこと</u>、例えば洗濯や掃除など考えなくてもできるようなことをする時は、歌を歌うような複雑なことをするのがいいと分かりました。

1. ①<u>「複雑なこと」</u>はどんなことですか。
   A　掃除と洗濯
   B　料理をすることと歌を歌うこと
   C　音楽を聞くことと料理をすること
   D　考えることと掃除すること

2. ②<u>「単純なこと」</u>はどんなことですか。
   A　掃除と洗濯
   B　料理をすることと
   C　音楽を聞くことと料理をすること
   D　考えることと掃除すること

3. 筆者が一番書きたかったことは何ですか。
   A　二つの複雑なことを一緒にするのがいい。
   B　二つの単純なことを一緒にするのがいい。
   C　複雑なことをする時、同時に単純なことをするのがいい。
   D　複雑なことをする時、ほかのことをしないほうがいい。

問題十三、次の文を読んで質問に答えなさい。

今日はバレンタインデーです。町中がイルミネーションで輝いています。歩いているカップルたちの顔も幸せそうです。僕は1ケ月前にもうレストランを予約しておきました。彼女にプロポーズをしようと思っていました。

ところが、今日は朝から忙しかったです。①<u>仕事が山のようにあって</u>、なかなか終わりませんでした。彼女とは6時に駅前で待ち合わせをすると約束をしていましたが、今はもう5時55分です。そして、早く仕事を片付けて会社を出ようとした時、雨が急に降ってきました。傘を持っていないので、走って駅に向かいました。

駅前に着いた時はもう6時15分でした。彼女は寒そうに駅前でずっと僕のことを待っていました。彼女に遅刻した理由を説明しました。彼女は「大丈夫だよ。お疲れ様」と言ってくれました。

ところで、その後、急いでレストランに向かう途中、階段から落ちて、けがをしてしまいました。彼女もびっくりして、すぐ僕を病院に連れて行ってくれました。

病院でレントゲンを撮ったら、骨が折れていると分かり、そのまま入院して、プロポーズもできませんでした。本当に最悪な一日でした。

1. ①「仕事が山のようにあって」とありますが、それはどのような意味ですか。
   A　仕事が重いです。
   B　仕事が多いです。
   C　仕事が好きです。
   D　仕事が遅いです。

2. 「僕」はどうして遅刻しましたか。
   A　仕事が忙しかったからです。
   B　骨折したからです。
   C　プロポーズをしたかったからです。
   D　レストランを予約したからです。

3. 「僕」はどうして今日を最悪な一日だと思いますか。
   A　彼女は寒そうだったから
   B　仕事が終わらなかったから
   C　彼女と駅前で待ち合わせすることができなかったから
   D　プロポーズができなかったから

問題十四、声を出して読みなさい。

友達の王さんはけがで入院しました。僕は今日お見舞いに行きました。僕が病院に着いた時、王さんはもう手術が終わって、元気そうだったので安心しました。ただ、一人で病室にいたので、つまらなそうな顔をしていました。僕は王さんといろいろ話して、やっと笑顔を見せてくれました。王さんは来週には退院できそうです。その時また迎えに来ると約束しました。王さんはポップスみたいな音楽が好きなので、退院のお祝いにCDをプレゼントしようと思います。

翻訳

問題十五、次の文章を中国語に訳しなさい。

桜は日本を象徴する花です。日本人が桜を愛する理由はそれだけではなさそうです。まず、桜の花が美しいから桜が好きだと言う人が多いです。次に、桜はすぐ散ってしまうので、人生も桜と同じように短いと感じる日本人が多いです。最後に、桜は春が来ることを知らせてくれます。希望の象徴だと言えます。

　私は毎年桜の季節にお花見をします。まるで雪が降っているように落ちてくる桜を見るのが一番好きです。いつも家族や友達と一緒にお花見をします。お弁当を食べながら、景色を見るのはとても幸せな気分になります。

1. 中国語訳を書きなさい。

_____

_____

_____

2. 日本語の原文だけを見て、声を出して中国語に訳しなさい。（中国語訳を見ないでください。）

問題十六、次の文章を日本語に訳しなさい。

　我的同事小刘上个月结婚了，他的妻子是日本人，是小刘留学时候的同班同学。昨天他给我们看了合照。小刘的妻子很漂亮，看上去很温柔。小刘说他们这个月打算去像大连、三亚那样有海的城市度蜜月[注1]。我和其他同事打算在他们蜜月回来之后，送给他们一个扫地机器人[注2]作为结婚礼物。

注1：度蜜月／新婚旅行をする

注2：扫地机器人／ロボット掃除機

1. 日本語訳を書きなさい。

_____

_____

_____

2. 中国語の原文だけを見て、声を出して日本語に訳しなさい。（日本語訳を見ないでください。）

問題十七、『病気』という題で、作文を書きなさい。

1. 「です・ます体」を使って、書きなさい。
2. 200字以上400字以内で書きなさい。
3. 適切に漢字を使って書きなさい。
4. 句読点、段落などに注意しながら、書きなさい。
5. 字をきれいに書きなさい。

自我评价表

A完成得很好　　B完成得一般　　C完成得不理想

	练习	练习内容	练习目的	自我评价
课前预习	练习1	汉字标注假名	掌握日语汉字读音	A・B・C
	练习2	假名标注汉字	掌握日语汉字书写	A・B・C
	练习3	填写外来语	掌握外来语的书写及含义	A・B・C
	练习4	完成句子	了解句型的接续及用法	A・B・C
课后总结	练习1	语法要点总结	巩固本课所学的语法知识	A・B・C
	练习2	使用知识要点达成交际目标	提高知识要点的实际应用能力	A・B・C
自我检测	问题一	汉字标注假名	掌握日语汉字读音	A・B・C
	问题二	假名标注汉字	掌握日语汉字书写	A・B・C
	问题三	外来语选择	掌握外来语的书写及含义	A・B・C
	问题四	词汇选择	掌握词汇的含义及用法	A・B・C
	问题五	同义句选择	掌握近义词汇及表达	A・B・C
	问题六	词汇用法选择	掌握词汇的含义及用法	A・B・C
	问题七	助词填空	掌握助词的用法	A・B・C
	问题八	完成句子	掌握句型的接续及用法	A・B・C
	问题九	句子语法1（选择语法项目）	提高语法知识的综合应用能力	A・B・C
	问题十			
	问题十一	句子语法2（组合句子）		A・B・C
	问题十二	阅读理解	提高分析、理解日语文章的能力	A・B・C
	问题十三			A・B・C
	问题十四	日语短文朗读	掌握规范的语音、语调，培养语感	A・B・C
	问题十五	汉译日	巩固所学语法、词汇，提高综合应用能力	A・B・C
	问题十六	日译汉		A・B・C
	问题十七	作文		A・B・C

第9課

アルバイト

课前预习

请观看第9课的视频，预习本课相关的单词、句型等相关知识后，在课前完成下列练习。

练习1　请给下列单词标注读音。

1. 留守＿＿＿＿＿＿＿＿＿＿＿＿　　　2. 楽＿＿＿＿＿＿＿＿＿＿＿＿＿＿＿

3. 真面目＿＿＿＿＿＿＿＿＿＿　　　4. 苦労＿＿＿＿＿＿＿＿＿＿＿＿＿＿

5. 化粧品＿＿＿＿＿＿＿＿＿＿　　　6. 戦場＿＿＿＿＿＿＿＿＿＿＿＿＿＿

7. 予想＿＿＿＿＿＿＿＿＿＿＿＿　　　8. 専業主婦＿＿＿＿＿＿＿＿＿＿＿

9. 体質＿＿＿＿＿＿＿＿＿＿＿＿　　　10. 深刻＿＿＿＿＿＿＿＿＿＿＿＿＿

练习2　请听录音，写汉字。🎧

1. （　　　　）を書く　　　　　　2. お弁当を（　　　　）める

3. 鬼のような（　　　　）　　　　4. （　　　　）がかかる

5. （　　　　）がする　　　　　　6. （　　　　）いにもなんとか受かった

7. 働きやすい（　　　　）　　　　8. （　　　　）に教える

9. （　　　　）がひどい　　　　　10. 美しい（　　　　）

练习3

1. 预习表示传闻的"そうだ"，并对照表示样态的"そうだ"，观察二者接续的不同，
   完成以下表格。

词例	传闻	样态
行く	＿＿＿そうだ	＿＿＿そうだ
面白い	＿＿＿そうだ	＿＿＿そうだ

词例	传闻	样态
いい	＿＿＿＿そうだ	＿＿＿＿そうだ
静かだ	＿＿＿＿そうだ	＿＿＿＿そうだ
雪	＿＿＿＿そうだ	＿＿＿＿

2. 预习"ようだ"与"みたいだ"，完成以下填空。

"ようだ"与"みたいだ"都能表示＿＿＿＿＿＿，但"ようだ"与"みたいだ"在接续上有所不同，具体差异表现在前接＿＿＿＿词与＿词的情况下。

词例	ようだ	みたいだ
静かだ	＿＿＿＿ようだ	＿＿＿＿みたいだ
学生	＿＿＿＿ようだ	＿＿＿＿みたいだ

课后总结

练习1. 对照本课的语法要点，填写下表。

语法要点	造句	语法细节
～ようだ。（推测）		
～みたいだ。（推测）		
～そうだ。（传闻）		
～らしい。（推测）		
～と聞いている。		
～と言われている。		
～見える。		
～だろう。（推测）		
Ｖやすい／にくい。		

练习2. 使用本课知识要点，尝试达成以下的交际目标。

　　1. 能够使用日语交流兼职的工作内容。

　　　_____

　　　_____

　　　_____

　　2. 室友铃木问你另一个室友田中何时回来，你将田中告知的话转述给他。

　　　_____

　　　_____

　　　_____

自我检测

言語知識（文字・語彙）

問題一、次の下線の単語を平仮名で書きなさい。

　　1. 大きな成果を挙げてきたそうです。（　　　　）
　　2. 20人以上の学生がいます。（　　　　）
　　3. 運動しないで簡単に痩せる方法はありますか。（　　　　）
　　4. 台風で看板が倒れました。（　　　　）
　　5. 水不足で植物がたくさん枯れました。（　　　　）
　　6. 田中先生と共同研究をしています。（　　　　）
　　7. 中国は責任ある大国です。（　　　　）
　　8. 日本は火山大国です。（　　　　）
　　9. 子供に自立してほしいです。（　　　　）
　　10. 明日は晴れるでしょう。（　　　　）

問題二、次の下線の単語を漢字で書きなさい。

　　1. えんそくは雨で中止になりました。（　　　　）
　　2. 先週買ったトマトがくさりました。（　　　　）
　　3. ふけるのが早い人と遅い人がいるだろう。（　　　　）
　　4. ハトは平和のしょうちょうだと言われています。（　　　　）

5. あの人は<u>はいゆう</u>みたいです。（　　　）

6. ロシアの<u>りこんりつ</u>が一番高いそうです。（　　　）

7. このソフトウェアはパソコンの<u>ほんたい</u>より高いです。（　　　）

8. <u>せいふ</u>は平和な社会を建設しています。（　　　）

9. <u>はつゆき</u>を楽しみにしています。（　　　）

10. <u>ごくろう</u>様でした。（　　　）

問題三、＿＿＿＿に何が入りますか。Ａ・Ｂ・Ｃ・Ｄから一番適切なものを一つ選びなさい。

1. 彼を知らない人は＿＿＿＿いないでしょう。
　　Ａ いくらも　　　Ｂ みんな　　　　Ｃ おそらく　　　Ｄ やっと

2. 学生時代は＿＿＿＿勉強しませんでした。
　　Ａ 真面目らしく　Ｂ 真面目な　　　Ｃ 真面目して　　Ｄ 真面目に

3. ＿＿＿＿周りの人から大変なご協力をいただきました。
　　Ａ 幸いな　　　　Ｂ 幸いに　　　　Ｃ 幸せな　　　　Ｄ 幸せに

4. 娘の入学式に＿＿＿＿間に合いました。
　　Ａ なんでも　　　Ｂ なんやら　　　Ｃ なんとか　　　Ｄ なんにも

5. ＿＿＿＿働く先輩方がすごくかっこいいです。
　　Ａ はらはら　　　Ｂ てきぱきと　　Ｃ だんだん　　　Ｄ すらすらと

6. 自然食品だから安全だと言われていますが、＿＿＿＿そうではない。
　　Ａ 必ずしも　　　Ｂ 今にも　　　　Ｃ 必ず　　　　　Ｄ 少しも

7. 子供たちは＿＿＿＿と笑いながら歌を歌っていて、本当に楽しそうです。
　　Ａ いよいよ　　　Ｂ にこにこ　　　Ｃ そろそろ　　　Ｄ たまたま

8. 毎日家事で大変でしたが、新しい洗濯機を買ってから、ずいぶん＿＿＿＿なりました。
　　Ａ 楽に　　　　　Ｂ 楽しく　　　　Ｃ 楽しんで　　　Ｄ 楽と

9. ごみ問題は＿＿＿＿なっています。
　　Ａ 十分に　　　　Ｂ 特別に　　　　Ｃ 真面目に　　　Ｄ 深刻に

10. 先生は授業の内容を＿＿＿＿説明してくださいました。
　　Ａ 大切に　　　　Ｂ 確かに　　　　Ｃ 丁寧に　　　　Ｄ 見事に

問題四、＿＿＿＿の文とだいたい同じ意味の文があります。Ａ・Ｂ・Ｃ・Ｄから一番適切なものを一つ選びなさい。

1. <u>彼はとても気さくな人です。</u>
　　Ａ 彼は元気な人です。
　　Ｂ 彼は気が弱いです。
　　Ｃ 彼は気がつく人です。
　　Ｄ 彼は話しやすい人です。

114

2. <u>森田さんはいつもにこにこしています。</u>
    A　森田さんはいつも笑っています。
    B　森田さんはいつも冷静です。
    C　森田さんはいつもにやにやしています。
    D　森田さんは考えが甘い人です。

3. <u>来週、用事で自宅を留守にする予定です。</u>
    A　来週、用事で自宅にいません。
    B　来週、用事で自宅にいます。
    C　来週、用事で自宅に帰ります。
    D　来週、用事で自宅を頼みます。

4. <u>この大学に入るまでに大変苦労しました。</u>
    A　この大学に入るまでは大変な努力をしました。
    B　この大学に入るまでは大変な苦しかったです。
    C　この大学に入るまでは大変お世話になりました。
    D　この大学に入るまでは大変失礼なことをしました。

5. <u>お金持ちは必ずしも幸せだとは言えません。</u>
    A　お金持ちは絶対幸せです。
    B　お金持ちは絶対幸せではありません。
    C　お金持ちでも幸せでない人もいます。
    D　お金持ちは幸せでしょう。

問題五、次の言葉の使い方で一番適切なものを A・B・C・D から一つ選びなさい。

1. おそらく
    A　今日は<u>おそらく</u>会えないでしょう。
    B　<u>おそらく</u>やってみてください。
    C　あの先生は<u>おそらく</u>学者らしいです。
    D　朝から忙しくて、今日は<u>おそらく</u>疲れました。

2. 幸い
    A　家族と<u>幸い</u>に暮らしています。
    B　<u>幸い</u>なことに、電車に間に合いました。
    C　今日はとても<u>幸</u>かった。
    D　<u>幸い</u>と大きな事故が起きませんでした。

3. なんとか
    A　<u>なんとか</u>いいから、やり続けてください。
    B　難しかったですが、<u>なんとか</u>頑張ってきました。
    C　彼は<u>なんとか</u>分かっていません。

D　<u>なんとか</u>言いたいことはないですか。

4.　丁寧

A　田中さんは<u>丁寧</u>らしい人です。

B　<u>丁寧</u>の言い方で教えてくれました。

C　あの人はとても優しくて、<u>丁寧</u>しやすいです。

D　店員は<u>丁寧</u>に説明してくれました。

5.　深刻

A　彼女は<u>深刻</u>な考え方をもっています。

B　意味を<u>深刻</u>と分かりました。

C　環境問題はより<u>深刻</u>になりました。

D　校長先生の<u>深刻的</u>な話を覚えました。

言語知識（文法）

問題六、（　　）に適切な仮名を入れなさい。

1.　鍵（　　）かかっていますから、誰もいないようです。

2.　コンビニの仕事（　　）覚えやすい。

3.　田中先生の話（　　）よると、来学期、新しい先生が来るそうです。

4.　全部（　　）いくらですか。

5.　留学生活（　　）慣れてきました。

6.　身だしなみ（　　）気（　　）つけてください。

7.　嫌な匂い（　　）します。なんか腐ったようです。

8.　隣の部屋からピアノの音（　　）する。

問題七、例のように適当な形を使って、次の文を完成させなさい。

例▶ 誰かいます。～ようです。

A：電気がついていますね。

B：部屋の中に<u>誰かいるようです</u>。

1.　体にいいです。みたいです。

A：私は豆乳があまり好きじゃないです。

B：でも、豆乳は＿＿＿＿＿ですよ。

2.　列に並ぶのが好きです。～ようです。

A：日本に旅行しに行った時、お店の前にいつも人がいっぱい並んでいました。

B：日本人はおいしい食べ物のために、＿＿＿＿＿ですね。

3.　はきます。～やすいです。～みたいです。

116

A：おばあちゃんはいつも同じ靴をはいていますね。

B：あの靴は＿＿＿＿＿＿＿です。

4. 全然ダメです。～そうです。

A：あの店はおいしいですか。

B：あの店の料理は＿＿＿＿＿＿＿＿＿ですよ。

5. 英語の成績が大事です。～らしいです。

A：あの大学、合格するのにけっこう難しいようですね。

B：先輩から聞きました。＿＿＿＿＿＿＿＿＿＿＿＿＿＿です。

6. 元気がないです。～ようです。

A：王さん、今日＿＿＿＿＿＿＿ですね。なにかあったんですか。

B：いいえ、ただ寝不足なだけです。

7. 静かです。～だろう。

平日はみんな仕事に行っているから、この辺りはもっと＿＿＿＿＿＿＿。

8. 帰れません。～だろう。

A：今日もやることが多いね。

B：そうね。今日も早く＿＿＿＿＿＿＿ね。

問題八、下線部と同じ意味、用法のものを選びなさい。

例 張さんは漫画ばかり読んでいます。

A　今、家に着いたばかりです。

B　ご飯を食べたばかりで、おなかがいっぱいです。

C　お菓子ばかり食べてはいけません。

D　先週買ったばかりのスマホはもう壊れています。

1. ニュースによると、最近、大通りで事故が多いそうです。

A　スマホを見すぎて、目が悪くなりそうです。

B　王さんは今日も学校を休んだそうです。

C　シャツのボタンがとれそうです。

D　このジュースは体によさそうです。

2. どうやら失敗したようです。

A　北海道のような雪がきれいな所に行きたいです。

B　つらい時は、チョコレートのような甘いものを食べたくなります。

C　この商品は飛ぶように売れています。

D　山田さん今週残業多くて疲れているようです。

3. 部長の話によると、あの二人は来月婚するらしいです。

A　昨日近くで火事があったらしいです。

B　男らしい人がタイプです。

C　今日は夏<u>らしい</u>日です。

D　自分<u>らしく</u>生きるのは難しいです。

問題九、正しいものを選びなさい。

1. 〈赤色のスープを見て〉このスープ（a. 辛ようです　b. 辛そうです　c. 辛らしいです）。

2. 変な匂いがしますね。何か（a. 燃えているようです　b. 燃えているそうです　c. 燃えているらしいです）。

3. 〈田中さんの髪を見て〉田中さんは髪が（a. 長そうです　b. 長いです　c. 長いようです）。

4. ニュースによると、昨日の夜東京で地震が（a. ありそうです　b. あるようです　c. あったらしいです）。

問題十、_____に何が入りますか。A・B・C・Dから一番適切なものを一つ選びなさい。

1. 黒板から遠いので、英語の"q"が数字の"9"_____。

　　A　と見えます　　　B　らしいです　　　　C　だろう　　　　　D　に見えます

2. ノックをしましたが、返事がなかったです。留守の_____。

　　A　ようです　　　B　そうです　　　　C　らしいです　　　D　みたいです

3. 寒気がする。風邪_____。

　　A　のそうです　　B　らしいです　　　C　みたいです　　　D　だそうです

4. （服を着てみて）この服はちょっと大きい_____。

　　A　そうです　　　B　ようです　　　　C　という　　　　　D　に見えます

5. 昨夜、田舎にいるおばあちゃんとビデオ電話をしました。元気_____ので、安心しました。

　　A　ようだった　　B　そうだった　　　C　と言われている　D　だろう

6. 夏は気温が高いので、食べ物が腐り_____です。

　　A　にくい　　　　B　はやい　　　　　C　やすい　　　　　D　いい

7. この本は漢字が多くて読み_____です。

　　A　にくい　　　　B　難しい　　　　　C　よい　　　　　　D　やすい

8. この薬は副作用があるから、必ずしも安心して使える薬_____です。

　　A　ではなかろう　　　　　　　　　B　ではないようです

　　C　ようではないです　　　　　　　D　そうではないです

9. 日本は火山が多いので、火山大国だと_____。

　　A　言っている　　B　聞かれている　　C　言われている　D　見える

10. ニュースで見ましたが、高速道路で大きな事故が_____。

A 起きたらしいです 　　　　　　　 B 起きそうです

C 起きるそうです 　　　　　　　 D 起きるだろう

11. ネットの情報によると、あの会社は大きいですが、仕事が大変_____。

A だろう 　　　　 B ようです 　　　　 C らしいです 　　　 D に見えます

12. 先生は明日レポートを出してくださいと_____。

A 聞いています 　 B 言われています 　 C 言っています 　 D 言おう

13. この雨はたぶん1時間でやむ_____。

A だろう 　　　　 B と言っています 　 C と聞いています 　 D に見えます

14. 外国人の友達の話によると、ヨーロッパでは二つ以上の外国語ができる人は___。

A 多そうです 　　 B 多いそうです 　　 C 多いだろう 　　 D 多いと言っています

15. 高いビルから下を見る時、人は_____見えます。

A 小さい 　　　　 B 小さく 　　　　 C 小さに 　　　　 D 小さ

**問題十一、___★___ に入るものはどれですか。A・B・C・Dから一番適切なものを一つ
　　　　選びなさい。**

1. 松崎町は世界で一番_____ _____ ___★___ _____です。

A 富士山が 　　　 B 町 　　　　　　 C きれいに 　　　 D 見える

2. 皆さん、_____ _____ ___★___ _____、今日の会はこれで終わりにしたいと思い
ます。

A のようです 　　 B ので 　　　　　 C もう 　　　　　 D 時間

3. 昔、ここは_____ _____ ___★___ _____。

A そうです 　　　　　　　　　　 B 何もなかったので

C 不便だった 　　　　　　　　　 D とても

4. さっき電話で聞きましたが、_____ _____ ___★___ _____。

A 分からない 　　 B 何時に 　　　　 C 来られるかが 　 D そうです

5. 自信をもってみんなの前で話す_____ _____ ___★___ _____。

A とても 　　　　 B 見えます 　　　 C 輝いて 　　　　 D 姿は

**問題十二、次の文を読んで質問に答えなさい。答えはA・B・C・Dから一番適切なも
　　　　のを一つ選びなさい。**

家族で旅行を計画しています。祖父は自然が豊かで歩きやすい所に行きたいそうです。母は人
が多い観光地は嫌なので、静かな所でゆっくりしたいそうです。家事の疲れから解放されるのが
旅行の一番いい点だと言っています。私と妹は水泳が好きですから、泳げる所を希望していま
す。父は普段、仕事で忙しいので、今回の旅行は家族と一緒にいる時間を楽しみたいと言ってい
ます。家から3時間ぐらいの海の近くでみんなが満足できるホテルを探したいです。

1. 母はどんな所に行きたいと言っていますか。
    A　いろいろな観光地に行きたいと言っています。
    B　静かな所でゆっくりしたいと言っています。
    C　家事ができる所に行きたいと言っています。
    D　仕事の疲れから解放される所に行きたいと言っています。

2. 父は今回の旅行で一番期待しているのは何ですか。
    A　仕事が休むことができること
    B　自然豊かな所を散歩すること
    C　家から3時間ぐらいの所でゆっくりすること
    D　家族と一緒にいること

3. みんなが満足できそうなホテルはどれですか。
    A　山がたくさんあって、プールがある所
    B　植物がたくさんあって、デパートに近い所
    C　静かで、ビーチまで歩ける所
    D　静かで、山の上に部屋がある所

問題十三、次の文を読んで質問に答えなさい。答えはA・B・C・Dから一番適切なものを一つ選びなさい。

　日本のアニメは世界中で人気があります。しかし、アニメを作る仕事をする人の17％が心の病気になっている可能性が　①　そうです。

　日本アニメ・演出協会は、アニメの仕事をしている429人に調査をしました。その結果　②　、17％の人がうつ病[注1]などの心の病気になったか、なっていた可能性があるそうです。

　協会の人は、アニメの仕事は締め切りが近い時、働く時間が長くなるので、それが心の病気になった人が多いことの原因かもしれないと言っています。

注1：うつ病／抑郁症

1. 　①　のところに何が入りますか。
    A　あり　　　　　B　ある　　　　　C　あって　　　　D　あい

2. 　②　のところに何が入りますか。
    A　と言われて　　B　によると　　　C　を考えて　　　D　を見て

3. 筆者が一番言いたいことは何ですか。
    A　日本のアニメは世界中で人気があります。
    B　日本アニメ・演出協会で働く人はうつ病になった人が多いです。
    C　日本アニメ・演出協会は調査を行いました。
    D　アニメの仕事をする人が心の病気になる原因は、働く時間が長いからかもしれません。

問題十四、声を出して読みなさい。

　コンビニのアルバイトは忙しそうだとよく言われます。確かに、コンビニのアルバイトは、レジの使い方など覚える仕事が多く、始めは大変かもしれません。

　しかし、日本語を使うチャンスがたくさんあって、日本語の練習にもなります。

　「いらっしゃいませ」「ありがとうございました」などのあいさつはもちろん、お客様からの質問にすぐに答えられるようにする必要があります。仕事の内容が多いので、忘れないように、メモを取ることをお勧めします。

翻訳

問題十五、次の文章を中国語に訳しなさい。

　昨日、中国人の友達の家に遊びに行きました。彼女の家では夫が家事をしていました。私の家で父はあまり家事をしないのです。今の日本は夫と妻が両方働いている家庭が多くなったので、家事を夫婦で分担することも多くなりました。しかし、まだ家事は女性の仕事だと思っている人が多くいるようです。中国も日本と同じかなと思いましたが、なかり違うようです。

1. 中国語訳を書きなさい。

　　_____

　　_____

　　_____

2. 日本語の原文だけを見て、声を出して中国語に訳しなさい。（中国語訳を見ないでください。）

問題十六、次の文章を日本語に訳しなさい。

　小王现在正在日本留学，听说他放学后在便利店打工。他说虽然在便利店打工很累，但是却能更好地了解日本人的生活习惯。比如，日本人吃饭团[注1]时不需要加热。还有，日本人在喝味噌汤[注2]的时候不用勺子[注3]而是筷子。他现在已经适应了便利店的工作，并且觉得便利店的工作很有意思。

注1：饭团／おにぎり

注2：味噌汤／みそしる

注3：勺子／スプーン

1. 日本語訳を書きなさい。

　　_____

　　_____

　　_____

2. 中国語の原文だけを見て、声を出して日本語に訳しなさい。（日本語訳を見ないでください。）

問題十七、『アルバイト』という題で、作文を書きなさい。

1. 「です・ます体」を使って、書きなさい。
2. 200字以上400字以内で書きなさい。
3. 適切に漢字を使って書きなさい。
4. 句読点、段落などに注意しながら、書きなさい。
5. 字をきれいに書きなさい。

自我评价表

A完成得很好　B完成得一般　C完成得不理想

	练习	练习内容	练习目的	自我评价
课前预习	练习1	汉字标注假名	掌握日语汉字读音	A · B · C
	练习2	假名标注汉字	掌握日语汉字书写	A · B · C
	练习3	传闻及推测的表达方式	了解表示传闻及推测的接续方式	A · B · C
课后总结	练习1	语法要点总结	巩固本课所学的语法知识	A · B · C
	练习2	使用知识要点达成交际目标	提高知识要点的实际应用能力	A · B · C
自我检测	问题一	汉字标注假名	掌握日语汉字读音	A · B · C
	问题二	假名标注汉字	掌握日语汉字书写	A · B · C
	问题三	词汇选择	掌握词汇的含义及用法	A · B · C
	问题四	同义句选择	掌握近义词汇及表达	A · B · C
	问题五	词汇用法选择	掌握词汇的含义及用法	A · B · C
	问题六	助词填空	掌握助词的用法	A · B · C
	问题七	完成句子	掌握句型的接续及用法	A · B · C
	问题八	相同用法的句子选择	掌握同一句型的不同用法	A · B · C
	问题九	句子语法1（选择语法项目）	提高语法知识的综合应用能力	A · B · C
	问题十			
	问题十一	句子语法2（组合句子）		A · B · C
	问题十二	阅读理解	提高分析、理解日语文章的能力	A · B · C
	问题十三			A · B · C
	问题十四	日语短文朗读	掌握规范的语音、语调，培养语感	A · B · C
	问题十五	日译汉	巩固所学语法、词汇，提高综合应用能力	A · B · C
	问题十六	汉译日		
	问题十七	作文		

第10課

旅行

请观看第10课的视频，预习本课单词、句型等相关知识后，在课前完成下列练习。

练习1 请给下列单词标注读音。

1. 通り_____
2. 掛ける_____
3. 小旅行_____
4. 思想_____
5. 忘れっぽい_____
6. 不安_____
7. 勧める_____
8. 海鮮料理_____
9. 欠席_____
10. 課長_____
11. 感動_____
12. 免税_____
13. 賞品_____

练习2 请听录音，写汉字。🎧

1. 行き先を（　　　　）する
2. （　　　　）かな雰囲気
3. 薬を（　　　　）する
4. （　　　　）がつく
5. （　　　　）の海鮮料理
6. （　　　　）をとる
7. 台風が（　　　　）づく
8. （　　　　）が下がる
9. （　　　　）がさす
10. （　　　　）の牛乳
11. （　　　　）が書いてある（　　　　）
12. （　　　　）への（　　　　）

练习3 请结合括号内提示，写出相应的外来语完成句子，并写出相应的英语单词。

1. 文化_____（中心）は市民図書館の隣です。　　　　英语：_____

2. 暑いですね。_____（冷气）をつけましょうか。　　　　英语：_____

3. この都市では毎年_____（流行，时尚；时装）祭りがあります。

　　　　英语：_____

4. 海外旅行に行く時、＿＿＿＿＿＿＿＿(护照)を忘れてはいけません。

英语：＿＿＿＿＿＿＿＿＿

5. 最近、太ったので、＿＿＿＿＿＿＿＿(节食，减肥)を始めようと思います。

英语：＿＿＿＿＿＿＿＿＿

练习4　预习"ば形"的相关知识，写出所给词的"ば形"。

词性	基本形	ば形
动词	酔う	
	近づく	
	急ぐ	
	出す	
	待つ	
	死ぬ	
	呼ぶ	
	読む	
	守る	
	掛ける	
	勧める	
	忘れる	
	する	
	欠席する	
	来る	
イ形容词	大きい	
	やさしい	
	いい	
ナ形容词	不安	
	嫌い	
	豊か	
名词	課長	
	一年生	
	大人	

课后总结

练习1　对照本课的语法要点，填写下表。

语法要点	造句	语法细节
〜なら、〜。		
〜ば、〜。（条件）		
〜ばいい。		
〜ばいいか。		
〜ずに、〜。		
そういえば		
〜っぽい。		

练习2　使用本课知识要点，尝试达成以下的交际目标。

1. 能够使用日语交流旅行计划。

2. 能够使用日语谈论中国的名胜古迹。

3. 能够使用日语写一篇游记。

自我检测

言語知識（文字・語彙）

問題一、次の下線の単語を平仮名で書きなさい。

1. 睡眠は健康に大切です。（　　　　）
2. ハイキングの時、みんな手作りのお弁当を持参した。（　　　　）
3. このレストランで本場の中国料理を食べました。（　　　　）
4. 計画の変更をみんなに知らせてください。（　　　　）
5. 今日は気圧が低いです。（　　　　）
6. この碑文の漢字が読めますか。（　　　　）
7. 湖面に葉の影が映っている。（　　　　）
8. 今度の経験で少し夢に近づくことができた。（　　　　）
9. 若い頃、見落としていたことに今になってやっと気がついた。（　　　　）
10. 新発売の携帯は話題になっている。（　　　　）
11. ここで厳かな雰囲気を感じます。（　　　　）
12. この村の皆さんは彼の功績を知っている。（　　　　）
13. 今回の台風は農業に非常に悪い影響を与えました。（　　　　）

問題二、次の下線の単語を漢字で書きなさい。

1. 用事があるので、今回の同窓会にけっせきします。（　　　　）
2. 学校の近くににぎやかなとおりがあります。（　　　　）
3. 彼は本当にわすれっぽい人だ。（　　　　）
4. 大連のかいせんりょうりはとてもおいしいです。（　　　　）
5. 鍵をかけないで出かけてしまいました。（　　　　）
6. 今月、日帰りのしょうりょこうを何回もしました。（　　　　）
7. 孔子のしそうは世界で有名だ。（　　　　）
8. 学生にもっと運動するようにすすめました。（　　　　）
9. うちのかちょうはとても優しい人だ。（　　　　）
10. そのことでふあんを感じました。（　　　　）
11. 空港のめんぜい店で化粧品をたくさん買った。（　　　　）
12. この映画を見て、とてもかんどうした。（　　　　）
13. そのしょうひんをぜひ手に入れたいです。（　　　　）

問題三、＿＿＿＿に何が入りますか。Ａ・Ｂ・Ｃ・Ｄから一番適切なものを一つ選びなさい。

1. キャンパスの近くにショッピング＿＿＿＿があります。
   A　セラー　　　　　B　リーダー　　　　C　セーター　　　　D　センター
2. 最近、若者の＿＿＿＿はだんだん変わってきた。
   A　パートナー　　　B　ファックス　　　C　ファッション　　D　パンフレット
3. 海外旅行に行く前に、＿＿＿＿を申請しました。
   A　スポット　　　　B　パスポート　　　C　ポスター　　　　D　スポーツ
4. この新型の＿＿＿＿は短時間で部屋を涼しくします。
   A　コンクール　　　B　プール　　　　　C　クーラー　　　　D　マフラー
5. 彼は＿＿＿＿して、３キロ痩せました。
   A　ウエスト　　　　B　インターネット　C　ダイヤモンド　　D　ダイエット

問題四、＿＿＿＿に何が入りますか。Ａ・Ｂ・Ｃ・Ｄから一番適切なものを一つ選びなさい。

1. 王：李さんは毎日（　　）学校へ行きますか。
   李：歩いて行きます。
   A　どこで　　　　　B　どんな　　　　　C　どうやって　　　D　どうして
2. 「来週はゴールデンウイークだね。」
   「（　　）、そろそろお父さんの誕生日だね。」
   A　これで　　　　　B　それで　　　　　C　こういえば　　　D　そういえば
3. 出かける時、部屋の鍵を（　　）のを忘れないでください。
   A　つく　　　　　　B　つける　　　　　C　かかる　　　　　D　かける
4. 翌日になって、やっと自分が間違っていることに（　　）がつきました。
   A　心　　　　　　　B　目　　　　　　　C　気　　　　　　　D　耳
5. あの人はノックもしないで、（　　）ドアを開けて入ってきた。
   A　かなり　　　　　B　いきなり　　　　C　あまり　　　　　D　やはり
6. 窓を開けた。（　　）、虫が入ってきた。
   A　では　　　　　　B　でも　　　　　　C　そこで　　　　　D　すると
7. 急いでいないから、（　　）歩いていきましょう。
   A　はっきり　　　　B　ゆっくり　　　　C　すっかり　　　　D　しっかり
8. 帰国の日が（　　）近づいている。
   A　ときどき　　　　B　いよいよ　　　　C　なかなか　　　　D　いろいろ
9. 努力の（　　）があって、彼の研究は成功しました。
   A　あい　　　　　　B　かい　　　　　　C　さい　　　　　　D　はい
10. 「今日は李さんの誕生日ですよ。」
    「（　　）、誕生日パーティーをしましょう。」
    A　それに　　　　　B　それじゃ　　　　C　それから　　　　D　それでも

問題五、＿＿＿＿の文とだいたい同じ意味の文があります。A・B・C・Dから一番適切
　　　　なものを一つ選びなさい。

1. そんなささいなことで二人の信頼関係を壊したくない。
　　A　そんなにたくさんのことで二人の信頼関係を壊したくない。
　　B　そんなにいくつかのことで二人の信頼関係を壊したくない。
　　C　そんな小さなことで二人の信頼関係を壊したくない。
　　D　そんな少ないことで二人の信頼関係を壊したくない。

2. 久しぶりにゆったりと家で過ごした。
　　A　久しぶりにしっかりと家で過ごした。
　　B　久しぶりにやっぱりと家で過ごした。
　　C　久しぶりにゆっくりと家で過ごした。
　　D　久しぶりにはっきりと家で過ごした。

3. 練習したかいがあって、スピーチ大会で優勝しました。
　　A　練習したので、スピーチ大会で優勝しました。
　　B　練習するので、スピーチ大会で優勝しました。
　　C　練習帳を買ったので、スピーチ大会で優勝しました。
　　D　練習した価値があって、スピーチ大会で優勝しました。

4. 試験の時、身分証明書を持参してください。
　　A　試験の時、身分証明書を作ってください。
　　B　試験の時、身分証明書を持ってきてください。
　　C　試験の時、身分証明書を出してください。
　　D　試験の時、身分証明書を見せてください。

5. 店員さんは新製品を勧めてくれました。
　　A　店員さんは新製品を買ってくれました。
　　B　店員さんは新製品を探してくれました。
　　C　店員さんは新製品を使ってくれました。
　　D　店員さんは新製品を説明してくれました。

問題六、次の言葉の使い方で一番適切なものを A・B・C・D から一つ選びなさい。

1. 厳か
　　A　鈴木先生はとても厳かな人です。
　　B　この会社のルールはとても厳かです。
　　C　あの人は普段あまり笑わなくて、厳かです。
　　D　お寺に入ると、厳かな雰囲気を感じました。

2. 忘れっぽい
　　A　携帯をよく家に忘れっぽい。

B　年を取れば、<u>忘れっぽく</u>なる。

C　その悲しいことを早く<u>忘れっぽい</u>。

D　この単語は難しくて、すぐ<u>忘れっぽかった</u>。

3.　すると

A　風邪を引いた。<u>すると</u>、学校を休みました。

B　ドアを開けました。<u>すると</u>、かわいい猫が入ってきた。

C　パソコンが壊れました。<u>すると</u>、修理屋に持っていきました。

D　朝寝坊をしました。<u>すると</u>、タクシーで会社に行くことにしました。

4.　不安

A　地震で建物が<u>不安</u>している。

B　最近の物価はとても<u>不安</u>だ。

C　お金がなくて、<u>不安</u>した毎日を送っている。

D　友達が入院したと聞いて、とても<u>不安</u>な気持ちになった。

5.　近づく

A　家から学校までとても<u>近づく</u>。

B　<u>近づく</u>スーパーはとても安い。

C　今学期は終わりに<u>近づいている</u>。

D　二人の関係はとても<u>近づいている</u>。

言語知識（文法）

問題七、（　　）に適切な仮名を入れなさい。

1.　大阪（　　）（　　）東京（　　）（　　）新幹線（　　）行きます。

2.　明日、来る（　　）どう（　　）教えてください。

3.　では、みんな（　　）歌を歌いましょう。

4.　昨日、高校時代の先生（　　）メールをしました。

5.　この道（　　）まっすぐ行って、次の角で左（　　）曲がってください。

6.　今回のテストは簡単だから、誰（　　）（　　）合格できるでしょう。

7.　彼女（　　）（　　）約束を必ず守ります。

8.　授業（　　）発表した内容をレポートにまとめてください。

9.　携帯はきっとかばんのどこ（　　）（　　）あります。

10.　引っ越しの時、友達（　　）田中さん（　　）手伝ってもらいました。

11.　高速鉄道は1時間で300キロ（　　）走ります。

12.　日本人はご飯を食べる前に、「いただきます」（　　）言います。

問題八、（　　）の単語を「～ば」の形にして、＿＿＿＿に書きなさい。

1. ＿＿＿＿＿、クーラーをつけてください。（暑い）
2. 3に6を＿＿＿＿＿、9になる。（足す）
3. このかばんが＿＿＿＿＿、買います。（丈夫だ）
4. 台風が＿＿＿＿＿、明日の運動会は中止になります。（来る）
5. 週末に都合が＿＿＿＿＿、ぜひ遊びに来てください。（いい）
6. 橋が＿＿＿＿＿、市内まで30分で行けます。（できる）
7. このイベントに参加するには、どう＿＿＿＿＿いいでしょうか。（する）
8. いい＿＿＿＿＿、ここから海が見えます。（天気）

問題九、「～なら」を使って、文を完成させなさい。

1. A：この近くにおいしい日本料理店がありませんか。
   B：＿＿＿＿＿＿＿＿＿＿＿＿＿＿＿＿＿、「桜」がいいですよ。
2. A：この冬休み、旅行に行きたいんですが……
   B：＿＿＿＿＿＿＿＿＿＿＿＿＿＿＿＿＿、ハルビンがお勧めですよ。
3. A：車の雑誌を紹介してください。
   B：＿＿＿＿＿＿＿＿＿＿＿＿＿＿＿＿＿、『Cars』がいいですよ。
4. A：ちょっとコンビニに行ってくる。
   B：＿＿＿＿＿＿＿＿＿＿＿＿＿＿＿＿＿、パンを買ってきてくれる？
5. A：山田さん、いませんか。
   B：＿＿＿＿＿＿＿＿＿＿＿＿＿＿＿＿＿、食堂へ行きましたよ。
6. A：熱があるみたいだ。
   B：＿＿＿＿＿＿＿＿＿＿＿＿＿＿＿＿＿、早く帰って寝たほうがいいですよ。

問題十、＿＿＿＿＿に何が入りますか。A・B・C・Dから一番適切なものを一つ選びなさい。

1. 今度の日曜日、暇＿＿＿＿＿遊園地に行きませんか。
   A　とき　　　　　　B　には　　　　　　C　なら　　　　　　D　から
2. 鍵を＿＿＿＿＿出かけるのは危ないですよ。
   A　かけずで　　　　B　かけずに　　　　C　かけなしで　　　D　かけなくて
3. 「そろそろ夏休みだね。どこかへ旅行に行きたいな。」
   「夏休みに旅行に＿＿＿＿＿北海道がいいですよ。」
   A　行けば　　　　　B　行って　　　　　C　行くなら　　　　D　行くので
4. 毎日＿＿＿＿＿上手になります。
   A　練習するなら　　B　練習すれば　　　C　練習しても　　　D　練習しない
5. もう30歳なのに、話すことが＿＿＿＿＿。

　　　　A　大人らしい　　　　B　大人っぽい　　　　C　子供らしい　　　　D　子供っぽい

6. 餃子を作りたいんですが、どう＿＿＿＿いいですか。

　　　　A　するのは　　　　　B　しても　　　　　　C　するなら　　　　　D　すれば

7. この機械は操作が簡単で、＿＿＿＿やすいです。

　　　　A　使わ　　　　　　　B　使い　　　　　　　C　使う　　　　　　　D　使おう

8. このスマホの機能が＿＿＿＿、高くても買います。

　　　　A　よいだけ　　　　　B　よいまで　　　　　C　よくても　　　　　D　よければ

9. 雨が＿＿＿＿、明日の試合は中止でしょう。

　　　　A　降るなら　　　　　B　降れば　　　　　　C　降りながら　　　　D　降るばかり

10. 質問がある時は、遠慮＿＿＿＿ずに聞いてください。

　　　　A　する　　　　　　　B　すれ　　　　　　　C　し　　　　　　　　D　せ

11. ペット病院＿＿＿＿やはり「ペット屋」がいいですよ。

　　　　A　だけ　　　　　　　B　まで　　　　　　　C　なら　　　　　　　D　たら

12. どうしてか分からないが、最近は＿＿＿＿っぽくなった。

　　　　A　忘れる　　　　　　B　忘れない　　　　　C　忘れよう　　　　　D　忘れ

13. 年を＿＿＿＿目が悪くなります。

　　　　A　とるので　　　　　B　とるのに　　　　　C　とれば　　　　　　D　とるなら

14. 平仮名＿＿＿＿読めますが、カタカナは、ほとんど読めません。

　　　　A　でも　　　　　　　B　では　　　　　　　C　なら　　　　　　　D　から

15. 「切符を買いたいんですが、どこにお金を＿＿＿＿いいんですか。」

　　　「ここにお金を入れて、赤いボタンを＿＿＿＿切符が出ます。」

　　　　A　入れば／押せば　　　　　　　　　　　B　入れれば／押せば

　　　　C　入れば／押すなら　　　　　　　　　　D　入れれば／押すなら

問題十一、＿＿★＿＿に入るものはどれですか。Ａ・Ｂ・Ｃ・Ｄから一番適切なものを一つ
　　　　　選びなさい。

1. ＿＿＿＿　＿＿＿＿　＿★＿　＿＿＿＿、飲み会に参加できます。

　　　　A　早く　　　　　　　B　仕事　　　　　　　C　終われば　　　　　D　が

2. ＿＿＿＿　＿＿＿＿　＿★＿　＿＿＿＿、日本人とよく交流してください。

　　　　A　上手に　　　　　　B　なら　　　　　　　C　日本語が　　　　　D　なりたい

3. あの＿＿＿＿　＿＿＿＿　＿★＿　＿＿＿＿人は小林さんです。

　　　　A　っぽい　　　　　　B　着ている　　　　　C　黒　　　　　　　　D　コートを

4. 山田さんは普段、砂糖を＿＿＿＿　＿＿＿＿　＿★＿　＿＿＿＿。

　　　　A　ずに　　　　　　　B　飲みます　　　　　C　入れ　　　　　　　D　コーヒーを

5. デートなら、＿＿＿＿　＿＿＿＿　＿★＿　＿＿＿＿いいじゃないかな。

　　　　A　でも　　　　　　　B　行けば　　　　　　C　映画　　　　　　　D　に

読解

問題十二、次の文章を読んで質問に答えなさい。答えはA・B・C・Dから一番適切なものを一つ選びなさい。

　今、世界中の人々が一つの共通の言語を話せば、とても便利ですべてのことがやりやすくなると思う人がいるようです。それは一理あるかもしれませんが、私は①それには賛成できません。なぜなら、それぞれの言葉の背景には、その民族の精神が潜んでいると思っているからです。

　この前、外国人の友達数人と一緒にお花見に行きました。みんなで桜を眺めた時、その友人たちが「日本の桜はすごくきれいだね。でも、あんなにすぐに散ってしまうなんて、ちょっとつまらないなあ」と話していたのです。これを聞いて私は、外国の人たちが②なかなか理解できないのは当然だなあ、と思いました。そして、日本人が持っている「桜はパッと咲いて、パッと散ってしまうからこそ美しい」という感性をぜひ知ってもらいたいと思いました。日本人は昔から、桜の季節になると、ほぼ毎日花の咲く日を待ちながら桜のつぼみを眺めて過ごします。そうやって、桜に対する気持ちを育ててきたのです。桜の季節になると、ニュースでも桜前線を毎日報道しているのです。外国から来た人たちもそういうことを知ると、自分の感じ方は同じでなくても、日本人の桜の見方が分かっておもしろく思うのではないでしょうか。

　本当の国際化とは、どの国の人も同じ言語を使って、同じようになることではないと思います。自分の国の文化がどんな特徴をもっているのかを知ったうえで、他国の文化を理解するために努力し、そうしたうえで、交流するということなのです。私は、そのような真の国際人になりたいと思っています。

1. ①「それには賛成できません」とありますが、理由は何ですか。
    A　世界中の人が一つの共通の言語を話すことができないから
    B　とても便利ですべてのことがやりやすくなるのはよくないから
    C　世界中の言葉は一つの共通の言語になるのが不可能だから
    D　各自の言葉の背景には、その民族の精神が潜んでいるから
2. ②「なかなか理解できない」とありますが、何が理解できないのですか。
    A　どうして花見に行くのかということ
    B　どうして桜がつまらないのかということ
    C　どうして日本人は桜がきれいだと思うのかということ
    D　どうして桜がすぐに散ってしまうからこそ美しいのかということ
3. 日本人は桜が好きだということを証明できないのは次のどれですか。
    A　外国人の友達と一緒にお花見に行くこと
    B　外国人が日本人の感性を知らないのは当然だと思うこと
    C　ほぼ毎日花の咲く日を待ちながら桜のつぼみを眺めて過ごすこと

　　D　桜の季節になると、ニュースで桜前線を毎日報道していること

4. この文章のテーマは何ですか。

　　A　桜の美しさ

　　B　真の国際人

　　C　外国人の考え方

　　D　日本人と外国人の違い

問題十三、次の文章を読んで質問に答えなさい。答えはA・B・C・Dから一番適切なものを一つ選びなさい。

　留学生活を始めた時に、「日本は地震が多いし、台風や大雨もあるから準備しておいたほうがいいよ」とよく周りの人からアドバイスをもらった。でも、いったい何を準備すればいいかよく分からなかったし、それまで経験したこともなかったから特に①何の準備もしていなかった。

　しかし、去年、私の住む町に大きい台風が来た。その日は風がとても強くて、学校も休みになって、外に出なかった。電気が消えてしまっただけではなく、水道も止まってしまった。電気は次の日に戻ったが、家の水は三日間も出なかった。飲む水はペットボトルを何本か買っていて家にあったし、食べるものは料理ができなくても買うことができて、何とかなったが、生活に使う水をためておかなかったので、とても困った。まだ暑い時なのに、シャワーも浴びられないし、トイレに使う水もなかった。市の車が水を配っていると聞いて、ちょっと遠かったが、それをもらいに行った。

　台風は地震などと違って、事前に災害の大きさなどが予想できるから備えや対策をしやすい。その後は、ネットで台風対策をいろいろ調べた。いつ台風が来てもいいように、スマートフォンを充電するためのものや水と食べ物を準備している。そして、周りの留学生たちには「何も準備せずに台風に臨んではいけないよ」「私と同じ経験をしたくないなら、ちゃんと準備しておいてね」「ちゃんと準備すれば、いざ台風が来た時、不便をせずに済むんだよ」とすすめている。

1. ①「何の準備もしていなかった」とありますが、なぜですか。

　　A　周りの人のアドバイスを信用しないから

　　B　それまで地震などを経験したことがないから

　　C　地震などが本当に来るかどうか分からないから

　　D　日本語が分からなくて、何を準備すればいいか分からないから

2. 台風でどんなことが困っていたのですか。

　　A　学校が休みになったこと

　　B　外に出られなかったこと

　　C　電気が三日間も消えていたこと

　　D　トイレに使う水がなかったこと

3. 台風を経験して、「私」がどう変わりましたか。

　　A　何も準備せずに台風に臨む。

B スマートフォンを毎日充電する。

C 毎日、ネットで台風情報を調べる。

D 普段から食べ物や水などを準備する。

問題十四、声を出して読みなさい。

日本人は旅行がとても好きだとよく言われている。あるアンケート調査によると、約80%以上の日本人が「旅行が好きだ」と答えているということだ。その中には、ほぼ毎週の休みに旅行する人や、3ヶ月ぐらい働いて残りの9ヶ月であちこちを旅行するという人もいるみたいだ。また、ほかの調査では、「一人旅を好む」日本人は29%で、第2位はアメリカの20%だった。つまり、日本人の約3人に1人が一人旅を好んでいることになるので、日本人は世界一「一人旅が好きだ」ということが分かった。『日本観光白書』によると、2006年から2019年まで、年間海外旅行者数は平均1700万人を超えている。また、日本国内旅行の場合、2013年から2019年まで、一人当たりの平均旅行回数は宿泊旅行は1.4回で、日帰り旅行は1.5回であった。日本人が多く訪れている国は中国、アメリカ、韓国、タイ、ベトナム、シンガポールなどである。

一方、世界各地から日本への観光客も増えている。以前のように団体ツアーがほとんどというのではなく、一人あるいは友達同士などの個人旅行者がかなり増えているようだ。いわゆる「体験型」の旅行である。「日本の何を体験しに来たのか」と聞いてみると、「日本なら富士山だ」「日本なら桜だ」というような日本と言えばすぐ思い浮かぶものもあれば、街歩きや建築ウオーキングのような日本人が当たり前のことだと認識して気が付かなかった「日本的なもの」もある。

これから旅行の形はどんどん変わっていくだろう。さて、皆さんは、近いうちに、どこへ旅行に行きたいか。

翻訳

問題十五、次の文章を中国語に訳しなさい。

アパートを借りたいので、友達の李さんにアドバイスを求めました。李さんは「アパートを借りたいなら、王さんに聞けばいいよ。とても詳しいから」と教えてくれました。うわさをすれば影がさす。王さんがちょうど向こうからやってきました。そこで、王さんにお願いして、不動産屋に連れていってもらいました。アパートをいくつか見ましたが、駅に近くて壁が白っぽいアパートが気に入りました。王さんは「家賃はちょっと高いですね」と言いました。「駅に近ければ、家賃が少し高くても借ります」と言って、それに決めました。その日はとても疲れていて、家に帰って、お風呂にも入らずに寝ました。

1. 中国語訳を書きなさい。

＿＿＿＿＿＿＿＿＿＿＿＿＿＿＿＿＿＿＿＿＿＿＿＿＿＿＿
＿＿＿＿＿＿＿＿＿＿＿＿＿＿＿＿＿＿＿＿＿＿＿＿＿＿＿
＿＿＿＿＿＿＿＿＿＿＿＿＿＿＿＿＿＿＿＿＿＿＿＿＿＿＿
＿＿＿＿＿＿＿＿＿＿＿＿＿＿＿＿＿＿＿＿＿＿＿＿＿＿＿

2. 日本語の原文だけを見て、声を出して中国語に訳しなさい。（中国語訳を見ないでください。）

問題十六、次の文章を日本語に訳しなさい。

　　一到春天，樱花就会开。日本人很喜欢赏樱花，他们常说："要说花，当属樱花。"我在日本留学期间，朋友田中邀请我去赏樱花。我是第一次赏樱花，就问她："我准备什么好呢？"田中告诉我说："小李，你带果汁来就行了。"去赏樱花的前一天，我买了橙汁和苹果汁，但是赏樱花当天，我把果汁忘在了家里，什么也没带就去了约定的地点。我道歉说："我太健忘了，真的很抱歉。我现在就去买。"田中说："我也买了，没关系呀。"那天赏樱很开心。

1. 日本語訳を書きなさい。

＿＿＿＿＿＿＿＿＿＿＿＿＿＿＿＿＿＿＿＿＿＿＿＿＿＿＿
＿＿＿＿＿＿＿＿＿＿＿＿＿＿＿＿＿＿＿＿＿＿＿＿＿＿＿
＿＿＿＿＿＿＿＿＿＿＿＿＿＿＿＿＿＿＿＿＿＿＿＿＿＿＿
＿＿＿＿＿＿＿＿＿＿＿＿＿＿＿＿＿＿＿＿＿＿＿＿＿＿＿

2. 中国語の原文だけを見て、声を出して日本語に訳しなさい。（日本語訳を見ないでください。）

問題十七、『初めての旅行』を題にして、作文を書きなさい。

1. 「です・ます体」を使って、書きなさい。
2. 200字以上400字以内で書きなさい。
3. 漢字がある場合、できるだけ漢字を使って書きなさい。
4. 句読点、段落などに注意しながら、書きなさい。
5. 字をきれいに書きなさい。

自我评价表

A完成得很好　　B完成得一般　　C完成得不理想

	练习	练习内容	练习目的	自我评价
课前预习	练习1	汉字标注假名	掌握日语汉字读音	A · B · C
	练习2	听写汉字	掌握日语汉字书写	A · B · C
	练习3	填写外来语	掌握外来语的书写与含义	A · B · C
	练习4	各类词ば形	了解各类词"ば形"的接续方法	A · B · C
课后总结	练习1	总结语法要点	巩固本课所学的语法知识	A · B · C
	练习2	使用知识要点达成交际目标	提高知识要点的实际应用能力	A · B · C
自我检测	问题一	汉字标注假名	掌握日语汉字读音	A · B · C
	问题二	假名标注汉字	掌握日语汉字书写	A · B · C
	问题三	外来语选择	掌握外来语的书写与含义	A · B · C
	问题四	词汇选择	掌握词汇的含义及用法	A · B · C
	问题五	同义句选择	掌握近义词汇及表达	A · B · C
	问题六	词汇用法选择	掌握词汇的含义及用法	
	问题七	助词填空	掌握助词的用法	A · B · C
	问题八	各类词ば形填空	掌握各类词"ば形"的接续方法	A · B · C
	问题九	完成句子	掌握句型的接续及用法	A · B · C
	问题十	句子语法1（选择语法项目）	提高语法知识的综合应用能力	A · B · C
	问题十一	句子语法2（组合句子）		A · B · C
	问题十二	阅读理解	提高分析、理解日语文章的能力	A · B · C
	问题十三			A · B · C
	问题十四	日语短文朗读	掌握规范的语音、语调，培养语感	A · B · C
	问题十五	日译汉	巩固所学语法、词汇，提高综合应用能力	A · B · C
	问题十六	汉译日		A · B · C
	问题十七	作文		A · B · C

誕生日

课前预习

请观看第11课的视频，预习本课单词、句型等相关知识后，在课前完成下列练习。

练习1 请给下列单词标注读音。

1. 最終日＿＿＿＿＿＿＿＿＿＿
2. 了解＿＿＿＿＿＿＿＿＿＿
3. 内緒＿＿＿＿＿＿＿＿＿＿
4. 昨晩＿＿＿＿＿＿＿＿＿＿
5. 警察官＿＿＿＿＿＿＿＿＿
6. 不合格＿＿＿＿＿＿＿＿＿
7. 銀世界＿＿＿＿＿＿＿＿＿
8. 参加者＿＿＿＿＿＿＿＿＿
9. 訴える＿＿＿＿＿＿＿＿＿
10. 写真館＿＿＿＿＿＿＿＿＿
11. 刻む＿＿＿＿＿＿＿＿＿＿
12. 夫婦＿＿＿＿＿＿＿＿＿＿
13. 歯医者＿＿＿＿＿＿＿＿＿
14. 両替＿＿＿＿＿＿＿＿＿＿

练习2 请听录音，写汉字。🎧

1. （　　　）ができる
2. 日本語が（　　　）する
3. パーティーを（　　　）く
4. 二人で（　　　）する
5. 計画が（　　　）しになる
6. カードが（　　　）く
7. 銃で（　　　）つ
8. 大きな声で（　　　）ぶ
9. （　　　）に刻む
10. かばんが（　　　）つかる
11. 甘いものを（　　　）する
12. （　　　）がつく
13. 人が（　　　）いる
14. （　　　）を渡る

练习3 请结合括号内提示，写出相应的外来语完成句子，并写出相应的英语单词。

1. あの歌手は新しい＿＿＿＿＿（专辑）を宣伝している。　　英语：＿＿＿＿＿＿

2. 日本の＿＿＿＿＿（戏剧，广播剧，电视剧）に興味がありますか。

英语：＿＿＿＿＿＿

3. 彼女のために＿＿＿＿＿＿＿(惊喜)パーティーを開いた。　英语：＿＿＿＿＿＿＿＿

4. 母の＿＿＿＿＿＿＿(生日)ケーキを予約しましたか。　英语：＿＿＿＿＿＿＿＿

5. ＿＿＿＿＿＿＿(网，网络)技術はとても進んでいる。　英语：＿＿＿＿＿＿＿＿

6. おばあちゃんの家は＿＿＿＿＿＿＿(隧道)の向こうにある。　英语：＿＿＿＿＿＿＿＿

练习4　预习动词、イ形容词、ナ形容词、名词如何接"たら"，写出所给词的相应形式。

词性	基本形	后接"たら"的形式
动词	買う	
	開く	
	撃つ	
	叫ぶ	
	見つかる	
	死ぬ	
	読む	
	過ごす	
	泳ぐ	
	届け出る	
	訴える	
	する	
	我慢する	
	来る	
イ形容词	大きい	
	やさしい	
	いい	
ナ形容词	台無し	
	嫌い	
	豊か	
名词	夫婦	
	警察官	
	参加者	

课后总结

练习1 对照本课的语法要点，填写下表。

语法要点	造句	语法细节
～と、～。		
～たら、～。		
～たらどうか。（建议）		
どうしたらいいか。 ～といいよ。		
～と、～た。（发现）		
～たら、～た。（发现）		
そうすると		

练习2 使用本课知识要点，尝试达成以下的交际目标。

1. 能够使用日语讨论生日会计划。

2. 能够使用日语介绍收到的生日礼物。

3. 能够使用日语写一篇生日日记。

自我检测

言語知識（文字・語彙）

問題一、次の下線の単語を平仮名で書きなさい。

1. その橋が安全かどうか確かめてください。（　　　　）
2. 急用ができたので、会議に参加できません。（　　　　）
3. 台風で旅行は台無しになった。（　　　　）
4. たくさん練習したので、ゴルフが上達しました。（　　　　）
5. そこで止まれ！近づくと、撃つぞ。（　　　　）
6. この手紙は明日彼女に届くでしょう。（　　　　）
7. その言葉を胸に深く刻んでおきます。（　　　　）
8. この仕事はみんなで分担しましょう。（　　　　）
9. あれっ、財布が見つからない。（　　　　）
10. 今日の9時に303室で会議を開きます。（　　　　）
11. もうすこし我慢すれば、そのうち成果が出ると思います。（　　　　）
12. その時、怖くて叫ぶこともできなかった。（　　　　）
13. アンケート調査の結果はこの画面に表示します。（　　　　）
14. 今日のコンサートには大勢の人が来ている。（　　　　）

問題二、次の下線の単語を漢字で書きなさい。

1. 彼はとても優秀なけいさつかんです。（　　　　）
2. 私たちの旅行はさいしゅうびを迎えた。（　　　　）
3. そのことは上司のりょうかいを得なければならない。（　　　　）
4. 家の近くに新しいしゃしんかんができました。（　　　　）
5. 窓を開けてみたら、一面のぎんせかいだった。（　　　　）
6. 父は私のためにはいしゃの予約を取ってくれた。（　　　　）
7. 李さんは欠席が多すぎて、ふごうかくになりました。（　　　　）
8. 銀行へりょうがえをしに行きました。（　　　　）
9. あの子はいじめられたことを先生にうったえた。（　　　　）
10. このイベントのさんかしゃは300人ぐらいいます。（　　　　）
11. そのことをいつまでも心にきざんでいます。（　　　　）
12. さくばん、久しぶりに昔の夢を見ました。（　　　　）

13. そのことを<u>ないしょ</u>にしてください。（　　　）

14. この<u>製品</u>をせいさくするのには手間がかかる。（　　　）

問題三、＿＿＿に何が入りますか。Ａ・Ｂ・Ｃ・Ｄから一番適切なものを一つ選びなさい。

1. この＿＿＿に写真を貼りましょう。
  　Ａ　アルバイト　　　　Ｂ　アドバイス　　　　Ｃ　アルバム　　　　Ｄ　アイディア

2. その＿＿＿は今晩8時に放送されます。
  　Ａ　ドライブ　　　　Ｂ　ドラマ　　　　Ｃ　マフラー　　　　Ｄ　スマホ

3. ＿＿＿を用意したから、探してみて。
  　Ａ　サイズ　　　　Ｂ　コンサート　　　　Ｃ　アナウンサー　　　　Ｄ　サプライズ

4. 分からないことがあったら、＿＿＿で調べてください。
  　Ａ　ベッド　　　　Ｂ　ペット　　　　Ｃ　ホット　　　　Ｄ　ネット

5. 列車は＿＿＿に入った。
  　Ａ　メートル　　　　Ｂ　テーブル　　　　Ｃ　ゴーグル　　　　Ｄ　トンネル

問題四、＿＿＿に何が入りますか。Ａ・Ｂ・Ｃ・Ｄから一番適切なものを一つ選びなさい。

1. 私は友達の結婚式で（　）彼女に出会った。
  　Ａ　まだまだ　　　　Ｂ　なかなか　　　　Ｃ　たまたま　　　　Ｄ　だんだん

2. 「新幹線で東京に行くことにした。」
  　「（　）、電車よりお金が3倍かかるよ。」
  　Ａ　そうなると　　　　Ｂ　そうすると　　　　Ｃ　それに　　　　Ｄ　それでも

3. 半年間英語教室に通っていて、英語がだいぶ（　）。
  　Ａ　上がった　　　　Ｂ　上げた　　　　Ｃ　上昇した　　　　Ｄ　上達した

4. 窓が突然閉まって、（　）した。
  　Ａ　すっかり　　　　Ｂ　がっかり　　　　Ｃ　びっくり　　　　Ｄ　ゆっくり

5. 彼に（　）注意しても、言うことを聞かない。
  　Ａ　どれ　　　　Ｂ　どこ　　　　Ｃ　いくつ　　　　Ｄ　いくら

6. そんな人とは（　）二度と連絡しない。
  　Ａ　なるほど　　　　Ｂ　まだ　　　　Ｃ　絶対に　　　　Ｄ　初めて

7. 新しい情報が入ったら、（　）連絡します。
  　Ａ　まだ　　　　Ｂ　もっと　　　　Ｃ　改まって　　　　Ｄ　改めて

8. 足をけがした。（　）、病院へ行くことにした。
  　Ａ　すると　　　　Ｂ　そうすると　　　　Ｃ　それに　　　　Ｄ　そこで

9. どうしたらいいか、（　）意見が合わなかった。
  　Ａ　そろそろ　　　　Ｂ　なかなか　　　　Ｃ　いよいよ　　　　Ｄ　どんどん

10. 「帰る時、窓を閉めてください。」
　　　「（　　）。」
　　　A　知ります　　　　B　知りました　　　C　理解です　　　　D　了解です

問題五、_____の文とだいたい同じ意味の文があります。A・B・C・Dから一番適切なものを一つ選びなさい。

1. 彼はお母さんに内緒で旅行に出かけたことがある。
　　A　彼はお母さんと一緒に旅行に出かけたことがある。
　　B　彼はお母さんを連れて旅行に出かけたことがある。
　　C　彼はお母さんに教えないで旅行に出かけたことがある。
　　D　彼はお母さんを連れないで旅行に出かけたことがある。

2. 彼は働きすぎて、健康を台無しにした。
　　A　彼は働きすぎて、健康でした。
　　B　彼は働きすぎて、健康になりました。
　　C　彼は働きすぎて、健康を手に入れました。
　　D　彼は働きすぎて、健康でなくなりました。

3. たまたまその話を聞きました。
　　A　またその話を聞きました。
　　B　まだその話を聞いています。
　　C　たまにその話を聞きました。
　　D　偶然にその話を聞きました。

4. 何回も練習したが、なかなか覚えられない。
　　A　何回も練習したが、全然覚えられない。
　　B　何回も練習したが、少しも覚えられない。
　　C　何回も練習したが、ほとんど覚えられない。
　　D　何回も練習したが、どうしても覚えられない。

5. こんな高級車は一生働いても手が届かないだろう。
　　A　こんな高級車は一生働いても手を出さないだろう。
　　B　こんな高級車は一生働いても手がかからないだろう
　　C　こんな高級車は一生働いても買うことができないだろう。
　　D　こんな高級車は一生働いても触ることができないだろう。

問題六、次の言葉の使い方で一番適切なものをA・B・C・Dから一つ選びなさい。

1. 急用
　　A　このお金は急用ですか。
　　B　急用している場所を知らせてください。

C　この本は<u>急用</u>だから、今貸してくれませんか。

D　<u>急用</u>ができて、今晩のパーティーに行けなくなった。

2. 了解

A　この文章の意味を<u>了解</u>しましたか。

B　そのことは課長の<u>了解</u>を得ました。

C　警察官は火災のことを<u>了解</u>に来ました。

D　私は劉さんのことをとても<u>了解</u>しています。

3. たまたま

A　明日<u>たまたま</u>連絡します。

B　<u>たまたま</u>図書館に行きます。毎日ではありません。

C　日本語はぜんぜん上手ではありません。<u>たまたま</u>です。

D　電車に乗っていた時、<u>たまたま</u>高校時代の友達に出会いました。

4. 訴える

A　友達はそのおもしろい映画をすぐ私に<u>訴えました</u>。

B　鈴木先生に会ったら、よろしくと<u>訴えて</u>くださいね。

C　被害を受けた場合、警察に<u>訴える</u>という手段があります。

D　そのことを内緒にしてください。他の人に<u>訴えない</u>でください。

5. いくら

A　机の上に本が<u>いくら</u>あります。

B　<u>いくら</u>頑張ったらいいですか。

C　お子さんは今年お<u>いくら</u>ですか。

D　<u>いくら</u>忙しくても毎日母に電話をかけます。

言語知識（文法）

問題七、（　　）に適切な仮名を入れなさい。

1. 卒業祝い（　　）父（　　）（　　）パソコンをもらいました。

2. 誕生日パーティーの時、みんな（　　）バースデーソングを歌いました。

3. 道（　　）渡る時、車（　　）注意してくだい。

4. 王さん（　　）二人（　　）急いで走って、やっとバス（　　）間に合いました。

5. 先輩（　　）（　　）日本語（　　）辞書を借りました。

6. 恋人（　　）電話で話している時、父が家（　　）帰ってきました。

7. これからスーパー（　　）野菜（　　）果物を買い（　　）行きます。

8. 明日の9時（　　）（　　）体育館（　　）バスケットボールの試合があります。

9. 田中さん（　　）木下さん（　　）中国語（　　）とても上手です。

10. 先生は学生たち（　　）「この漢字（　　）読めますか。」（　　）聞きました。

問題八、（　　）の単語を「たら」の形にして、_____に書きなさい。

1. この薬を_____、風邪が治ります。（飲む）
2. 使い方が_____、このカメラを買います。（簡単だ）
3. _____、1時間で着きます。（電車）
4. _____、クーラーをつけてください。（暑い）
5. 大学を_____、留学したいです。（卒業する）
6. 窓を_____、雪が降っていました。（開ける）

問題九、「～といい」を使って、文を完成させなさい。

1. A：困った時は、誰に相談したらいいですか。
   B：先生に_____ですよ。
2. A：このレポートは、いつまでに提出したらいいですか。
   B：金曜日までに_____ですよ。
3. A：カメラがほしいんですが、どれを買ったらいいですか。
   B：あの赤いのを_____ですよ。
4. A：漢字の読み方が分からない時、どうしたらいいですか。
   B：辞書を_____ですよ。
5. A：来週、友達の誕生日パーティーがありますが、何を持って行ったらいいですか。
   B：花を_____ですよ。
6. A：明日の会議ですが、椅子をいくつ用意したらいいですか。
   B：10個_____ですよ。

問題十、_____に何が入りますか。A・B・C・Dから一番適切なものを一つ選びなさい。

1. 冬に_____と、雪が降ります。
   A　なった　　　　　B　ならなかった　　C　なる　　　　　D　ならない
2. サービスが_____、行きません。
   A　いいたら　　　　B　いくなかったら　C　よいたら　　　D　よくなかったら
3. この道をまっすぐ行く_____、ショッピングセンターがあります。
   A　なら　　　　　　B　ば　　　　　　　C　と　　　　　　D　たら
4. この仕事が_____、休みましょう。
   A　終わっても　　　B　終わると　　　　C　終わったり　　D　終わったら
5. 日本語が上手になりたいなら、日本語で日記を_____どうですか。
   A　つけると　　　　B　つけるなら　　　C　つければ　　　D　つけたら

6. このボタンを_____、機械が動きます。
　　A　押しても　　　　B　押すなら　　　　C　押したり　　　D　押すと

7. _____、外で遊びましょう。
　　A　寒いと　　　　　B　寒くないと　　　C　寒かったら　　D　寒くなかったら

8. カーテンを開ける_____、きれいな景色が見えました。
　　A　なら　　　　　　B　ば　　　　　　　C　と　　　　　　D　たら

9. しっかり勉強しない_____、試験に合格できませんよ。
　　A　ば　　　　　　　B　なら　　　　　　C　たら　　　　　D　と

10. 昨日のパーティー、楽しかったよ。君も_____よかったのに。
　　A　来ると　　　　　B　来るなら　　　　C　来れれば　　　D　来れば

11. 王さんは車に_____、気分が悪くなります。
　　A　乗ると　　　　　B　乗らないと　　　C　乗るなら　　　D　乗らないなら

12. 結婚式に_____、ドレスを着て行ったらどうですか。
　　A　出ると　　　　　B　出れば　　　　　C　出たら　　　　D　出るなら

13. この薬を_____、眠くなります。
　　A　飲むなら　　　　B　飲むと　　　　　C　飲んでも　　　D　飲むまま

14. 痩せたいなら、毎日_____いいですよ。
　　A　運動するなら　　B　運動しないなら　C　運動すると　　D　運動しないと

15. すみません。ゴミの捨て方が分からないんですが、誰に_____いいですか。
　　A　聞くなら　　　　B　聞くと　　　　　C　聞いたり　　　D　聞いたら

問題十一、___★___に入るものはどれですか。Ａ・Ｂ・Ｃ・Ｄから一番適切なものを一つ
　　　　選びなさい。

1. _____ _____ ___★___ _____、前の同僚に会いました。
　　A　飲んで　　　　　B　喫茶店で　　　　C　いたら　　　　D　コーヒーを

2. 体の調子がよくないなら、_____ _____ ___★___ _____ですか。
　　A　どう　　　　　　B　病院で　　　　　C　もらったら　　D　みて

3. _____ _____ ___★___ _____、いつも元気になります。
　　A　聞くと　　　　　B　リズムを　　　　C　私は　　　　　D　この

4. _____ _____ ___★___ _____、紹介してください。
　　A　本が　　　　　　B　料理の　　　　　C　いい　　　　　D　あったら

5. _____ _____ ___★___ _____、卒業できませんよ。
　　A　試験に　　　　　B　しないと　　　　C　今度の　　　　D　合格

問題十二、次の文章を読んで質問に答えなさい。答えはA・B・C・Dから一番適切な
　　　　ものを一つ選びなさい。

　日本で暮らしているのに、なかなか日本人の友達ができないと悩んでいる外国の方はいるで
しょう。そんな悩みを持っている方は、近くの国際交流の会を訪ねてみたらどうですか。国際交
流の会は市民による身近な国際交流や国際協力を目的としていて、在住外国人の支援活動も進め
ています。例えば、お茶やお花などの日本文化の体験活動を行ったり、日本語を教えたりしてく
れます。その一方、外国人の方は自分の国の文化、言葉などを教えたりすることもできます。そ
こはたくさんの国際交流の場を提供してくれます。そういう会に参加している日本人は積極的に
国際交流をして、外国人と仲良くしたいと考えているので、友達になりやすいでしょう。様々な
交流活動を通じて、日本人と仲良くなって、一緒にお花見に行ったり、パーティーをしたり、楽
しいことがたくさんあります。

　また、外国の方は市や市民グループがやっている文化やスポーツクラブに入るのもいいでしょ
う。自分の好きなことをするのは楽しいし、友達ができたらもっと楽しいのではないでしょう
か。もう一つ、近所の人とのお付き合いも大事にして自分から行動すれば、いろいろな出会いが
あなたを待っているでしょう。自分から積極的に行動するかどうかはあなた次第です。

1. 筆者はどうして近くの国際交流の会を勧めているかについて、正しくないのはどれで
　 すか。
　　A　日本語を教えてくれるから
　　B　近所の人と出会える機会があるから
　　C　お茶やお花などの日本文化が体験できるから
　　D　自分の国の文化、言葉などを教えることもできるから

2. 筆者が勧めていないのはどれですか。
　　A　様々な交流活動に参加すること
　　B　近所の人との付き合いを大事にすること
　　C　自分の悩みを国際交流の会に相談すること
　　D　市や市民グループがやっている文化やスポーツクラブに入ること

3. 「あなた次第です」というのはどういう意味ですか。
　　A　自分から行動する
　　B　自分から行動しない
　　C　自分から積極的に行動するかどうかは分からない
　　D　自分から積極的に行動するかどうかを決めるのはあなただ

問題十三、次の文章を読んで質問に答えなさい。答えはA・B・C・Dから一番適切なものを一つ選びなさい。

　暑い中で運動し、喉が渇いて汗のかき方がおかしかったら、熱中症かもしれません。

　熱中症というのは体内の水分や塩分が減り、体に熱がたまって、体に様々な症状が現れる状態です。人間の体温が上がると、汗をかいたりして熱を下げようとしますが、体が脱水状態になっていると、それができません。熱中症かなと思ったら、まず涼しい所へ移動しましょう。そして、水分、塩分と糖分を摂りましょう。水だけを飲むと、血液中の塩分やミネラルの濃度が下がり、かえって悪化することもあるので、気を付けてください。さらにあめなどで糖分を摂ると、水分や塩分の吸収を助ける上に疲労回復にもつながるので効果的です。このような時は、塩分や糖分を一緒に摂れるスポーツドリンクはとても便利です。

　熱中症の症状としては、めまいや顔のほてり、筋肉痛や吐き気などがあります。ひどい時は呼びかけに反応しなかったり、まっすぐ歩けなかったりすることもあります。そのような時は、すぐに体を冷やし、医療機関へ相談するか、または救急車を呼びましょう。予防のためには、炎天下での激しい運動を避け、常に気温と湿度に気を配りましょう。また、水分と塩分を十分に補給し、適切な食事、十分な睡眠をとるようにしましょう。熱中症の危険からしっかりと身を守る行動をとることが必要です。

　　1. 熱中症の症状でないのはどれですか。

　　　A　めまいと顔のほてり

　　　B　筋肉痛と吐き気

　　　C　呼びかけに反応しないこと

　　　D　暑いと感じること

　　2. 熱中症の対策として、正しいのはどれですか。

　　　A　汗をかいて体温を下げる。

　　　B　動かないで、水分だけを補給する。

　　　C　水分と塩分を補給し、糖分を控える。

　　　D　涼しい場所へ移動し、スポーツドリンクを飲む。

　　3. 熱中症を予防するために、どうしたらいいですか。

　　　A　普段の運動をやめる。

　　　B　糖分を十分に補給する。

　　　C　常に気温と湿度に気を配る。

　　　D　多めの食事、十分な睡眠をとる。

問題十四、声を出して読みなさい。

　誰でも、誕生日の時、プレゼントがもらえるとうれしいです。どんな誕生日プレゼントをもらったことがありますか。私は今まで、両親、友達から誕生日プレゼントをたくさんもらいました。一番印象的なのは、18歳の誕生日の時、両親からリボンをした大きな箱をもらった

ことです。サプライズプレゼントでした。開けてみたら、中にはずっとほしかったノートパソコンと手紙がありました。父は「そろそろ高校を卒業して、大学生になるから、資料を調べるなど自分の好きなように使ってね」と言いました。手紙を開けると、母の字が目に入りました。私の生まれた時から今まで、幼稚園、小学校、中学校、特に反抗期の時のことが一つ一つ頭に浮かんできました。父と母に感謝の気持ちでいっぱいでした。

今、大学3年生で、日本に留学しています。来週は一番仲のいい友達の田中さんの誕生日です。どんな誕生日プレゼントを贈ったらいいかと考えています。周りの人から「ネックレスを贈ったらどうですか」とか「花を贈るといいよ」とかアドバイスをもらいました。田中さんに喜んでもらいたいから、ネットでもいろいろ調べてみました。そうすると、女性の友達に贈る誕生日プレゼントのトップスリーは入浴剤、ブランドハンドクリーム、クッキーという結果が出てきました。そうだ。クッキーなら、自分で作れるんだ！誕生日プレゼントは手作りのクッキーに決めました。田中さんの誕生日の時、手作りのクッキーと手書きのカードを贈りました。彼女は非常に喜んでくれました。

プレゼントは本当に人間関係の潤滑油ですね。これからも周りの人に喜んでもらえるプレゼントを贈りたいです。

翻訳

問題十五、次の文章を日本語に訳しなさい。

　来週の水曜日に中間テストがあります。李さんは普段、あまり勉強していないから、準備しないと、不合格になると気づきました。何を準備したらいいか分からないので、成績がいい王さんにアドバイスを求めました。王さんは「まず単語の暗記から準備したらどうですか。そして、来週の水曜日まで、あと1週間ですから、毎日の計画を立てるといいと思います。そうすると、進めやすくなります」と言いました。李さんはそれを聞いて、しっかりと計画を立てて、単語を覚えたり、知識を学んだりしました。真面目に勉強してみたら、そんなに難しく感じませんでした。テストが終わっても、頑張って勉強しようと思いました。

1. 中国語訳を書きなさい。

_____
_____
_____
_____

2. 日本語の原文だけを見て、声を出して中国語に訳しなさい。（中国語訳を見ないでください。）

問題十六、次の文章を日本語に訳しなさい。

　　上周六，我和班级同学一起去远足。因为上周五阴天，老师说："明天如果晴天我们就去远足，如果下雨我们就不去远足了。"幸好第二天是晴天。大家边开心地交谈，边爬学校附近的山。爬到山顶上的时候，看到了大海，很蓝很美。大家一起吃好吃的、玩游戏，非常开心。但是，我们回去时迷路了，不知道该怎么走才好。正好那时，有个路过的老爷爷非常热情地给我们指路："在这里往左拐，之后一直走就能看到公交车站。"我们坐上巴士，下午5点左右安全抵达学校。如果有机会的话，我还想和班级同学一起去远足。

1. 日本語訳を書きなさい。

　　_____

　　_____

　　_____

　　_____

2. 中国語の原文だけを見て、声を出して日本語に訳しなさい。（日本語訳を見ないでください。）

問題十七、『誕生日の思い出』を題にして、作文を書きなさい。

1. 「です・ます体」を使って、書きなさい。
2. 200字以上400字以内で書きなさい。
3. 漢字がある場合、できるだけ漢字を使って書きなさい。
4. 句読点、段落などに注意しながら、書きなさい。
5. 字をきれいに書きなさい。

自我评价表

A完成得很好　B完成得一般　C完成得不理想

	练习	练习内容	练习目的	自我评价
课前预习	练习1	汉字标注假名	掌握日语汉字读音	A·B·C
	练习2	听写汉字	掌握日语汉字书写	A·B·C
	练习3	填写外来语	掌握外来语的书写与含义	A·B·C
	练习4	各类词たら形	了解各类词后接"たら"时的接续方法	A·B·C
课后总结	练习1	总结语法要点	巩固本课所学的语法知识	A·B·C
	练习2	使用知识要点达成交际目标	提高知识要点的实际应用能力	A·B·C
自我检测	问题一	汉字标注假名	掌握日语汉字读音	A·B·C
	问题二	假名标注汉字	掌握日语汉字书写	A·B·C
	问题三	外来语选择	掌握外来语的书写与含义	A·B·C
	问题四	词汇选择	掌握词汇的含义及用法	A·B·C
	问题五	同义句选择	掌握近义词汇及表达	A·B·C
	问题六	词汇用法选择	掌握词汇的含义及用法	A·B·C
	问题七	助词填空	掌握助词的用法	A·B·C
	问题八	各类词たら形填空	掌握各类词后接"たら"时的接续方法	A·B·C
	问题九	完成句子	掌握句型的接续及用法	A·B·C
	问题十	句子语法1（选择语法项目）	提高语法知识的综合应用能力	A·B·C
	问题十一	句子语法2（组合句子）		A·B·C
	问题十二	阅读理解	提高分析、理解日语文章的能力	A·B·C
	问题十三			A·B·C
	问题十四	日语短文朗读	掌握规范的语音、语调，培养语感	A·B·C
	问题十五	日译汉	巩固所学语法、词汇，提高综合应用能力	A·B·C
	问题十六	汉译日		A·B·C
	问题十七	作文		A·B·C

第12課

事件

请观看第12课的视频，预习本课相关的单词、句型等相关知识后，在课前完成下列练习。

练习1　请给下列单词标注读音。

1. 疑う＿＿＿＿＿＿＿＿＿＿＿　　　2. 泥棒＿＿＿＿＿＿＿＿＿＿＿

3. 不正確＿＿＿＿＿＿＿＿＿＿＿　　4. 夜中＿＿＿＿＿＿＿＿＿＿＿

5. 獲得＿＿＿＿＿＿＿＿＿＿＿　　　6. 引力＿＿＿＿＿＿＿＿＿＿＿

7. 故障＿＿＿＿＿＿＿＿＿＿＿　　　8. 有能＿＿＿＿＿＿＿＿＿＿＿

9. 富裕＿＿＿＿＿＿＿＿＿＿＿　　　10. 社会主義＿＿＿＿＿＿＿＿＿＿＿

11. 大衆＿＿＿＿＿＿＿＿＿＿＿　　　12. 踏む＿＿＿＿＿＿＿＿＿＿＿

13. 騒ぐ＿＿＿＿＿＿＿＿＿＿＿　　　14. 満たす＿＿＿＿＿＿＿＿＿＿＿

15. 嫌う＿＿＿＿＿＿＿＿＿＿＿　　　16. 焼く＿＿＿＿＿＿＿＿＿＿＿

练习2　请听录音，写汉字。🎧

1. （　　　）をする　　　　　　　2. （　　　）をかける

3. （　　　）が起きる　　　　　　4. （　　　）をする

5. 念を（　　　）す　　　　　　　6. （　　　）が届く

7. （　　　）に富んでいる　　　　8. （　　　）な生活

9. お気の（　　　）に　　　　　　10. （　　　）に入られる

11. ビルを（　　　）てる　　　　　12. 犯人を（　　　）す

练习3　请结合括号内提示，写出相应的外来语完成句子，并写出相应的英语单词。

1. 窓_____(玻璃)を泥棒に割られてしまいました。　　英语：_____

2. _____(悬疑，悬念)映画が大好きです。　　英语：_____

3. _____(高级公寓，住宅大楼)に住むことは私の夢です。

　　英语：_____

4. パソコンの_____(数据，资料)が消されてしまいました。

　　英语：_____

练习4　预习动词被动形的相关知识，总结接续方法并写出下列动词的被动形。

分类	接续方法	词例	被动形
五段动词		洗う 嫌う	
		書く 騒ぐ	
		押す だます	
		立つ 持つ	
		死ぬ	
		遊ぶ 呼ぶ	
		盗む 踏む	
		叱る 振る	
一段动词		開ける 褒める	
サ变动词		する 対応する	
カ变动词		来る	

课后总结

练习1　对照本课的语法要点，填写下表。

语法要点	造句	语法细节
N1 は N2に V れる／られる。（基本被动）		
N1 は N2に N3を V れる／られる。（所有者的被动）		
N1 は N2に V れる／られる。（受害的被动）		
N1 が／は N2 に／によって V れる／られる。（客观情况的被动）		
～ため（に）、～。（原因）		
～からだ。		
～のに、～。		

练习2　使用本课知识要点，尝试达成以下的交际目标。

1. 简单介绍你经历的或者听说的某种事故。

_____

_____

_____

2. 简单介绍曾经遭遇的某种经历。

_____

_____

_____

3. 简单介绍一件困扰你的事情并说明原因。

_____

_____

_____

自我検測

言語知識（文字・語彙）

問題一、次の下線の単語を平仮名で書きなさい。

1. この店ではおもしろい発見がたくさんできました。（　　　　）
2. 隣に住んでいる人は夜中に救急車を呼んだ。（　　　　）
3. このスマホは1年間の保証がついている。（　　　　）
4. 最終回にはあの主人公が殺されることになった。（　　　　）（　　　　）
5. 覚えようとしたが、結局忘れてしまった。（　　　　）
6. 理系の学生さんはよく実験をやっているようです。（　　　　）
7. 交通事情に対応して一方通行を実施する。（　　　　）
8. この仕事を完成するには相当な日数がかかります。（　　　　）
9. 寝坊して学校に遅れてしまったので、先生に叱られました。（　　　　）（　　　　）
10. 家族と一緒に幸福に暮らしている。（　　　　）
11. この部屋はよく日が当たっています。（　　　　）
12. 夜中に雨が降っていました。（　　　　）
13. 大学のバスケの試合で勝利を収めた。（　　　　）
14. 試合に勝って、うれしくてしょうがない。（　　　　）
15. 家中を捜しましたが、見つかりませんでした。（　　　　）

問題二、次の下線の単語を漢字で書きなさい。

1. 昨日は町で誰かになぐられました。（　　　　）
2. 窓ガラスをどろぼうに割られて、本当に困っています。（　　　　）
3. 夜12時過ぎても、隣の人がさわいでいて、眠れませんでした。（　　　　）
4. 難しい試験で満点を取った学生はうたがわれました。（　　　　）
5. データがふせいかくなので、最後の結果は信じられないです。（　　　　）
6. 同僚の李さんは痴漢行為でたいほされました。（　　　　）
7. 花ちゃんは成績が優秀で、よく学校でほめられています。（　　　　）
8. なっとうは健康によい食べ物だ。（　　　　）
9. 休みの日に家でパンをやくのが大好きです。（　　　　）
10. ドラマのつづきを見たくてしょうがない。（　　　　）
11. 彼は周りの人からきらわれている。（　　　　）

12. ご<u>めいわく</u>をおかけしますが、どうぞよろしくお願いします。（　　　　）

13. コップに水を<u>み</u>たした。（　　　　）

14. 松本選手はオリンピック大会で金メダルを<u>かくとく</u>しました。（　　　　）

15. この時計は<u>こしょう</u>している。（　　　　）

問題三、 ＿＿＿に何が入りますか。Ａ・Ｂ・Ｃ・Ｄから一番適切なものを一つ選びなさい。

1. 昨夜見た＿＿＿ドラマの内容が頭に浮かんできて、怖かったです。
   A　サングラス　　　B　サスペンス　　　C　サプライズ　　　D　サラリーマン

2. 東京の＿＿＿に住んでいる人たちはみんなお金持ちでしょう。
   A　マンガ　　　　　B　マフラー　　　　C　デパート　　　　D　マンション

3. パソコンの＿＿＿は大事だから、よく保存しておいてくださいね。
   A　データ　　　　　B　デート　　　　　C　ポスター　　　　D　ギター

4. ＿＿＿製の食器は割れやすいので、ほとんど使わない。
   A　カップ　　　　　B　ガラス　　　　　C　カラス　　　　　D　カメラ

問題四、 ＿＿＿に何が入りますか。Ａ・Ｂ・Ｃ・Ｄから一番適切なものを一つ選びなさい。

1. 指を犬に（　　）ことを誰にも言わなかった。
   A　さわがれた　　　B　なぐられた　　　C　かまれた　　　　D　だまされた

2. 昨日は一日中犯人を（　　）が、結局何の進展もなかったです。
   A　うかがいました　B　さがしました　　C　しかりました　　D　みつけました

3. 私が（　　）笑ったのは久しぶりだった。
   A　あんなに　　　　B　どんなに　　　　C　とても　　　　　D　たいへん

4. よく復習しておいてねと何度も（　　）のに、全然復習してくれなかった。
   A　念を押した　　　B　気をつけた　　　C　気に入った　　　D　気になった

5. 昨日徹夜したせいで、今日の授業でずっと（　　）。
   A　しっかりしていた　　　　　　　　　B　はっきりしていた
   C　ぼうっとしていた　　　　　　　　　D　ゆっくりしていた

6. 信頼できるデータを得るために、（　　）を何回もやらなければならない。
   A　しあい　　　　　B　しけん　　　　　C　じっせん　　　　D　じっけん

7. 猫が雨に（　　）、帰ってきた。
   A　取られて　　　　B　だまされて　　　C　降られて　　　　D　振られて

8. 今朝寝坊してしまいました。（　　）バスに間に合いませんでした。
   A　結局　　　　　　B　結果　　　　　　C　やっと　　　　　D　いよいよ

9. 試合に（　　）、うれしくてしょうがなかった。
   A　かって　　　　　B　きらって　　　　C　ほめて　　　　　D　まけて

10. 王さんは彼女に（　　　）、元気がない。

    A　愛されて　　　　　B　やかれて　　　　　C　降られて　　　　　D　振られて

問題五、＿＿＿＿の文とだいたい同じ意味の文があります。A・B・C・Dから一番適切なものを一つ選びなさい。

1. 弟は不正行為でたいほされました。

    A　弟は不正行為でうたがわれた。

    B　弟は不正行為でだまされた。

    C　弟は不正行為で捕まった。

    D　弟は不正行為でなぐられた。

2. そんなに勉強して不合格とは気の毒だ。

    A　よく勉強しないで合格とは素晴らしい。

    B　よく勉強しないで不合格とはかわいそうだ。

    C　よく勉強して合格とは素晴らしい。

    D　よく勉強して不合格とはかわいそうだ。

3. 鈴木君は試験に落ちて、彼女に振られました。

    A　鈴木君は試験に失敗して、失恋しました。

    B　鈴木君は試験に失敗して、叱られました。

    C　鈴木君は試験に受かって、失恋しました。

    D　鈴木君は試験に受かって、褒められました。

4. 彼女は今朝寝坊してしまい、ミスコンに間に合いませんでした。

    A　彼女は今朝早く起きたのに、ミスコンに参加できませんでした。

    B　彼女は今朝早く起きたから、ミスコンに参加しました。

    C　彼女は今朝遅く起きたのに、ミスコンに参加しました。

    D　彼女は今朝遅く起きたから、ミスコンに参加できませんでした。

5. 3時間もかかって料理しましたが、とうとう出来上がりました。

    A　3時間でご飯を作りましたが、結局完成しませんでした。

    B　3時間でご飯を作りましたが、やっと作り終わりました。

    C　3時間でご飯を作りましたが、とうとう失敗してしまいました。

    D　3時間でご飯を作りましたが、最後はあきらめました。

6. 電車の中ですりに財布をすられました。

    A　電車の中ですりに財布を捜されました。

    B　電車の中ですりに財布を出されました。

    C　電車の中ですりに財布を盗まれました。

    D　電車の中ですりに財布を渡されました。

問題六、次の言葉の使い方で一番適切なものをA・B・C・Dから一つ選びなさい。

1. とうとう
    A あと一週間で締め切りだが、とうとう心配している。
    B とうとう発表していた彼女は、やはり優勝を取った。
    C あの人は2時間も待ったが、彼女はとうとう来なかった。
    D 娘が無事に帰ってきて、とうとう安心することができた。

2. ただ
    A 鈴木さんなら、ただ5分前に帰りました。
    B ただ一度会っただけなのに、彼女が忘れられない。
    C このゲームは、大人たちにはただ難しい。
    D あの選手はただ大学生でプロチームに入った。

3. 踏む
    A 火事の時は、早く地面を踏んで逃げるといい。
    B エスカレーターは、手すりを踏んでから乗ってください。
    C そのサッカー選手は、ボールを右足で踏んでシュートした。
    D 満員電車で、隣の人の足を踏んでしまいました。

4. 振る
    A 歯が抜けそうで、ふらふら振っている。
    B この料理は、醤油を振ってから食べるとおいしい。
    C 横断歩道の向こうで、友だちが手を振ってくれた。
    D どんなに頭を振っても、いいアイディアが出てこない。

5. ぼうっと
    A 合格だと聞いて、やっと心がぼうっとした。
    B 真面目な弟はいつもぼうっと勉強している。
    C ぼうっと仕事をするのは体によくないよ。
    D ぼうっとしていないで早く答えなさい。

言語知識（文法）

問題七、（　　）に適切な仮名を入れなさい。

1. 私は先生（　　）いろいろなこと（　　）聞かれました。
2. 山田さんは急用（　　）できて来られないそうです。
3. かばんの中のお金とスマホ（　　）取られてしまいました。
4. 昨日、大きな叫び声（　　）聞こえましたが、何（　　）あったのか分かりません。

5. 事件が解決されるまで、どうしても気（　　）なってしょうがないんです。

6. 李さんは、自分（　　）生活すること（　　）しました。

7. 大学の時は毎日授業（　　）遅刻して、先生（　　）叱られてばかりいた。

8. 明日試験がある（　　）（　　）、友達（　　）来られました。

9. データが不正確（　　）ために、実験の結果は役に立ちません。

10. 赤ちゃん（　　）泣かれて、よく眠れませんでした。

11. 李さんは先生（　　）褒められて、得意がっている。

12. ゆうべ、泥棒（　　）窓ガラス（　　）割られて、家（　　）入られました。

13. この本（　　）世界中の人々（　　）読まれています。

14. 交通事故（　　）ために、通行止めになりました。

問題八、例のように次の文を完成させなさい。

1. 例 私は彼氏に<u>だまされました</u>。（だます）
   子供は先生に＿＿＿＿＿＿＿＿＿＿。（叱る）
   李さんは学校でクラスメートに＿＿＿＿＿＿＿＿＿＿。（殴る）

2. 例 私は犬に<u>手をかまれました</u>。（手をかむ）
   私は泥棒に＿＿＿＿＿＿＿＿＿＿。（スマホを盗む）
   私は母に＿＿＿＿＿＿＿＿＿＿。（日記を読む）

3. 例 昨日<u>雨に降られて</u>、びしょぬれになりました。（雨が降る）
   宿題が多いのに、＿＿＿＿＿＿＿＿＿＿、困りました。（友達が来る）
   図書館で勉強していましたが、＿＿＿＿＿＿＿＿＿＿、勉強できませんでした。
   （周りの人が話しかけた）

4. 例 この雑誌は多くの人に<u>読まれています</u>。（読む）
   このバラエティーは若者に＿＿＿＿＿＿＿＿＿＿。（見る）
   その子はいつも周りの人に＿＿＿＿＿＿＿＿＿＿。（愛する）

5. 例 <u>電車が途中で故障した</u>ために、仕事に遅れました。（電車が途中で故障する）
   ＿＿＿＿＿＿＿＿＿＿ために、学校を休みました。（熱が出る）
   ＿＿＿＿＿＿＿＿＿＿ために、彼は昨日から落ち込んでいる。（試合に負ける）

6. 例 私は野菜をぜんぜん食べません。<u>嫌いだからです</u>。（嫌い）
   今日は夕飯を食べないことにした。＿＿＿＿＿＿＿＿＿＿。（ダイエットしている）
   明日は勉強しません。＿＿＿＿＿＿＿＿＿＿。（彼氏とデートする）

7. 例 <u>料理を作った</u>のに、花ちゃんは食べてくれませんでした。（料理を作る）
   ＿＿＿＿＿＿＿＿＿＿のに、試験に落ちてしまいました。（頑張る）
   もう＿＿＿＿＿＿＿＿＿＿のに、なんで聞いてくれないの。（何回も言う）

問題九、_____に何が入りますか。Ａ・Ｂ・Ｃ・Ｄから一番適切なものを一つ選びなさい。

1. 高橋さんは何か悪いことをして、お父さん_____殴られたそうだ。
　　Ａ　の　　　　　　Ｂ　は　　　　　　Ｃ　を　　　　　　Ｄ　に
2. 彼氏が書いてくれたラブレター_____母に見られました。
　　Ａ　が　　　　　　Ｂ　で　　　　　　Ｃ　を　　　　　　Ｄ　に
3. 一生懸命練習した_____、優勝できなかった。
　　Ａ　ため　　　　　Ｂ　から　　　　　Ｃ　のが　　　　　Ｄ　のに
4. 会議に遅れた_____急用があったからだ。
　　Ａ　では　　　　　Ｂ　とは　　　　　Ｃ　のは　　　　　Ｄ　には
5. 中島くんにパソコンを _____。
　　Ａ　壊された　　　Ｂ　壊した　　　　Ｃ　壊れた　　　　Ｄ　壊れられた
6. 田中さんは父親_____死なれて、本当にお気の毒だ。
　　Ａ　が　　　　　　Ｂ　で　　　　　　Ｃ　を　　　　　　Ｄ　に
7. けがの_____、試合に出ることができない。
　　Ａ　こと　　　　　Ｂ　ため　　　　　Ｃ　それ　　　　　Ｄ　わけ
8. 学生な_____、全然勉強しません。
　　Ａ　ので　　　　　Ｂ　から　　　　　Ｃ　ため　　　　　Ｄ　のに
9. その若い人_____駅の場所を聞かれました。
　　Ａ　は　　　　　　Ｂ　へ　　　　　　Ｃ　を　　　　　　Ｄ　で
10. この仕事は給料が少ないから、みんなに_____います。
　　Ａ　きらわれて　　Ｂ　いやられて　　Ｃ　きらくて　　　Ｄ　きらって
11. 『阿Ｑ正伝』は魯迅_____書かれました。
　　Ａ　に対して　　　Ｂ　について　　　Ｃ　によると　　　Ｄ　によって
12. 今朝、学校に遅刻してしまいました。電車が遅れていた_____。
　　Ａ　からです　　　Ｂ　のでです　　　Ｃ　ことです　　　Ｄ　ところです
13. 嫌いな人に_____、嫌でした。
　　Ａ　告白してあげて　　　　　　　　Ｂ　告白してくれて
　　Ｃ　告白してもらって　　　　　　　Ｄ　告白されて
14. 好きな人が_____、うれしかったです。
　　Ａ　告白してあげて　　　　　　　　Ｂ　告白してくれて
　　Ｃ　告白してもらって　　　　　　　Ｄ　告白されて
15. あの二人は去年結婚したばかりな_____、もう離婚のことを考えているらしい。
　　Ａ　から　　　　　Ｂ　ため　　　　　Ｃ　ので　　　　　Ｄ　のに
16. 今週の金曜日の午後、ラフマホテルでサクラ杯スピーチ大会_____行われます。
　　Ａ　が　　　　　　Ｂ　で　　　　　　Ｃ　に　　　　　　Ｄ　を

問題十、___★___に入るものはどれですか。A・B・C・Dから一番適切なものを一つ選びなさい。

1. 発表は_____ _____ __★__ _____されたものです。

　　A　によって　　　　B　全員　　　　　　C　準備　　　　　　D　グループ

2. 授業に_____ _____ __★__ _____叱られた。

　　A　先生に　　　　　B　した　　　　　　C　遅刻　　　　　　D　ため

3. 今日は急に_____ _____ __★__ _____。

　　A　辞められて　　　B　困った　　　　　C　店員に　　　　　D　店を

4. 子供の時、母が _____ _____ __★__ _____。

　　A　ので　　　　　　B　育てられた　　　C　祖母に　　　　　D　忙しかった

5. 私は_____ _____ __★__ _____。

　　A　いろいろな　　　B　聞かれた　　　　C　ことを　　　　　D　面接で

読解

問題十一、次の文を読んで質問に答えなさい。答えはA・B・C・Dから一番適切なものを一つ選びなさい。

　長崎は私にとって思い出に残る町です。私が生まれたのは大阪で、父の仕事のため、子供の頃から、日本国内のいろいろな町に住みました。なかなか友達ができませんでしたが、長崎に住んでいた時は、たくさん友達だちができて、楽しかったのです。

　それに長崎にはおいしい物がたくさんありました。私が一番好きだったのは「ちゃんぽん」です。ラーメンのようにも見えますし、うどんのようでもあります。上に野菜や肉、エビなどがたくさん載っています。長崎には「ちゃんぽん」のお店がたくさんあるので、家族でよく食べに行きました。

　「ちゃんぽん」は長崎の中国料理店の人によって、作られた料理だそうです。その頃、長崎にいた中国人留学生は、安くておなかがいっぱいになる物を食べたがっていました。今は人気があるので、長崎以外にも「ちゃんぽん」のお店があります。

　先週、長崎で友達になった由美さんから、手紙が来ました。彼女は4年間タイで仕事をしていましたが、今年1月にインドネシアに引っ越したそうです。私は今、東京で働いています。私たちは、来年のお正月に、一緒に長崎に遊びに行こうと約束しています。

　1. どうして長崎は思い出に残る町ですか。

　　A　生まれてから中学生まで住んでいたから

　　B　友達ができたし、食べ物がおいしかったから

　　C　小学生の時、長く住んでいたから

      D　「ちゃんぽん」の店がたくさんあるから
  2.　「ちゃんぽん」の説明と合っているのはどれですか。
      A　野菜がたくさん入ったうどん
      B　肉や野菜が入ったラーメン
      C　長崎で「私」が好きだった料理
      D　長崎でしか食べられない料理
  3.　由美は今どこに住んでいますか。
      A　タイ　　　　　　B　インドネシア　　C　東京　　　　　　D　長崎

問題十二、次の文を読んで質問に答えなさい。答えはA・B・C・Dから一番適切なものを一つ選びなさい。

　人気作家の酒井淳さんがタイのチェンマイに行き、40年前に借りたお金を返しました。

　酒井さんのお父さんは40年前、タイのチェンマイへ旅行に行きました。お寺の横にあるおみやげの店で買い物をして、お金を払おうとしたら、財布がないことに気がつきました。盗まれてしまったからです。一人で旅行していたため、とても困りました。その時、お店の人、タワポンさんがお金を貸してくれたのです。そのお金でお父さんは、タイの日本大使館に行って、日本に帰ることかできたそうです。

　酒井さんのお父さんは、何度もその話をして、いつかお金を返しに行きたいと言っていましたが、去年亡くなりました。父親に死なれた酒井さんはとても悲しかったですが、父親の願いをどうしても成し遂げたかったのです。

　今年、酒井さんはちょうど仕事でバンコクに行くことになったので、チェンマイに行き、そのお店を探しました。その店はまだありました。お店にはタワポンさんの息子さんがいました。タワポンさんは亡くなっていましたが、息子さんはその話を知っていました。酒井さんはお父さんの代わりにお金を返して、[ありかとうございました」と何回も言いました。

  1.　どうしてお金を返しましたか。
      A　酒井淳さんがタワポンさんにお金を借りたから
      B　酒井淳さんのお父さんがタワポンさんにお金を借りたから
      C　酒井淳さんのお父さんがタワポンさんにお金を貸したから
      D　酒井淳さんがタワポンさんの息子さんにお金を借りたから
  2.　酒井さんのお父さんはどうして困りましたか。
      A　お金を忘れたから
      B　誰かが財布を取ったから
      C　道が分からなくなったから
      D　おみやげが高かったから
  3.　この新聞記事には何が書かれていますか。
      A　酒井淳さんがチェンマイでお父さんの代わりにお金を返したこと

B　酒井淳さんがチェンマイで昔自分が借りたお金を返したこと

C　酒井淳さんがチェンマイでお金を借りて、お礼を言ったこと

D　酒井淳さんがチェンマイで助けてもらった人にお礼を言ったこと

問題十三、声を出して読みなさい。

小学校の子供たちへの手紙

6年の皆さんへ

　私の家には、若い人たちが来ることがあまりないため、用意したお菓子や料理を、皆さんが食べてくれるかどうか、ちょっと心配でした。でも、喜んでたくさん食べてくれましたね。

　楽しい話もいろいろ聞けました。今川くんが犬にお菓子を取られた話は、思い出すと、今でも笑ってしまいます。大きい声を出して笑ったことは、最近はほとんどありませんでした。それから、掃除もしてくれました。高い所の窓は汚れたままになっていたのですが、今明るくなったのは山下さんたちが椅子に上がって、きれいにしてくれたからです。

　私には娘がいて、娘には男の子が二人いますが、今は海外に住んでいるので、あまり会えません。皆さんが帰ろうとした時に、泣きそうになってしまって、ごめんなさいね。でも、本当にうれしかったのです。また、いつか遊びに来てください。

青山より

翻訳

問題十四、次の文章を中国語に訳しなさい。

　昨日の夜、ルームメートの李さんの誕生日パーティーに行きました。もうすぐ期末試験だから、教室で復習をしたかったのですが、李さんに呼ばれて、パーティーに参加しなければなりませんでした。李さんはパーティーで生ものを食べて、おなかが痛くなったため、帰る時、隣の部屋の王さんが私と一緒に李さんを寮まで連れて帰ってくれました。本当に感謝の気持ちでいっぱいです。今朝、李さんはまだ具合が悪かったので、授業を欠席しました。私は先生にその理由を聞かれて、昨日のことを全部先生に言いました。授業が終わってから先生に呼ばれて、今週の宿題について李さんに伝えるように言われました。

1. 中国語訳を書きなさい。

_____

_____

_____

_____

2．日本語の原文だけを見て、声を出して中国語に訳しなさい。（中国語訳を見ないでください。）

問題十五、次の文章を日本語に訳しなさい。

　　小金是韩国人，目前在美国的一家公司工作。由于昨天是周五，小金和平时一样在公司上班。晚上，小金一回家就发现窗玻璃被打碎了。门虽然是锁着的，但是钱和电脑等都被拿走了，房间也变得乱七八糟[注1]的。听说这是小金第一次经历偷盗事件，真的吓了一跳。他自己也不知道该怎么办才好。然后，他给朋友铃木打了电话，在和铃木商量之后，小金决定报警了[注2]。

注1：乱七八糟／ごちゃごちゃ
注2：报警／警察に通報する

1．日本語訳を書きなさい。

_____

_____

_____

_____

2．中国語の原文だけを見て、声を出して日本語に訳しなさい。（日本語訳を見ないでください。）

問題十六、『忘れられない思い出』という題で、作文を書きなさい。

1．「です・ます体」を使って、書きなさい。
2．200字以上400字以内で書きなさい。
3．適切に漢字を使って書きなさい。
4．句読点、段落などに注意しながら、書きなさい。
5．字をきれいに書きなさい。

自我评价表

A完成得很好　B完成得一般　C完成得不理想

	练习	练习内容	练习目的	自我评价
课前预习	练习1	汉字标注假名	掌握日语汉字读音	A・B・C
	练习2	听写汉字	掌握日语汉字书写	A・B・C
	练习3	填写外来语	掌握外来语的书写及含义	A・B・C
	练习4	动词被动形	了解动词被动形的接续方法	A・B・C
课后总结	练习1	总结语法要点	巩固本课所学的语法知识	A・B・C
	练习2	使用知识要点达成交际目标	提高知识要点的实际应用能力	A・B・C
自我检测	问题一	汉字标注假名	掌握日语汉字读音	A・B・C
	问题二	假名标注汉字	掌握日语汉字书写	A・B・C
	问题三	外来语选择	掌握外来语的书写及含义	A・B・C
	问题四	词汇选择	掌握词汇的含义及用法	A・B・C
	问题五	同义句选择	掌握近义词汇及表达	A・B・C
	问题六	词汇用法选择	掌握词汇的含义及用法	A・B・C
	问题七	助词填空	掌握助词的用法	A・B・C
	问题八	完成句子	掌握句型的接续及用法	A・B・C
	问题九	句子语法1（选择语法项目）	提高语法知识的综合应用能力	A・B・C
	问题十	句子语法2（组合句子）		A・B・C
	问题十一	阅读理解	提高分析、理解日语文章的能力	A・B・C
	问题十二			A・B・C
	问题十三	日语短文朗读	掌握规范的语音、语调，培养语感	A・B・C
	问题十四	日译汉	巩固所学语法、词汇，提高综合应用能力	A・B・C
	问题十五	汉译日		A・B・C
	问题十六	作文		A・B・C

第13課

部活

请观看第13课的视频，预习本课相关的单词、句型等相关知识后，在课前完成下列练习。

练习1　读音：请给下列单词标注读音。

1. 笑う＿＿＿＿＿＿＿＿＿＿＿＿＿＿＿
2. 強い＿＿＿＿＿＿＿＿＿＿＿＿＿＿＿
3. 信頼＿＿＿＿＿＿＿＿＿＿＿＿＿＿＿
4. 多少＿＿＿＿＿＿＿＿＿＿＿＿＿＿＿
5. 守る＿＿＿＿＿＿＿＿＿＿＿＿＿＿＿
6. 集合＿＿＿＿＿＿＿＿＿＿＿＿＿＿＿
7. 作戦＿＿＿＿＿＿＿＿＿＿＿＿＿＿＿
8. 感動＿＿＿＿＿＿＿＿＿＿＿＿＿＿＿
9. 前半＿＿＿＿＿＿＿＿＿＿＿＿＿＿＿
10. 後半＿＿＿＿＿＿＿＿＿＿＿＿＿＿＿
11. 逆転＿＿＿＿＿＿＿＿＿＿＿＿＿＿＿
12. 人生＿＿＿＿＿＿＿＿＿＿＿＿＿＿＿
13. 優れる＿＿＿＿＿＿＿＿＿＿＿＿＿＿＿
14. 地域＿＿＿＿＿＿＿＿＿＿＿＿＿＿＿
15. 礼儀＿＿＿＿＿＿＿＿＿＿＿＿＿＿＿
16. 作業＿＿＿＿＿＿＿＿＿＿＿＿＿＿＿

练习2　请听录音，写汉字。

1. （　　　　　　）の先輩
2. 車を（　　　　　　）らせる
3. （　　　　　　）を使わせる
4. （　　　　　　）を言う
5. （　　　　　　）をつける
6. 優勝を（　　　　　　）す
7. シュートを（　　　　　　）たせる
8. 作戦が（　　　　　　）たる
9. 温かい（　　　　　　）
10. （　　　　　　）がある
11. 掛け替えのない（　　　　　　）
12. お客さんを（　　　　　　）する
13. （　　　　　　）を担う
14. 注意を（　　　　　　）う
15. （　　　　　　）を上げる
16. 最後の試験で（　　　　　　）する

练习3 请结合括号内提示，写出相应的外来语完成句子，并写出相应的英语单词。

1. 彼はいい＿＿＿＿＿＿＿（队长）になりますよ。　　　　　　英语：＿＿＿＿＿＿＿

2. バスケ部の＿＿＿＿＿＿＿（经理）の仕事は主に三つあります。　　英语：＿＿＿＿＿＿＿

3. トムさんは高校時代、優秀な＿＿＿＿＿＿＿（篮球）選手でした。　英语：＿＿＿＿＿＿＿

4. ＿＿＿＿＿＿＿（运动饮料）は子供に飲めますか。　　　　　英语：＿＿＿＿＿＿＿

5. バスケでは、ジャンプしながら＿＿＿＿＿＿＿（投篮）することがほとんどです。

　　　　　　　　　　　　　　　　　　　　　　　　　　　英语：＿＿＿＿＿＿＿

6. 田中さんは早くもチームの＿＿＿＿＿＿＿（精英）になりました。　英语：＿＿＿＿＿＿＿

7. 私はクラスで＿＿＿＿＿＿＿（活跃气氛的积极分子）的な存在です。英语：＿＿＿＿＿＿＿

8. 中学校の＿＿＿＿＿＿＿（操场）で野球の練習を始めました。　英语：＿＿＿＿＿＿＿

9. 外は寒いから、＿＿＿＿＿＿＿（围巾）をして出かけてくださいね。英语：＿＿＿＿＿＿＿

10. 時々コーチと相談して、練習＿＿＿＿＿＿＿（菜单）を変えたりします。

　　　　　　　　　　　　　　　　　　　　　　　　　　　英语：＿＿＿＿＿＿＿

练习4 预习动词使役形的相关知识，总结接续方法并写出下列动词的使役形。

分类	接续方法	基本形	使役形
五段动词		洗う 使う	
		書く 泳ぐ	
		話す 出す	
		立つ 持つ	
		死ぬ	
		遊ぶ 呼ぶ	
		飲む 読む	
		守る 怖がる	
一段动词		見る 決める	
サ变动词		する 結婚する	
カ变动词		来る	

课后总结

练习1　对照语法要点，填写下表。

语法要点	造句	语法细节
N1 は N2 を V せる／させる。（强制，指示） N1 は N2 に N3 V せる／させる。（强制，指示）	"强制"例句： "指示"例句：	
N1 は N2 を V せる／させる。（容许，放任） N1 は N2 に N3 V せる／させる。（容许，放任）	"容许"例句： "放任"例句：	
N1 は N2 を V せる／させる。（情感诱发）		
～とおり		
N によって		
N にとって		
N に対して		
こそ		
ぞ		

练习1　仿照范例，使用本课知识要点，尝试达成以下的交际目标。

1. 能够使用日语讨论任务分配。

例　A：李さんにキャプテンにやらせたいと思っていますが、どうですか。

　　B：彼は真面目だし、責任感が強い人ですね。

　　A：そうですね。責任感が強いキャプテンはチームにとって大切です。

_____

_____

_____

2. 能够使用日语谈论社团活动。

_____

_____

_____

3. 能够使用日语介绍比赛状况。

_____

_____

_____

自我检测

言語知識（文字・語彙）

問題一、次の下線の単語を平仮名で書きなさい。

1. 正しい<u>敬語</u>の使い方を学びましょう。（　　　　）
2. <u>走</u>っても間に合わないかもしれません。（　　　　）
3. <u>冗談</u>半分の話ですが、聞いてほしいです。（　　　　）
4. 高校時代の先生はあなたにとってどんな<u>存在</u>でしたか。（　　　　）
5. これから新チーム<u>作</u>りに取り組んでいきましょう。（　　　　）
6. ボール<u>磨</u>きから始めましょうか。（　　　　）
7. 私は今度のサッカーの試合で優勝することを<u>目指</u>しています。（　　　　）
8. 彼女はいつも<u>礼儀</u>正しい態度で人と接しています。（　　　　）
9. 昨日宝くじに<u>当</u>たる夢を見ました。（　　　　）
10. 彼女のスピーチに<u>感動</u>して涙が出ました。（　　　　）

問題二、次の下線の単語を漢字で書きなさい。

1. <u>ぶかつ</u>で学んだことを皆さんに教えてください。（　　　　）
2. いつも助けてくれる友達を<u>しんらい</u>しています。（　　　　）
3. 彼女は性格がよくて、いつも<u>わら</u>っています。（　　　　）
4. 年を取ると、<u>たいりょく</u>も落ちますね。（　　　　）
5. 今日は私たちにとって<u>じゅうよう</u>な日です。（　　　　）
6. もうすぐ試合の状況は<u>ぎゃくてん</u>します。（　　　　）
7. <u>じんせい</u>って何かよく考えています。（　　　　）

8. 選手たちに温かい<u>はくしゅ</u>を送りました。（　　　　）

9. 私が<u>のぞむ</u>のは君が真面目に勉強してくれることです。（　　　　）

10. 冬休みに家に帰って、<u>かじ</u>を手伝うつもりです。（　　　　）

問題三、＿＿＿＿に何が入りますか。Ａ・Ｂ・Ｃ・Ｄから一番適切なものを一つ選びなさい。

1. おしゃれな（　　　）の巻き方を教えてください。
   Ａ　ネックレス　　　　Ｂ　シャツ　　　　　Ｃ　ズボン　　　　　Ｄ　マフラー

2. （　　　　）は今、運動するときに必要な飲み物になっています。
   Ａ　スポーツドリンクＢ　ビール　　　　　Ｃ　ワイン　　　　　　Ｄ　コーヒー

3. 初心者のためのバスケットの（　　　　）の基礎知識をまとめました。
   Ａ　エース　　　　　　Ｂ　ゲーム　　　　　Ｃ　ディフェンス　　Ｄ　ボール

4. （　　　　）は、チームの成功に責任を持たなければなりません。
   Ａ　バスケット　　　　Ｂ　キャプテン　　　Ｃ　メニュー　　　　Ｄ　ムードメーカー

5. エースの龍さんが（　　　　）をした時、会場から温かい拍手が送られました。
   Ａ　シュート　　　　　Ｂ　ボール　　　　　Ｃ　ギター　　　　　Ｄ　ディフェンス

6. マラソンのトレーニング（　　　　）を詳しく知りたいです。
   Ａ　バスケット　　　　Ｂ　シュート　　　　Ｃ　メニュー　　　　Ｄ　ドリンク

7. 掃除や洗濯などはバスケットボール部の（　　　）の重要な仕事です。
   Ａ　エース　　　　　　Ｂ　マネージャー　Ｃ　キャプテン　　　Ｄ　コーチ

8. （　　　　）とはその場の雰囲気を盛り上げることができる人のことです。
   Ａ　エース　　　　　　Ｂ　コーチ　　　　　Ｃ　キャプテン　　　Ｄ　ムードメーカー

9. 小学校の（　　　）で野球の練習をしているのをよく見かけます。
   Ａ　バスケット　　　　Ｂ　コーチ　　　　　Ｃ　ボール　　　　　Ｄ　グラウンド

10. テレビで私の好きな（　　　　）をやっていたので、すっかりご飯のことを忘れてしまいました。
    Ａ　コーチ　　　　　　Ｂ　アニメ　　　　　Ｃ　ボール　　　　　Ｄ　キャプテン

問題四、＿＿＿＿に何が入りますか。Ａ・Ｂ・Ｃ・Ｄから一番適切なものを一つ選びなさい。

1. 体力を（　　　）ために、毎日何をしますか。
   Ａ　かける　　　　　　Ｂ　つける　　　　　Ｃ　かかる　　　　　Ｄ　つく

2. （　　　　）ばかり言われると、不愉快になることもあります。
   Ａ　冗談　　　　　　　Ｂ　笑い　　　　　　Ｃ　話　　　　　　　Ｄ　考え

3. 課長にもう少し注意を（　　　）、仕事をしなさいと言われました。
   Ａ　払って　　　　　　Ｂ　考えて　　　　　Ｃ　引く　　　　　　Ｄ　つける

4. この仕事は思ったとおりにうまく（　　　　）います。
   Ａ　して　　　　　　　Ｂ　いって　　　　　Ｃ　答えて　　　　　Ｄ　話して

5. （　　　　）場合でも、自分らしく生きていきましょう。

    A　どの　　　　　　　B　どんな　　　　　C　どこ　　　　　　　D　どれ

6. 今回、自分の（　　　　）を積極的に伝えられるようになりました。

    A　冗談　　　　　　　B　意見　　　　　　C　お知らせ　　　　　D　準備

7. （　　　　）、そこで会えるかもしれません。

    A　いつ　　　　　　　B　いつも　　　　　C　ひょっとしたら　　D　必ず

8. 真理：調子がよくなさそう。どうしたの。

   由美：風邪ぐらい（　　　　）。

    A　何もない　　　　　B　何より　　　　　C　何でもない　　　　D　何はない

9. （　　　　）も大切なことは、自信を持つことです。

    A　なにより　　　　　B　なに　　　　　　C　なにか　　　　　　D　なんで

10. 入学してから今日まで皆さんと一緒に過ごしてきた4年間は私にとって（　　　　）日々　　でした。ありがとう。

    A　何でもない　　　　　　　　　　　B　かけがえのない

    C　とんでもない　　　　　　　　　　D　宝物

問題五、＿＿＿＿の文とだいたい同じ意味の文があります。Ａ・Ｂ・Ｃ・Ｄから一番適切　　なものを一つ選びなさい。

1. その電話番号はただしいです。

    A　その電話番号はまちがっていません。

    B　その電話番号はあっていません。

    C　その電話番号はかわっていません。

    D　その電話番号はかいていません。

2. この写真は私にとって何よりも大切です。

    A　この写真は私にとって何でもないです。

    B　この写真は私にとって何もないです。

    C　この写真は私にとって一番大切です。

    D　この写真は私にとって二番目大切です。

3. 妹は母をしんぱいさせました。

    A　母は妹に「だめか」と言いました。

    B　母は妹に「大丈夫？」と言いました。

    C　母は妹に「お帰り」と言いました。

    D　母は妹に「いってらっしゃい」と言いました。

4. 警察官は「名前を言いなさい」と言いました。

    A　警察官は名前を言いました。

    B　警察官は名前を言わせました。

C　警察官は名前を言われました。

D　警察官は名前を忘れました。

5. 何でもない日にプレゼントをもらってもうれしいです。

A　大した日にプレゼントをもらってもうれしいです。

B　何もない日にプレゼントをもらってもうれしいです。

C　特別ではない日にプレゼントをもらってもうれしいです。

D　大切な日にプレゼントをもらってもうれしいです。

問題六、次の言葉の使い方で一番適切なものをA・B・C・Dから一つ選びなさい。

1. 逆転

A　彼女は背が高いです。逆転に、彼氏は背が低いです

B　学生は勉強せずにアルバイトをするのは逆転です。

C　途中まで負けていたが、最後逆転して勝ちました。

D　逆転方向に行こうとしています。

2. 当たる

A　宝くじに当たるチャンスは少しあります。

B　先生に当たるのは私の夢です。

C　息子が大学生に当たった時、うれしかったです。

D　今度、講堂を試験会場に当たります。

3. はらはら

A　犬は暑くて、はらはら舌を出しています。

B　人の失敗をはらはらと笑うのは失礼です。

C　サスペンスドラマを見て、最後まではらはらしていました。

D　ペットの愛ははらはら言いながら走ってきました。

4. 温かい

A　新入生を温かく迎えてあげましょう。

B　このマフラーは温かい色合いですね。

C　春になって、温かくなりました。

D　この服を着ていると温かいです。

5. 面倒

A　夜中まで騒がれて、面倒です。

B　この仕事は面倒ですが、楽しいです。

C　彼の家は広いですが、面倒な場所にあります。

D　車内で大きな声で話している人がいて、面倒です。

言語知識（文法）

問題七、（　　　）に適切な仮名を入れなさい。

1. お母さんは妹（　　　）スーパーに行かせました。
2. ここは時間帯（　　）（　　）（　　）（　　）、混む状況が違います。
3. 南君はいつもみなさん（　　　）笑わせますね。
4. 小さい子供（　　）は横断歩道（　　　）渡らせたほうがいいですよ。
5. 誰にとって（　　　）一番大事なのは体です。
6. 王さんは猫（　　）庭（　　　）走らせました。
7. 思ったとおり（　　　）はっきり言ってください。
8. 私は嘘を言って先生（　　）怒らせてしまいました。
9. 私の先生は自分に対して（　　）厳しいですが、人に対して（　　）優しいです。
10. 健康（　　）（　　）私にとって最も大切なものです。

問題八、（　　　）の動詞を適当な形にして、＿＿＿に書きなさい。

1. 楊さんは作文が苦手ですが、先生はよく楊さんに作文を＿＿＿＿＿＿＿＿ます。
（書く）
2. 幸子さんはおいしいチーズケーキを作って、みんなを＿＿＿＿＿＿＿＿ました。
（喜ぶ）
3. 厳しいトレーニングばかりさせないで、子供を自由に＿＿＿＿＿＿＿＿ほうがい
いですよ。（泳ぐ）
4. 皆さん、お＿＿＿＿＿＿＿しました。さあ、授業を始めましょう。（待つ）
5. お母さんは子供に好きなテレビゲームを＿＿＿＿＿＿＿ています。（やる）
6. 昨日、兄は私を買いものに＿＿＿＿＿＿＿。（行く）
7. 冷たい風が入ってきて寒かったので、弟に窓を＿＿＿＿＿＿＿。（閉める）
8. 監督はキャプテンにメンバーを＿＿＿＿＿＿＿ます。（集める）
9. A：もう嫌だ。会社をやめます。
　　B：え、うそでしょ？＿＿＿＿＿＿＿ないでくださいよ。（驚く）
10. A：その後、体はどうですか。
　　B：だいぶよくなりました。恵子さんを＿＿＿＿＿＿＿てしまって、すみません
　　　ね。（心配する）

問題九、次の文を完成させなさい。

1. このレストランは曜日によって＿＿＿＿＿＿＿＿＿。

2. 人の性格によって＿＿＿＿＿＿＿＿＿＿＿＿＿＿＿＿。

3. 外国で働きたい人にとって＿＿＿＿＿＿＿＿＿＿＿＿＿＿＿＿＿。

4. 今年は皆さんにとって＿＿＿＿＿＿＿＿＿＿＿＿＿＿＿。

5. 親に対して＿＿＿＿＿＿＿＿＿＿＿＿＿＿＿。

6. 王さんは誰に対しても＿＿＿＿＿＿＿＿＿＿＿＿＿＿＿。

7. 私が思ったとおり、＿＿＿＿＿＿＿＿＿＿＿＿＿＿＿。

8. A：＿＿＿＿＿＿＿＿＿＿＿＿＿＿＿。

   B：そのとおりです。

9. 健康こそ＿＿＿＿＿＿＿＿＿＿＿＿＿＿。

10. この漫画こそ＿＿＿＿＿＿＿＿＿＿＿＿＿＿。

問題十、＿＿＿に何が入りますか。A・B・C・Dから一番適切なものを一つ選びなさい。

1. 実家に帰る前にいつも連絡するのですが、今回は両親を＿＿＿＿と思って、帰ることを知らせませんでした。

   A　びっくりして　　　B　びっくりしようC　びっくりさせようD　びっくりさせる

2. 王さん＿＿＿＿、家族ほど大切なものはないようです。

   A　によって　　　　　B　にとって　　　C　に対して　　　　D　にして

3. 厳しい先生＿＿＿＿、学生＿＿＿＿何回も書き直させました。

   A　は、に　　　　　　B　は、を　　　　C　に、を　　　　　D　に、に

4. 丁さん、この作文、よく＿＿＿＿いますね。

   A　書かせられて　　　B　書かせて　　　C　書かれて　　　　D　書けて

5. 周りの人に、「あなたはつまらない人だ」とは、絶対に＿＿＿＿。

   A　思いたくない　　　B　思わせたくないC　思われたくなる　D　思わせてくれない

6. この本、ちょっと＿＿＿＿てもいいですか。

   A　借りさせ　　　　　B　借り　　　　　C　借りされ　　　　D　借りなく

7. コーチは選手たち＿＿＿＿グラウンドを＿＿＿＿ました。

   A　に、走らせ　　　　B　を、走らせ　　C　を、走られ　　　D　に、走らされ

8. 子供にパソコンを＿＿＿＿て、怒りました。

   A　壊され　　　　　　B　壊させ　　　　C　壊れ　　　　　　D　壊させられ

9. 学生1：昨日、上原さんはテストを受けられなかったの。

   学生2：10分ぐらい遅刻しました。10分以上遅れた人にはテストを受け＿＿＿＿そうです。

   A　させない　　　　　B　させる　　　　C　されない　　　　D　される

10. 田中：武は昨日また、熱を出しちゃった。

   　王：えっ、健康のために武君に何かスポーツを＿＿＿＿ほうがいいだろう。

   A　する　　　　　　　B　した　　　　　C　させた　　　　　D　された

問題十一、＿＿★＿＿に入るものはどれですか。Ａ・Ｂ・Ｃ・Ｄから一番適切なものを一つ
　　　　　選びなさい。

1. この絵画教室では ＿＿＿ ＿＿＿ ＿★＿ ＿＿＿ そうです。
   Ａ　子供たちに　　　Ｂ　準備させる　　Ｃ　道具を　　　　Ｄ　習慣がある
2. 王さんは友達の ＿＿＿ ＿＿＿ ＿★＿ ＿＿＿ ました。
   Ａ　読んで　　　　　Ｂ　友達を　　　　Ｃ　日記を　　　　Ｄ　怒らせ
3. 自分の発言＿＿＿ ＿＿＿ ＿★＿ ＿＿＿。
   Ａ　持たなくては　　Ｂ　に対して　　　Ｃ　責任を　　　　Ｄ　いけません
4. 天気によって、＿＿＿ ＿＿＿ ＿★＿ ＿＿＿。
   Ａ　が　　　　　　　Ｂ　見える　　　　Ｃ　変わる　　　　Ｄ　景色
5. この町は＿＿＿ ＿＿＿ ＿★＿ ＿＿＿ 町です。
   Ａ　友達が　　　　　Ｂ　とおりに　　　Ｃ　有名な　　　　Ｄ　言っていた

読解

問題十二、次の文を読んで質問に答えなさい。答えはＡ・Ｂ・Ｃ・Ｄから一番適切なも
　　　　　のを一つ選びなさい。

　私は小さな貿易会社に勤めています。毎日真面目に働いていますが、昨日、社長に叱られま
した。メールを送るのを忘れてしまったからです。おととい、社長に「お客さんとの約束の時間
が決まったら、メールを送ってください」と言われていました。それはとても大事なメールでし
た。

　来週の金曜日、私は社長と一緒にお客さんの会社へ行く予定でした。私がお客さんと相談して
時間を決めて、それを社長に知らせることになっていました。おととい、私はお客さんと電話で
相談して、来週の金曜日の午前10時に会う約束をしました。私が社長にメールを送るのを忘れ
ていたので、社長は①その時間、ほかのお客さんと会う予定を入れてしまいました。社長から昨
日「仕事の連絡は早くしてください」と言われました。

　私は今日もう一度お客さんと電話して、来週の金曜日の午後2時に変更してもらいました。そ
して、社長に報告のメールを送りました。これから、二度としないように、気をつけようと思い
ます。

1. ①「その時間」とはいつですか。
   Ａ　昨日の朝
   Ｂ　おとといの夕方
   Ｃ　来週の金曜日の午前10時
   Ｄ　来週の金曜日の午後2時

2. 「私」はどうして叱られたのですか。

    A　報告のメールをしなかったから

    B　約束の時間を間違えてしまったから

    C　社長は約束の時間が嫌いだったから

    D　約束の時間はまだ決まっていないから

3. 何についてのメールを忘れたのですか。

    A　お客さんが「私」の会社に来る時間について

    B　「私」と社長がお客さんの会社を訪ねる時間について

    C　社長と「私」が会う時間について

    D　社長とお客さんが相談する時間について

4. 最終的にお客さんとの約束はどうなりましたか。

    A　取り消しになった。

    B　そのまま変更しないことになった。

    C　別の時間に変えることになった。

    D　まだ決まっていない。

問題十三、次の文を読んで質問に答えなさい。答えはA・B・C・Dから一番適切なものを一つ選びなさい。

　私が初めてコンピューターに触ったのは高校に入った時でした。あの時はなかなか使い方を覚えられなくて大変だったのをまだ覚えています。でも、今の若者たちはみんな、生まれた時からコンピューターがあるので、きっと上手に使えるのだろうと私は思っていました。

　でも、それはちょっと①違ったようです。大学を出たばかりの人が私の会社に入ってきましたが、②彼はコンピューターが下手です。どうしてか聞いてみると、今まであまり使ったことがないからだと言いました。コンピューターは高校の授業で少し触っただけで、大学ではほとんど使わなかったらしいです。そして、宿題のレポートを書く時でも、スマートフォンを使って書いていたので、困らなかったと言っていました。これを聞いて、私は③とてもびっくりさせられました。

　いつか、会社でもスマートフォンやタブレットだけを使って仕事をする時代が訪れるのかもしれません。でも、今の会社では、コンピューターを使えることがとても大事です。だから、（　　　　）。

1. 何が①「違ったよう」なのですか。

    A　若者たちはみんなコンピューターが下手だということ

    B　若者たちはみんなコンピューターが上手だということ

    C　生まれた時からコンピューターがあること

    D　生まれた時からコンピューターがないこと

2. なぜ②「彼はコンピューターが下手です」か

A 生まれた時からコンピューターがなかったから

B 学校でコンピューターの使い方を習わなかったから

C 大学を出たばかりだから

D 今までコンピューターをあまり使わなかったから

3. どんなことで③「とてもびっくりさせられました」か。

A スマートフォンでレポートを書いていたが、困らなかったこと

B 彼はコンピュータが得意ではないこと

C 彼は大学を卒業したばかりなのに、コンピューターを使えないこと

D 彼はコンピュータの使い方がなかなか覚えられなかったこと

4. （　　　　）に入れるのに、最もいい文はどれですか。

A 会社に入る前にコンピューターの使い方を覚えなくてもいいです。

B 会社に入る前にコンピューターの使い方を覚えてほしいです。

C 会社に入った後でコンピューターの使い方を習ったほうがいいです。

D 会社に入った後で先輩にコンピューターの使い方を教えてもらったほうがいいです。

問題十四、声を出して読みなさい。

前略

ゆきさん、夏休みに子供を招待してくれてありがとうございます。子供たちは日本への旅をとても楽しみにしています。行きたい場所ですが、「ディズニーランド」と「上野動物園」だそうです。すみませんが、連れていってもらえませんか。お金は上の子に持たせています。どうぞ使ってください。子供二人だけで東京まで行かせるのはとても心配ですが、それもきっといい思い出になると思っています。ゆきさんにご迷惑をおかけしますが、どうぞよろしくお願いします。

早々

翻訳

問題十五、次の文章を中国語に訳しなさい。

週末、私はタブレットでドラマを見ていた時、お母さんに「八百屋に行って、いちごを買ってきて」と言われた。ちょうどおもしろいところだったから、弟を代わりに[注1]買い物に行かせた。弟がほしいと言っていたサッカーボールをあげると私が言ったら、すぐ弟は「行く！」と言ったのだ。でも、後で、そのことをお母さんに知られてしまって、私はお母さんにさんざん[注2]怒られた。そして、私はお母さんにタブレットを1か月間取られてしまった。

注1：代わりに／代替

注2：さんざん／狼狼地

1. 中国語訳を書きなさい。

_____

_____

_____

2. 日本語の原文だけを見て、声を出して中国語に訳しなさい。（中国語訳を見ないでください。）

問題十六、次の文章を日本語に訳しなさい。

　　我小时候学了小提琴、篮球等等。每天回到家也被妈妈逼着练习小提琴。每天忙得都没有时间和朋友玩。我非常讨厌这样。所以我在想绝对不会让自己的孩子做不喜欢的事情。但是现在在让6岁的女儿学习钢琴和游泳。时不时注1会因为练习钢琴而惹哭她。

注1：时不时……／時々、Ｖ（基本形）ことがあります。

1. 日本語訳を書きなさい。

_____

_____

_____

2. 中国語の原文だけを見て、声を出して日本語に訳しなさい。（日本語訳を見ないでください。）

問題十七、『大学生活で学んだこと』という題で、作文を書きなさい。

1. 「です・ます体」を使って、書きなさい。
2. 200字以上400字以内で書きなさい。
3. 適切に漢字を使って書きなさい。
4. 句読点、段落などに注意しながら、書きなさい。
5. 字をきれいに書きなさい。

自我评价表

A完成得很好　B完成得一般　C完成得不理想

	练习	练习内容	练习目的	自我评价
课前预习	练习1	汉字标注假名	掌握日语汉字读音	A・B・C
	练习2	听写汉字	掌握日语汉字书写	A・B・C
	练习3	填写外来语	掌握外来语的书写及含义	A・B・C
	练习4	动词使役形	了解动词使役形的接续方法	A・B・C
课后总结	练习1	总结语法要点	巩固本课所学的语法知识	A・B・C
	练习2	使用知识要点达成交际目标	提高知识要点的实际应用能力	A・B・C
自我检测	问题一	汉字标注假名	掌握日语汉字读音	A・B・C
	问题二	假名标注汉字	掌握日语汉字书写	A・B・C
	问题三	外来语选择	掌握外来语的书写及含义	A・B・C
	问题四	词汇选择	掌握词汇的含义及用法	A・B・C
	问题五	同义句选择	掌握近义词汇及表达	A・B・C
	问题六	词汇用法选择	掌握词汇的含义及用法	A・B・C
	问题七	助词填空	掌握助词的用法	A・B・C
	问题八	完成句子	掌握句型的接续及用法	A・B・C
	问题九			A・B・C
	问题十	句子语法1（选择语法项目）	提高语法知识的综合应用能力	A・B・C
	问题十一	句子语法2（组合句子）		A・B・C
	问题十二	阅读理解	提高分析、理解日语文章的能力	A・B・C
	问题十三			A・B・C
	问题十四	日语短文朗读	掌握规范的语音、语调，培养语感	A・B・C
	问题十五	日译汉	巩固所学语法、词汇，提高综合应用能力	A・B・C
	问题十六	汉译日		A・B・C
	问题十七	作文		A・B・C

第14課

研修

课前预习

请观看第14课的视频，预习本课相关的单词、句型等相关知识后，在课前完成下列练习。

练习1　请给下列单词标注读音。

1. 次回＿＿＿＿＿＿＿＿＿＿＿＿＿
2. 接客＿＿＿＿＿＿＿＿＿＿＿＿＿
3. 能力＿＿＿＿＿＿＿＿＿＿＿＿＿
4. 科学＿＿＿＿＿＿＿＿＿＿＿＿＿
5. 残業＿＿＿＿＿＿＿＿＿＿＿＿＿
6. 今夜＿＿＿＿＿＿＿＿＿＿＿＿＿
7. 遠慮＿＿＿＿＿＿＿＿＿＿＿＿＿
8. 家事＿＿＿＿＿＿＿＿＿＿＿＿＿
9. 会計＿＿＿＿＿＿＿＿＿＿＿＿＿
10. 意外＿＿＿＿＿＿＿＿＿＿＿＿＿

练习2　请听录音，写汉字。

1. （　　　）なこと
2. （　　　）に取る
3. 専門用語が（　　　）
4. （　　　）が感じられる
5. 日本語（　　　）
6. とても（　　　）している
7. （　　　）で働く
8. 能力が足りないことを（　　　）した
9. 仕事を（　　　）
10. （　　　）させてもらう

练习3　请结合括号内提示，写出相应的外来语完成句子，并写出相应的英语单词。

1. 人の＿＿＿＿＿＿（错误）を許せるようになりました。　　英语：＿＿＿＿＿＿
2. サッカーの試合で、彼はいい＿＿＿＿＿＿（比赛）を見せました。　英语：＿＿＿＿＿＿
3. 海外旅行の場合は、＿＿＿＿＿＿（签证）が必要です。　　英语：＿＿＿＿＿＿
4. イタリアで＿＿＿＿＿＿（设计）の勉強をするのが彼女の夢です。　英语：＿＿＿＿＿＿
5. パソコンでできる＿＿＿＿＿＿（游戏）の探し方を紹介します。　英语：＿＿＿＿＿＿

练习4　预习动词使役被动形的相关知识，总结接续方法并写出下列动词的使役被动形。

分类	接续方法	基本形	使役被动形
五段动词		洗う 払う 聞く 泳ぐ 立つ 待つ 死ぬ 遊ぶ 叫ぶ 飲む 読む 作る 走る 話す 消す	
一段动词		起きる 決める	
サ变动词		する 勉強する	
カ变动词		来る	

课后总结

练习1　对照语法要点，填写下表。

语法要点	造句	语法细节
V せて／させてくれる・くださる。		
V せて／させてもらう・いただく。		
V せて／させてあげる・やる・おく。		
V せて／させてください。		
N1 は N2 に V せられる／される・させられる。		

练习2　使用本课知识要点，尝试达成以下的交际目标。

1. 能够使用日语谈论研修准备工作。

　　_____

　　_____

　　_____

2. 能够使用日语交流社会实践的情况。

　　_____

　　_____

　　_____

3. 能够使用日语介绍研修情况。

　　_____

　　_____

　　_____

自我检测

言語知識（文字・語彙）

問題一、次の下線の単語を平仮名で書きなさい。

1. 事務的な人は仕事が早く、話が短い印象があります。（　　　　）
2. 集団生活で、勝手な行動をしてはいけません。（　　　　）
3. 日本のニュースはすぐにこちらに伝わってきました。（　　　　）
4. 今日は、病気で早退させてもらいました。（　　　　）
5. 現在、安定した仕事を求める若者が多いようです。（　　　　）
6. 最近、結婚願望が強い男性が増えているようです。（　　　　）
7. 英語能力が足りないことに気づきました。（　　　　）
8. 反省しない人は成長できないと思います。（　　　　）
9. トップになりたいから、全力で走ります。（　　　　）
10. お医者さんの講演を聞いて、健康の大切さを痛感しました。（　　　　）

問題二、次の下線の単語を漢字で書きなさい。

1. おかいけいはいくらですか。（　　　　）
2. こんやは前から楽しみにしていた花火大会が開かれます。（　　　　）
3. せっきゃくの基本的なマナーを身につけます。（　　　　）
4. かがく的な知識はかなり少ない。（　　　　）
5. 明日こそざんぎょうしないで、早めに終わらせます。（　　　　）
6. 会議の内容に問題があれば、えんりょなく言ってください。（　　　　）
7. 心配していましたが、いがいに元気そうで安心しました。（　　　　）
8. 彼女は忙しくて、かじをする時間もありません。（　　　　）
9. じかいの会議でスケジュールを決めましょう。（　　　　）
10. 私の趣味は筋肉をきたえることです。（　　　　）

問題三、＿＿＿＿に何が入りますか。A・B・C・Dから一番適切なものを一つ選びなさい。

1. ＿＿＿＿には、入国の目的によっていろいろな種類があります。
   A ビザ　　　　　B ズボン　　　　C パスポート　　D ミス
2. 大きな＿＿＿＿をしてしまって、仕事を失うところでした。
   A サイズ　　　　B スカート　　　C ミス　　　　　D デザイン

3. ノートパソコンを買うなら、おしゃれな_____がいいです。
　　A　デザイン　　　　B　タブレット　　C　カメラ　　　　D　カード
4. あの選手はテニスの試合でいい_____を見せてくれました。
　　A　ニュース　　　　B　メール　　　　C　プレー　　　　D　ルール

問題四、_____に何が入りますか。A・B・C・Dから一番適切なものを一つ選びなさい。

1. すみません。電話を_____させていただけませんか。
　　A　かけ　　　　　　B　あけ　　　　　C　もらわ　　　　D　つけ
2. 棚が高いから、一番上の本を_____もらえませんか。
　　A　わたして　　　　B　とって　　　　C　し　　　　　　D　よんで
3. _____会っていないから、元気かどうかわかりません。
　　A　すぐ　　　　　　B　もう　　　　　C　しばらく　　　D　久しぶりに
4. 上司に対して、_____せずに自分の意見を言ったほうがいいです。
　　A　遠慮　　　　　　B　邪魔　　　　　C　迷惑　　　　　D　面倒
5. 彼女の顔を見ると_____から、会いたくないです。
　　A　うれしい　　　　B　いらいらする　C　笑う　　　　　D　たのしい
6. 自分の親にも_____なことを言ってはいけません。
　　A　ひどい　　　　　B　勝負　　　　　C　うそ　　　　　D　勝手
7. 運動不足を_____、毎晩ジョギングするようにしています。
　　A　気づいて　　　　B　反省して　　　C　発見して　　　D　見て
8. 親は_____で子供の未来を守るものです。
　　A　全力　　　　　　B　全部　　　　　C　確か　　　　　D　本当
9. 母親の私は、毎日食事を作ることの大変さを_____しています。
　　A　感じ　　　　　　B　感覚　　　　　C　痛感　　　　　D　頭痛
10. 啓介：（寮の部屋の汚い様子を見て）あいつの研究室もきっと汚いと思うよ。
　　　大地：いや、実際に行ってみたら、_____ときれいだったよ。
　　A　意外　　　　　　B　勝手　　　　　C　はっきり　　　D　やはり

問題五、_____の文とだいたい同じ意味の文があります。A・B・C・Dから一番適切なものを一つ選びなさい。

1. この花のしゃしんをとらせてください。
　　A　この花のしゃしんをとりたいです。
　　B　この花のしゃしんをとってもらいたいです。
　　C　この花のしゃしんをとってほしいです。
　　D　この花のしゃしんをとらないでほしいです。
2. 王さんのペンを使わせていただきました。

A 私は王さんにペンを貸しました。

B 私は王さんのペンを使いました。

C 私は王さんにペンを使ってもらいました。

D 王さんは私のペンを使いました。

3. 私は母に嫌いな野菜を食べさせられました。

A 私は母に嫌いな野菜を食べられました。

B 私は母に嫌いな野菜を食べさせました。

C 母は嫌いな野菜を食べられました。

D 母は私に嫌いな野菜を食べさせました。

4. この店はこんなにおいしいとはいがいでした。

A この店はこんなにおいしいと思いました。

B この店はこんなにおいしいと言いました。

C この店はこんなにおいしいと思いませんでした。

D この店はこんなにおいしいと言いませんでした。

5. 上原君はおもしろい小説を読ませてくれました。

A 私は上原君におもしろい本を読ませてあげました。

B 私は上原君におもしろい本を読ませてもらいました。

C 私は上原君におもしろい本を読まされました。

D 私は上原君におもしろい本を読ませました。

問題六、次の言葉の使い方で一番適切なものをA・B・C・Dから一つ選びなさい。

1. しばらく

A しばらく雪が降り始めました。

B スマホで調べたら、しばらく分かりました。

C 高校の時の友達にしばらく会いました。

D 病気で入院したので、しばらく休みます。

2. 遠慮

A 来年のことを遠慮するようにしなさい。

B 遠慮してあまり食べません。

C 将来の進路を遠慮しなければなりません。

D 子供たちへの温かいご遠慮に、心から感謝します。

3. 勝手

A 旅行の二日目は勝手に行動してもいいです。

B 勝手な時間を過ごすために、週末家族と植物園に行きます。

C 彼女はいつも勝手に順番を決めて、嫌です。

D この幼稚園で、子供たちは勝手に好きなおもちゃが選べます。

4. いらいら

    A　彼女は長く待たされて、<u>いらいら</u>していました。

    B　明日のコンサートが楽しみで、<u>いらいら</u>しています。

    C　初めて飛行機に乗って、<u>いらいら</u>していました。

    D　いよいよ海外旅行に行く日で、胸が<u>いらいら</u>しています。

5. 痛感

    A　恋愛をして、初めて結婚という言葉の意味を<u>痛感</u>しました。

    B　4月から大学生になったが、なかなか<u>痛感</u>がありません。

    C　試合に負けて悔しかったですが、実力のなさも<u>痛感</u>しました。

    D　何度も練習をしてきたが、昨日の試合で初めてその成果を<u>痛感</u>しました。

言語知識（文法）

問題七、（　　）に適切な仮名を入れなさい。

1. 母はいつも私たち（　　）好きなことをさせてくれました。

2. この仕事は新入社員（　　）やらせておけばいいです。

3. TOEICは満点で合格する（　　）（　　）驚きました。

4. 私たちは時々王さん（　　）びっくりさせられました。

5. もしよかったら、私（　　）見学させてください。

6. 私たちは体育の先生（　　）グラウンド（　　）走らされました。

7. 落としたスマホが戻ってくる（　　）（　　）。

8. 知らない人（　　）、自分の席（　　）座らせてくれました。

9. 工場内については、私（　　）案内させていただきます。

10. 試験に合格したから、両親（　　）私（　　）旅行に行かせてくれました。

問題八、（　　　）の動詞を使役受身の形にして、＿＿＿＿に書きなさい。

1. 小さい頃、嫌いな野菜を＿＿＿＿＿＿＿＿＿＿たことがあります。（食べる）

2. 私はよく上司に重い荷物を＿＿＿＿＿＿＿＿＿ました。（運ぶ）

3. 休みの日に課長に会社に＿＿＿＿＿＿＿＿＿、疲れてしまいました。（来る）

4. 私は母に忘れ物を取りに＿＿＿＿＿＿＿＿＿ました。（行く）

5. 去年のクリスマス、妹に高いスマートフォンを＿＿＿＿＿＿＿＿＿。（買う）

6. 私はいつも弟に食事代を＿＿＿＿＿＿＿＿＿ます。（払う）

7. 子供の時、よく母にピアノを＿＿＿＿＿＿＿＿＿。（練習する）

8. 成績が下がってきたので、父にアルバイトを＿＿＿＿＿＿＿＿＿ました。（やめる）

9. 私たちは自動車学校の先生に細かい規則を＿＿＿＿＿＿＿＿＿ました。（覚える）

10. 小学校では、つまらない本を＿＿＿＿＿＿＿＿＿たことがあります。（読む）

問題九、「～（さ）せてくれる・くださる」「～（さ）せてもらう・いただく」「～（さ）
　　　せてあげる」を使って、次の文を完成させなさい。

1. 昨日は具合が悪かったので、＿＿＿＿＿＿＿＿＿＿＿＿＿＿＿＿＿＿＿。
2. 部長は部下の田中さんに＿＿＿＿＿＿＿＿＿＿＿＿＿＿＿＿＿＿＿。
3. 両親は私に＿＿＿＿＿＿＿＿＿＿＿＿＿＿＿＿＿＿＿。
4. 彼女のご両親は苦労して、＿＿＿＿＿＿＿＿＿＿＿＿＿＿＿＿＿。
5. A：先生、本を貸してくださってありがとうございます。ゆっくり＿＿＿＿＿＿＿＿
　　　＿＿＿＿＿＿＿＿＿。
　　B：はい、いいですよ。
6. A：これ、使いやすそうですね。＿＿＿＿＿＿＿＿＿＿＿＿＿＿＿＿＿。
　　B：はい、どうぞ。

問題十、＿＿＿＿＿に何が入りますか。A・B・C・Dから一番適切なものを一つ選びな
　　　さい。

1. ゲームをしたかったのに、母に晩ご飯の準備の手伝いを＿＿＿＿＿。
　　A　しました　　　B　されました　　C　させました　　　D　させられました
2. 先生、さきほどの経済のお話、もう一度＿＿＿＿＿ませんか。
　　A　聞いてもらえ　　　　　　　　　B　聞いてください
　　C　聞かれてください　　　　　　　D　聞かせてください
3. 今日は子供を迎えに行かなければならないので、早く＿＿＿＿＿ませんか。
　　A　帰らせてもらえ　　　　　　　　B　帰らせていただき
　　C　帰ってください　　　　　　　　D　帰ってもらい
4. 自慢＿＿＿＿＿。うちの2歳の娘は本当にかわいいんです。
　　A　してください　　　　　　　　　B　させてください
　　C　させてくれます　　　　　　　　D　させます
5. 荷物が重くて困っていたら、鈴木君が＿＿＿＿＿。
　　A　手伝わせてくれました　　　　　B　手伝ってくれました
　　C　手伝わせてあげました　　　　　D　手伝ってあげました
6. うちの子はテレビを見＿＿＿＿＿ば、泣いたりしないで静かですよ。
　　A　させておけ　　B　させてくれれ　C　させてもらえ　D　させてあげ
7. 小野：今の仕事を辞めて、新しい店を始めてみない？
　　池田：ちょっと、＿＿＿＿＿ください。
　　A　考えて　　　　　B　考えてみて　　C　考えさせて　　D　考えさせられて
8. 高橋：店長、来週の水曜日に試験があるんです。それで、火、水＿＿＿＿＿か。

店長：試験か。いいよ。頑張ってね。

A　休ませてもいいです　　　　　　B　休んでくれません

C　休ませてもらえません　　　　　D　休んでもらえません

9.（受付カウンターで）

受付係：少々お待ちください。

お客さん：はい。では、こちらで＿＿＿＿。

A　待たせてさしあげます　　　　　B　待たせてもらいます

C　待たせてもいいですか　　　　　D　待たせてもらえません

10. 王：昨日、娘を＿＿＿＿、ありがとう。

松下：いいえ。また、何かあったら呼んでね。

A　迎えに行ってくれて　　　　　　B　迎えられて

C　迎えさせてくれて　　　　　　　D　迎えに行ってあげて

問題十一、＿＿★＿＿に入るものはどれですか。A・B・C・Dから一番適切なものを一つ
　　　　　選びなさい。

1.　＿＿＿＿　＿＿＿＿　＿★＿　＿＿＿＿「ありがとう」とお礼を言いたかったです。

A　くれた　　　　B　親には　　　　C　勉強させて　　D　好きな大学で

2. 子供の頃、よく＿＿＿＿　＿＿＿＿　＿★＿　＿＿＿＿　ました。

A　果物を　　　　B　父に　　　　C　買いに　　　　D　行かされ

3. この仕事を＿＿＿＿　＿＿＿＿　＿★＿　＿＿＿＿。

A　もらえ　　　　B　やらせて　　　C　私に　　　　D　ませんか

4. 上原：この提案について、＿＿＿＿　＿＿＿＿　＿★＿　＿＿＿＿　ください。

長田：はい、分かりました。

A　か　　　　　　B　考えている　C　どう　　　　　D　聞かせて

5. ＿＿＿＿　＿＿＿＿　＿★＿　＿＿＿＿思いませんでした。

A　好きなことを　B　とは　　　　C　仕事に　　　　D　する

読解

問題十二、次の文を読んで質問に答えなさい。答えはA・B・C・Dから一番適切なも
　　　　　のを一つ選びなさい。

　　日本では2月14日のバレンタインデーは、女の人が好きな男の人にチョコレートをあげる日だ
そうです。デパートにチョコレート売り場が新しくできたので、9日に見に行きました。そこで
はいろいろなすてきなチョコレートを売っていました。何百円のものから何千円のものまで揃っ
ていました。気に入ったのがありましたが、3000円もするので買えませんでした。

　バレンタインデー当日、学校に行くと、女子学生の萌絵さんが研究室の男子学生たち一人一人にチョコレートをあげていました。①<u>私はびっくりさせられました</u>。だから、「そんなに好きな人が多いんですか」と聞きました。萌絵さんは「これは義理チョコといって、お世話になった人にあげるもので、好きな人にあげるチョコは本命チョコというのよ」と言って笑っていました。そして、私にもくれました。私はバレンタインデーのチョコレートは女の人が男の人にあげるものだと思っていたので、「　②　」と言いました。すると、萌絵さんは「これは友チョコで、友達にあげるものだから」と言いました。

　それから、頑張った自分のためのご褒美チョコや男性から女性に贈った逆チョコもあるそうです。

1. ①「<u>私はびっくりさせられました</u>」とありますが、なぜですか。
   A　萌絵さんは男子学生に本命チョコをあげていたから
   B　萌絵さんは男子学生たちにチョコレートをあげていたから
   C　萌絵さんは男子学生と友達だから
   D　萌絵さんは男子学生にお世話になっているから

2. 「　②　」に入れるのに、一番いい文はどれですか。
   A　女性だからもらえません。　　　　B　男性だからもらえません。
   C　友達だからもらえません。　　　　D　好きな人じゃないからもらえません。

3. 「私」はチョコレートを買ったのですか。
   A　安かったから、買いました。　　　B　高かったから、買いませんでした。
   C　好きだから、買いました。　　　　D　好きじゃないから、買いませんでした。

4. ご褒美チョコは、誰が食べるチョコですか。
   A　友達　　　　　　B　研究室の人　　C　自分　　　　　D　先生

5. 逆チョコは誰があげるチョコですか。
   A　女性があげるもの　　　　　　　　B　男性があげるもの
   C　友達があげるもの　　　　　　　　D　上司があげるもの

問題十三、次の文を読んで質問に答えなさい。答えはA・B・C・Dから一番適切なものを一つ選びなさい。

　日本人は相手の話を聞いている間、頻繁にあいづちを打つ。あいづちを打つというのは何度も「はい」「うん」「へー」「そうですね」などを言ったり、頭を上下にうなずいたりすることだ。あいづちは「あなたの話を聞いていますよ」「どうぞ話を続けてください」などの機能を果たしているものである。

　しかし、中国では、人の話を聞く時は、相手の目を見て話し終わるまで、何も言わないほうがいいと考える人がたくさんいるようである。もし、その人と日本人が話すことがあったら、話している中国人には、話を聞いている日本人が「うん」「はい」「へー」などを言い続けると、①<u>邪魔するなと思う人がいるだろう</u>。逆に、日本人は話している時、中国人があいづちを打たないと、

②不安になってしまう人が多いだろうと思う。

　このように、文化によって、（　③　）。だから、日本人と中国人では、「あなたの話を聞いていますよ」ということを伝える方法をお互いに理解して、コミュニケーションのやり方を考えたほうがいい。そうすれば、あいづちを打っても打たなくても気持ちよくコミュニケーションができると思う。

1. なぜ①「邪魔するなと思う人がいる」のですか。

　　A　日本人は相手の話が終わるまで相手の目を見ているから

　　B　日本人はあいづちを打たないで、たくさん話しているから

　　C　日本人は「はい」「うん」しか言わないから

　　D　日本人は相手が話している時、たくさんあいづちを打つから

2. なぜ②「不安になってしまう」のですか。

　　A　相手が、目をずっと見続けているから

　　B　相手が、何回も「はい」「うん」とあいづちを打つから

　　C　相手が、話を聞いているかどうか分からないから

　　D　相手がうるさいと思っているかどうか分からないから

3. （　③　）に入れるのに、一番いい文はどれですか。

　　A　「うん」「はい」などの打ち方が違う

　　B　コミュニケーションのやり方が違う

　　C　習慣が違う

　　D　考え方が違う

4. この文章で、一番言いたいことは何ですか。

　　A　あいづちを打つと、うるさいと思われるから、あいづちを打たないほうがいい。

　　B　文化によってコミュニケーションをとるのが難しいから、やめたほうがいい。

　　C　文化が違うことを理解して、よりよいコミュニケーションのやり方を考えたほうがいい。

　　D　日本人の文化を理解してもらえるように、中国人にあいづちの打ち方を習わせたほうがいい。

問題十四、声を出して読みなさい。

　最近子供と一緒に楽器を習ったり勉強したりする親が増えているらしいです。一緒に頑張ったり競争したりするのは子供にとっても親にとっても楽しいのでしょう。

　鈴木さんは子供の時、ギターを習いたかったのに親に習わせてもらえなかったので、子供が6歳になったら一緒に習おうとずっと思っていたそうです。中村さんは字が下手なので、息子さんを小学一年生から習字の塾に通わせたのだそうです。息子さんの成長を見て、自分も習字を始めようと思ったということです。

　二人とも「子供に負けないように頑張っています」と笑っていました。

翻訳

問題十五、次の文章を中国語に訳しなさい。

佳子さんへ

　先日、ホームステイーをさせてくれて、ありがとうございました。1週間という短い間でしたが、貴重な体験をさせてもらいました。いろいろな国の人と出会い、異文化にも触れることができました。何より、佳子さんのお母さんが作ってくれた料理は本当においしかったです。お母さんに教えてもらったとおりに一つ作ってみました。お母さんほど上手にできませんでしたが、おいしかったです。今度は私の国の料理を作らせてもらいたいと思っています。また会える日を楽しみにしています。

王

1. 中国語訳を書きなさい。

_____

_____

_____

2. 日本語の原文だけを見て、声を出して中国語に訳しなさい。（中国語訳を見ないでください。）

問題十六、次の文章を日本語に訳しなさい。

　　今早太倒霉[注1]了。我手机闹钟没响[注2]，睡了一个多小时懒觉。平时都是20分钟走到车站，今天没有那个时间了。决定坐公交车，于是在公交站开始排队。但是，公交车迟迟不来，不得不又等了30多分钟。这样下去有可能会迟到将近一个小时。我能想象[注3]到领导发火的样子[注4]。

　　在车站我发现今天是周六。手机闹钟没响，公交车晚来30分钟这些都是因为今天是周六。

注1：太倒霉／最悪（さいあく）
注2：闹钟没响／アラームが鳴（な）らない
注3：想象／想像（そうぞう）
注4：样子／様子（ようす）

1. 日本語訳を書きなさい。

_____

_____

_____

2. 中国語の原文だけを見て、声を出して日本語に訳しなさい。（日本語訳を見ないでください。）

問題十七、『アルバイト』という題で、作文を書きなさい。

1. 「です・ます体」を使って、書きなさい。
2. 200字以上400字以内で書きなさい。
3. 適切に漢字を使って書きなさい。
4. 句読点、段落などに注意しながら、書きなさい。
5. 字をきれいに書きなさい。

自我评价表

A完成得很好　B完成得一般　C完成得不理想

	练习	练习内容	练习目的	自我评价
课前预习	练习1	汉字标注假名	掌握日语汉字读音	A・B・C
	练习2	听写汉字	掌握日语汉字书写	A・B・C
	练习3	填写外来语	掌握外来语的书写及含义	A・B・C
	练习4	使役被动形	了解使役被动形的接续方法	A・B・C
课后总结	练习1	总结语法要点	巩固本课所学的语法知识	A・B・C
	练习2	使用知识要点达成交际目标	提高知识要点的实际应用能力	A・B・C
自我检测	问题一	汉字标注假名	掌握日语汉字读音	A・B・C
	问题二	假名标注汉字	掌握日语汉字书写	A・B・C
	问题三	外来语选择	掌握外来语的书写及含义	A・B・C
	问题四	词汇选择	掌握词汇的含义及用法	A・B・C
	问题五	同义句选择	掌握近义词汇及表达	A・B・C
	问题六	词汇用法选择	掌握词汇的含义及用法	A・B・C
	问题七	助词填空	掌握助词的用法	A・B・C
	问题八	完成句子	掌握句型的接续及用法	A・B・C
	问题九			A・B・C
	问题十	句子语法1（选择语法项目）	提高语法知识的综合应用能力	A・B・C
	问题十一	句子语法2（组合句子）		A・B・C
	问题十二	阅读理解	提高分析、理解日语文章的能力	A・B・C
	问题十三			A・B・C
	问题十四	日语短文朗读	掌握规范的语音、语调，培养语感	A・B・C
	问题十五	日译汉	巩固所学语法、词汇，提高综合应用能力	A・B・C
	问题十六	汉译日		A・B・C
	问题十七	作文		A・B・C

第15課

ゼミ

请观看第15课的视频，预习本课相关的单词、句型等相关知识后，在课前完成下列练习。

练习1　请给下列单词标注读音。

1. 光栄＿＿＿＿＿＿＿＿＿＿＿＿＿＿
2. 突然＿＿＿＿＿＿＿＿＿＿＿＿＿＿
3. 本日＿＿＿＿＿＿＿＿＿＿＿＿＿＿
4. 具体的＿＿＿＿＿＿＿＿＿＿＿＿＿
5. 恐縮＿＿＿＿＿＿＿＿＿＿＿＿＿＿
6. 不自然＿＿＿＿＿＿＿＿＿＿＿＿＿
7. 復興＿＿＿＿＿＿＿＿＿＿＿＿＿＿
8. 京劇＿＿＿＿＿＿＿＿＿＿＿＿＿＿
9. 会長＿＿＿＿＿＿＿＿＿＿＿＿＿＿
10. 出演＿＿＿＿＿＿＿＿＿＿＿＿＿＿
11. 邪魔＿＿＿＿＿＿＿＿＿＿＿＿＿＿
12. 特急券＿＿＿＿＿＿＿＿＿＿＿＿＿
13. 拝借＿＿＿＿＿＿＿＿＿＿＿＿＿＿
14. 参る＿＿＿＿＿＿＿＿＿＿＿＿＿＿
15. 後ほど＿＿＿＿＿＿＿＿＿＿＿＿＿
16. 預かる＿＿＿＿＿＿＿＿＿＿＿＿＿

练习2　请听录音，写汉字。

1. 不自然な（　　　）
2. （　　　）な知識
3. 耳を（　　　）ます
4. ファイルを（　　　）する
5. 質問に（　　　）する
6. （　　　）を重ねる
7. 規則を（　　　）する
8. 適当な（　　　）
9. （　　　）に参加する
10. （　　　）団らん
11. 発表の（　　　）
12. 当社の（　　　）

练习3　请结合括号内提示，写出相应的外来语完成句子，并写出相应的英语单词。

1. よく分かるように＿＿＿＿＿（图表）を作ってみたらどうですか。　英语：＿＿＿＿＿

2. 申請書類は学校の＿＿＿＿＿＿＿（主页）でダウンロードできます。　　英语：＿＿＿＿＿＿

3. 暇な時、いつも＿＿＿＿＿＿＿（综艺节目）を見ています。　　英语：＿＿＿＿＿

4. 田中君は大学生の頃から＿＿＿＿＿＿＿（高尔夫）をやるのが大好きです。

英语：＿＿＿＿＿＿

5. ＿＿＿＿＿＿＿（收据，收款条）に消費金額が書いてある。　　英语：＿＿＿＿＿＿

6. 動物園の＿＿＿＿＿＿＿＿（大猩猩）はずっと私のことを見ていました。　英语：＿＿＿＿＿

7. 言葉を勉強するには＿＿＿＿＿＿＿＿（重音，声调）が大事だと思います。

英语：＿＿＿＿＿＿

8. この学生は、＿＿＿＿＿＿＿＿（语调）がいいですね。　　英语：＿＿＿＿＿＿

练习4　预习敬语动词的相关知识，并完成下表。

一般动词	尊敬动词	自谦动词	郑重动词（常以"ます"的形式出现）
会う	——		——
ある	——	——	
言う			
行く			
いる		——	
受け取る	——		——
思う	——	——	
借りる	——		——
聞く			——
着る 穿く 履く		——	——
来る		——	
死ぬ			
知らせる	——		——
知っている			
する		——	
訪問する	——		——
食べる 飲む			——

（续表）

一般动词	尊敬动词	自谦动词	郑重动词（常以"ます"的形式出现）
もらう	——		——
くれる		——	——
あげる	——		——
寝る		——	——
見せる	——		——
見る			——
読む	——		——

课后总结

练习1　对照本课的语法要点，填写下表。

序号	语法要点	造句	语法细节
1	お／ご〜になる。		
2	（尊敬）V。		
3	V れる／られる。（尊敬）		
4	お〜だ。		
5	ご〜なさる。		
6	お〜する。		
7	お〜いたす。		
8	（自谦）V。		
9	（郑重）V。		
10	〜んじゃないかな。		
11	〜ところ（を）〜。		

练习2　使用本课知识要点，尝试达成以下的交际目标。

1. 简单介绍你用日语做演讲的经历。

_____

2. 简单介绍一门你喜欢的课程并说明理由。

_____

_____

_____

3. 简单介绍一位你尊敬的人并说明理由。

_____

_____

_____

自我检测

言語知識（文字・語彙）

問題一、次の下線の単語を平仮名で書きなさい。

1. そろそろ卒業論文を提出する<u>時期</u>ですね。（　　　）
2. <u>当社</u>の製品の原料はすべて中国から輸入されたものです。（　　　）
3. <u>未成年</u>だから、お酒が飲めないです。（　　　）
4. 続きまして、<u>新入社員</u>をご紹介します。（　　　）
5. 初めまして、木下と<u>申</u>します。どうぞよろしくお願いします。（　　　）
6. 社長のお<u>嬢様</u>はどちらにお務めですか。（　　　）
7. 明日の午前中、先生の研究室に<u>伺</u>ってもよろしいでしょうか。（　　　）
8. 省エネのために、暖房の<u>設定</u>温度を22度に下げることになりました。（　　　）
9. ご<u>存</u>じの通り、中国は国土が広い国です。（　　　）
10. 私のストレス解消法は人に向かって<u>語</u>りかけることです。（　　　）
11. ちょっと資料を<u>拝見</u>してもよろしいでしょうか。（　　　）
12. 発表の<u>流</u>れについてご説明します。（　　　）
13. 詳しくは<u>添付</u>した資料をご確認ください。（　　　）
14. この件について、もっと<u>工夫</u>してほしいんですが……（　　　）

問題二、次の下線の単語を漢字で書きなさい。

1. <u>どうぶつえん</u>に行ってもよろしいでしょうか。（　　　）
2. 誰かの家を訪問する場合、「<u>おじゃま</u>します」と言ったほうがいいです。（　　　）
3. すみませんが、ちょっとお時間を<u>はいしゃく</u>できないでしょうか。（　　　）
4. <u>とつぜん</u>で、すみませんが……（　　　）
5. まもなく列車が<u>とうちゃく</u>いたします。黄色い線までお下りください。（　　　）
6. 株式会社〇〇の<u>かいちょう</u>を務めております。高橋と申します。（　　　）
7. 大学に入って初めて、<u>きょうげき</u>の魅力が分かるようになりました。（　　　）
8. 本日はご<u>たぼう</u>のところお集まりいただき、ありがとうございます。（　　　）
9. あの人気ドラマに<u>しゅつえん</u>した俳優さんをご存じですか。（　　　）
10. どうぞこちらを<u>ごらん</u>になってください。（　　　）
11. お忙しいところを<u>きょうしゅく</u>ですが、今お時間よろしいでしょうか。（　　　）
12. <u>ほんじつ</u>クラスメートの李君から連絡がありました。（　　　）
13. すみませんが、もっと<u>ぐたいてき</u>に説明していただけないでしょうか。（　　　）
14. お<u>す</u>まいはどちらでしょうか。（　　　）

問題三、＿＿＿＿に何が入りますか。A・B・C・Dから一番適切なものを一つ選びなさい。

1. 大学院の3年間、同じ＿＿＿＿で研究していた仲間と結婚することになりました。
　 A　ゼミ　　　　　　B　ゼロ　　　　　　C　ピザ　　　　　　D　ビザ
2. 数字を分かりやすく説明するために、先生に＿＿＿＿の作り方を教えていただきました。
　 A　クラス　　　　　B　グラフ　　　　　C　グループ　　　　D　クラブ
3. ＿＿＿＿で資料を予約するには、図書館の利用登録が必要です。
　 A　ホームステイ　　B　ホームラン　　　C　ホームレス　　　D　ホームページ
4. 現在放送されている＿＿＿＿番組の中から一つ選んでください。
　 A　アルバム　　　　B　スーパーマン　　C　バラエティー　　D　バランス
5. 日本における＿＿＿＿というスポーツの歴史をご存じですか。
　 A　ジャズ　　　　　B　ガラス　　　　　C　ゴルフ　　　　　D　ゴリラ
6. ＿＿＿＿といえば、体が黒くて大きい、そして人間と似ているという印象があります。
　 A　イルカ　　　　　B　ゴリラ　　　　　C　クジラ　　　　　D　ガードマン
7. ＿＿＿＿があれば、この商品は返品可能です。
　 A　レポート　　　　B　レシート　　　　C　レモン　　　　　D　レジ
8. 日本語の初心者にとって、単語の＿＿＿＿を身につけることは大事です。
　 A　アクセス　　　　B　アクセサリー　　C　パーセント　　　D　アクセント
9. この学生、発表する時に＿＿＿＿がすごくよくて、アナウンサーみたいですね。
　 A　イントネーションB　グラウンド　　　C　シュート　　　　D　プレー

問題四、_____に何が入りますか。A・B・C・Dから一番適切なものを一つ選びなさい。

1. 娘は明日先生の家に（　　　）そうです。
   A　申す　　　　　　B　伺う　　　　　　C　おっしゃる　　　D　申し上げる
2. （　　　）拝見しますので、私の机に置いてくださいませんか。
   A　それから　　　　B　先ほど　　　　　C　なにより　　　　D　後ほど
3. 熱いうちにお（　　　）ください。
   A　召しあがり　　　B　目にかかり　　　C　覧になり　　　　D　申し上げ
4. （　　　）のご連絡、失礼いたします。
   A　何でも　　　　　B　急に　　　　　　C　突然　　　　　　D　不自然
5. この国は天然資源が（　　　）です。
   A　こうえい　　　　B　じゃま　　　　　C　でんとう　　　　D　ほうふ
6. 鈴木さんのおばあさんは牛を（　　　）飼っているそうです。
   A　5ほん　　　　　B　5とう　　　　　C　5ひき　　　　　D　5わ
7. 先ほどのメール、（　　　）いたしました。ご意見、たいへん勉強になりました。
   A　ごぞんじ　　　　B　ごらん　　　　　C　はいどく　　　　D　はいしゃく
8. 皆様、（　　　）はお忙しい中、お集まりいただき、誠にありがとうございます。
   A　このあいだ　　　B　さいきん　　　　C　せんじつ　　　　D　ほんじつ

問題五、_____の文とだいたい同じ意味の文があります。A・B・C・Dから一番適切なものを一つ選びなさい。

1. 好きな歌手にほめられて、こうえいです。
   A　好きな歌手に評価されて、恥ずかしく思います。
   B　好きな歌手に評価されて、名誉に思います。
   C　好きな歌手に叱られて、恥ずかしく思います。
   D　好きな歌手に叱られて、名誉に思います。
2. こちらで、おかけになってお待ちください。
   A　こちらで、おめにかかってお待ちください。
   B　こちらで、おめにかけてお待ちください。
   C　こちらで、おすわりになってお待ちください。
   D　こちらで、ごらんになってお待ちください。
3. 耳を澄まして虫の音を聞く。
   A　虫の音を聞こえないようにする。
   B　耳をきれいにして虫の音を聞く。
   C　注意を集中して虫の音を聞く。
   D　虫の音を聞くのが信じられない。
4. 明日の午後3時、貴社に伺います。

      A　明日の午後3時、貴社にいらっしゃいます。

      B　明日の午後3時、貴社においでになります。

      C　明日の午後3時、貴社におこしになります。

      D　明日の午後3時、貴社にまいります。

  5.　その本をちょっと拝借してもよろしいでしょうか。

      A　その本を貸していただけませんか。

      B　その本を教えていただけませんか。

      C　その本をご覧になっていただけませんか。

      D　その本をおっしゃっていただけませんか。

問題六、次の言葉の使い方で一番適切なものをA・B・C・Dから一つ選びなさい。

  1.　豊富

      A　仕事を辞めてから、時間が豊富になった。

      B　あの子は想像力が豊富だ。

      C　これからお金を豊富にするため、活発に行動する。

      D　仕事がうまくいってから、自信が豊富になった。

  2.　預かる

      A　彼女はいつも頭を彼氏の肩に預かります。

      B　印鑑を君に預かってもよろしいですか。

      C　お荷物は私が預かります。

      D　銀行に預かったお金を下ろしましょう。

  3.　工夫

      A　健太君に勉強させるには工夫が必要です。

      B　悪い労働条件を工夫したら、応募に来てくれる人が多くなった。

      C　今、地球環境に工夫した車が求められている。

      D　時間の経過とともに工夫を身につける人がいる。

  4.　伺う

      A　この問題が解決されるまでには何年も伺わなければならない。

      B　起業が失敗してしまい、彼は今新しいチャンスを伺っています。

      C　明日両親と一緒にお伺いするつもりです。

      D　彼はタバコを吸いながら彼女を伺っています。

  5.　多忙

      A　ご多忙とは存じますが、ご自愛ください。

      B　冷房を多忙して汗を出させないのが快適だ。

      C　生活で多忙な問題があります。

      D　入学するには多忙な手続きが必要です。

言語知識（文法）

問題七、（　　　）に適切な仮名を入れなさい。

1. 来月、課長は出張（　　　）いらっしゃいません。
2. お目（　　　）かかれて光栄です。
3. どちら（　　　）お住まいですか。
4. そろそろどこのゼミ（　　　）を決める時期ですね。
5. 先に連絡をしてから伺ったほう（　　　）いいですよ。
6. ご迷惑をおかけします（　　　）、よろしくお願いいたします。
7. 佐藤先生のご専攻は日本歴史なので、鈴木先生のゼミ（　　　）決めました。
8. お休み中のところ（　　　）お電話してすみませんでした。
9. 田中さんはよく一人（　　　）ご旅行なさるそうです。
10. 交流会で先生のお書き（　　　）なった本を拝見しました。

問題八、例のように次の文を完成させなさい。

1. 例 社長はお帰りになりました。（帰る）
   山田先生は＿＿＿＿＿＿＿＿＿＿。（出張する）
   松本部長は＿＿＿＿＿＿＿＿＿＿。（会議に出席する）
2. 例 あの人気料理は召し上がりましたか。（食べる）
   話題の映画は＿＿＿＿＿＿＿＿＿＿。（見る）
   先生は今教室に＿＿＿＿＿＿＿＿＿＿。（いる）
3. 例 鈴木先生はその本は読まれました。（読む）
   課長は昨日車で＿＿＿＿＿＿＿＿＿＿。（来る）
   鈴木先生はお酒を＿＿＿＿＿＿＿＿＿＿。（やめる）
4. 例 鈴木社長は明日から家族とご旅行です。（旅行する）
   課長は来週、＿＿＿＿＿＿＿＿＿＿。（転勤する）
   新入社員の皆様はロビーで＿＿＿＿＿＿＿＿＿＿。（待つ）
5. 例 田中さんがちゃんとご説明なさいました。（説明する）
   ＿＿＿＿＿＿＿＿＿＿ないでください。（遠慮する）
   趙先生ご一家は昨日、シャンハイへ＿＿＿＿＿＿＿＿＿＿。（出発する）
6. 例 これから本学の図書館にご案内します。（案内する）
   今日のスケジュールについて＿＿＿＿＿＿＿＿＿＿。（紹介する）
   お荷物を＿＿＿＿＿＿＿＿＿＿。（持つ）
7. 例 すみませんが、後ほどご連絡いたします。（連絡する）

今から事前課題を＿＿＿＿＿＿＿＿＿＿＿＿。（送る）

明日の会議の資料を10人分＿＿＿＿＿＿＿＿＿＿＿＿。（用意する）

8. 例 田中賢人と申します。（言う）

映画館で有名な監督の映画を＿＿＿＿＿＿＿＿＿＿＿＿。（見る）

すぐ先生のお宅に＿＿＿＿＿＿＿＿＿＿＿＿。（訪問する）

9. 例 雨がだんだん降ってまいりました。（来る）

乗り物酔いなので、ちょっと吐き気が＿＿＿＿＿＿＿＿＿＿＿＿。（する）

新着メールが＿＿＿＿＿＿＿＿＿＿＿＿。（ある）

問題九、＿＿＿＿＿に何が入りますか。A・B・C・Dから一番適切なものを一つ選びなさい。

1. この椅子、お使い＿＿＿＿＿なりますか。

　　A　は　　　　　　　B　が　　　　　　　C　を　　　　　　　D　に

2. お忙しいところ＿＿＿＿＿、どうもすみません。

　　A　が　　　　　　　B　で　　　　　　　C　を　　　　　　　D　に

3. 先生はお疲れ＿＿＿＿＿時、散歩をなさいます。

　　A　した　　　　　　B　になった　　　　C　なられた　　　　D　いらっしゃった

4. 課長は明日うちへ＿＿＿＿＿そうです。

　　A　来る　　　　　　B　来られる　　　　C　参る　　　　　　D　来らせる

5. 私は来月北京へ＿＿＿＿＿予定です。

　　A　いらっしゃる　　B　参られる　　　　C　来られる　　　　D　参る

6. 「渡辺と申します。2時に山田部長に＿＿＿＿＿ことになっております。」

　　A　お目にかかる　　　　　　　　　B　お目にかける

　　C　お会いされる　　　　　　　　　D　お見えになる

7. 明日の会議には校長先生が＿＿＿＿＿。

　　A　召し上がります　　　　　　　　B　存じます

　　C　いらっしゃいます　　　　　　　D　行ってまいります

8. お口に合うかどうか分かりませんが、どうぞ＿＿＿＿＿ください。

　　A　いただいて　　　B　ちょうだいして　C　お食べして　　D　召し上がって

9. お手紙を＿＿＿＿＿、安心いたしました。

　　A　はいけんされて　　B　はいけんして　　C　ごらんして　　D　ごらんになって

10. お客様に、ご案内＿＿＿＿＿。ただいま屋上でお花教室を開いております。

　　A　申し上げます　　　　　　　　　B　いただきます

　　C　させられております　　　　　　D　なさいます

11. 意見がある方は、どうぞ＿＿＿＿＿ください。

　　A　おっしゃって　　　　　　　　　B　存じていて

　　C　申して　　　　　　　　　　　　D　申し上げて

12. すみませんが、鈴木先生のメールアドレス、（　　　）か。

    A　ご存じます　　　　　　　　　　　B　ご存じです

    C　ご存じします　　　　　　　　　　D　ご存じなさいます

13. 社長のお嬢様は近いうちにご結婚（　　　）そうです。

    A　ある　　　　　　　B　する　　　　　　　C　いたす　　　　　D　なさる

14. 説明はこれで終わります。何かご質問がお（　　　）でしょうか。

    A　ある　　　　　　　B　あって　　　　　　C　あった　　　　　D　あり

15. 「どうぞ、どんどん食べてください。」「はい、＿＿＿＿。」

    A　いただきます　　　　　　　　　　B　お食べします

    C　召し上がります　　　　　　　　　D　お食べになります

16. お疲れ様でした。会場まで＿＿＿＿＿。

    A　案内なさいます　　　　　　　　　B　案内さしあげます

    C　ご案内いたします　　　　　　　　D　ご案内になります

17. はじめまして、渡辺謙と＿＿＿＿＿。どうぞよろしくお願いします。

    A　いたします　　　　B　なさいます　　　　C　おっしゃいます　　D　もうします

18. ＿＿＿＿＿。こちらはクラスメートの楊さんです。

    A　ご紹介します　　　　　　　　　　B　ご紹介なさいます

    C　ご紹介されます　　　　　　　　　D　ご紹介になります

問題十、＿★＿に入るものはどれですか。A・B・C・Dから一番適切なものを一つ選びなさい。

1. 今朝、皆様は＿＿＿＿　＿＿＿＿　＿★＿　＿＿＿＿と存じております。

    A　ので　　　　　　　B　早く　　　　　　　C　お疲れのこと　　D　起きられた

2. お荷物は＿＿＿＿　＿＿＿＿　＿★＿　＿＿＿＿いたします。

    A　お届け　　　　　　B　の　　　　　　　　C　それぞれ　　　　D　お部屋に

3. 皆様、ここでしばらく＿＿＿＿　＿＿＿＿　＿★＿　＿＿＿＿一休みなさってください。

    A　ながら　　　　　　B　でも　　　　　　　C　お茶　　　　　　D　召し上がり

4. 日本文化に興味を持っているので、＿＿＿＿　＿＿＿＿　＿★＿　＿＿＿＿しました。

    A　本を　　　　　　　B　先生の　　　　　　C　拝読　　　　　　D　書かれた

5. このみかんは姉が＿＿＿＿　＿＿＿＿　＿★＿　＿＿＿＿。

    A　まいりました　　　B　から　　　　　　　C　持って　　　　　D　田舎

読解

問題十一、次の文を読んで質問に答えなさい。答えはＡ・Ｂ・Ｃ・Ｄから一番適切なものを一つ選びなさい。

　　日本のビジネスの世界は厳しいと言われています。会社では、順調に仕事を進めていくために、いろいろなマナーに注意しなければなりません。まず職場の人の呼び方ですが、役職者は、「井上部長」のように名字の後に役職をつけた敬称で呼んで、先輩に対して敬語を言わなければなりません。社外の人に自分の会社の人のことを言う場合は、上司でも敬称を使わないで、呼び捨てにするのがマナーです。

　　そのほかに、電話応対にもマナーがあります。電話が鳴ったら、3回鳴るまでに受話器を取り、自分の会社名と名前をはっきりと言います。本人がいない場合は、代わりに用件を聞いて、必ず間違いなく、相手の会社名、名前、要件の内容などをメモに詳しく書いておかなければなりません。そのメモを本人に渡します。勤務中、私用電話はしないのがマナーです。

　　1.　日本の会社での呼び方について、正しいものはどれですか。

　　　　Ａ　社内では上司でも敬称を使わない。

　　　　Ｂ　部長に対して「○○さん」と呼んでもいい。

　　　　Ｃ　社外の場合でも自分側の上司のことを言う時に敬称で呼ぶ。

　　　　Ｄ　部下は上司のことを、役職をつけた敬称で呼ぶ。

　　2.　文章の内容に合っていないものはどれですか。

　　　　Ａ　日本の会社はマナーがいろいろある。

　　　　Ｂ　仕事の時に私用電話をするのはよくない。

　　　　Ｃ　電話を受ける方は自分の名前を言わなくてもいい。

　　　　Ｄ　本人の代わりに電話を聞く場合は、丁寧にメモを取ってから、本人に渡す。

　　3.　この文章に題をつけるとしたら、どれが最も適当ですか。

　　　　Ａ　日本のビジネス会社　　　　　　　Ｂ　日本の会社

　　　　Ｃ　日本のビジネスマナー　　　　　　Ｄ　日本の電話マナー

問題十二、次のメールを読んで質問に答えなさい。答えはA・B・C・Dから一番適切
なものを一つ選びなさい。

森正夫様

今ドイツはいろいろな花が咲いて、美しい季節です。
お元気でいらっしゃいますか。

日本ではほんとうにお世話になりました。
日本で過ごした2年間はとても速く過ぎました。
日本へ行ったばかりの時は、分からないことや慣れないことが多くて、皆様にご迷惑をお
かけしましたが、本当に親切にしていただきました。
おかげさまで楽しく仕事ができました。ありがとうございました。

ミュンヘンでは、日本で経験したことを生かして、新しい仕事にチャレンジしたいと思っ
ております。

こちらには、有名な美術館や古いお城があります。
ぜひ一度いらっしゃってください。
森さんがお好きなビールをご用意して、お待ちしております。

では、またお会いできる日を楽しみにしております。
皆様にもどうぞよろしくお伝えください。

李明

1. 李明さんはなんで日本に2年間いましたか。

   A　観光　　　　　B　留学　　　　C　勤務　　　　D　治療

2. どうして李明さんはミュンヘンで新しい仕事を始めましたか。

   A　ミュンヘンには有名な美術館や古いお城がありますから

   B　ミュンヘンではいろいろな花が咲いて、美しいですから

   C　日本では分からないことや慣れないことが多いですから

   D　理由が分かりません。

3. 文章の内容に合っているものはどれですか。

   A　これは李明さんが日本で書いたメールです。

   B　李明さんはこれからロシアで仕事をします。

   C　森さんは李明さんに迷惑をかけました。

   D　李明さんは森さんと一緒にビールを飲もうと思っています。

問題十三、声を出して読みなさい。

高橋先生の 紹 介

皆様、おはようございます。ただいまより、高橋先生のご経歴をご紹介いたします。

先生は1962年に大阪でお生まれになりました。1987年に大学の医学部を卒 業 して、病 院 に勤められましたが、研 究 者を目指して、大学院に進まれました。そして、1993年にイギリ スの研 究 所へ留 学され、博士号を取得されました。

その後、日本へお帰りになってから、細胞を開発する研 究 を始められました。2006年に新 しい細胞を作られました。先生はたゆまぬ努 力 を経て、ついにノーベル 賞 も受 賞 されまし た。

高橋先生はこれまで細胞の開発に大きな貢献をしていらっしゃいます。今は国立大学の研 究 所で研 究 を続けていらっしゃいます。

本日、ご多忙のところを、おいでいただきました。では、皆様、どうぞ盛大な拍手でお迎えく ださい。

翻訳

問題十四、次の文章を中国語に訳しなさい。

皆さん、おはようございます。はじめまして。日本語教育というゼミを担当しております鈴木 一郎と申します。皆さんとお知り合いになれて大変うれしく存じます。私は大学から日本語教育 を専攻してまいりましたが、まだまだ未熟注1だと思いますので、少し不安です。これから、この ゼミのために微力ながら全力を尽くし注2たいと思っておりますので、皆さんのご協力のほどよろ しくお願いいたします。

最後に、皆さんのご活躍を願いつつ注3、私のあいさつの言葉を終わりたいと思います。どうも ありがとうございました。

注1：未 熟 ／不熟练，不成熟

注2：微 力 ながら全 力 を尽くす／尽自己的绵薄之力

注3：つつ／一边……一边……

1. 中国語訳を書きなさい。

　　_____

　　_____

　　_____

2. 日本語の原文だけを見て、声を出して中国語に訳しなさい。（中国語訳を見ないでくださ い。）

問題十五、次の文章を日本語に訳しなさい。

　　大家好，我想简单介绍一下我自己。我叫田中健，是日本人，来自日本横滨，现在住在大连旅顺口区。由于公司的人事调动^{注1}，我来到大连，和大家一起工作。虽然之前从来没有来过中国，但我一直都很喜欢中国、喜欢大连，所以我很期待接下来的生活，并且打算拼尽全力投入工作^{注2}中。我的汉语还不好，但我会努力学习，也希望同事们能多多教我汉语。请大家多多指教。

注1：人事调动／人事異動

注2：拼尽全力投入工作／全力を挙げて仕事に取り組む

1. 日本語訳を書きなさい。

　　_____

　　_____

　　_____

2. 中国語の原文だけを見て、声を出して日本語に訳しなさい。（日本語訳を見ないでください。）

問題十六、『私の勉強法』という題で、作文を書きなさい。

1. 「です・ます体」を使って、書きなさい。
2. 200字以上400字以内で書きなさい。
3. 適切に漢字を使って書きなさい。
4. 句読点、段落などに注意しながら、書きなさい。
5. 字をきれいに書きなさい。

自我评价表

A完成得很好　　B完成得一般　　C完成得不理想

	练习	练习内容	练习目的	自我评价
课前预习	练习1	汉字标注假名	掌握日语汉字读音	A・B・C
	练习2	听写汉字	掌握日语汉字书写	A・B・C
	练习3	填写外来语	掌握外来语的书写及含义	A・B・C
	练习4	敬语动词总结	了解敬语动词的形式	A・B・C
课后总结	练习1	总结语法要点	巩固本课所学的语法知识	A・B・C
	练习2	使用知识要点达成交际目标	提高知识要点的实际应用能力	A・B・C
自我检测	问题一	汉字标注假名	掌握日语汉字读音	A・B・C
	问题二	假名标注汉字	掌握日语汉字书写	A・B・C
	问题三	外来语选择	掌握外来语的书写及含义	A・B・C
	问题四	词汇选择	掌握词汇的含义及用法	A・B・C
	问题五	同义句选择	掌握近义词汇及表达	A・B・C
	问题六	词汇用法选择	掌握词汇的含义及用法	A・B・C
	问题七	助词填空	掌握助词的用法	A・B・C
	问题八	完成句子	掌握句型的接续及用法	A・B・C
	问题九	句子语法1（选择语法项目）	提高语法知识的综合应用能力	A・B・C
	问题十	句子语法2（组合句子）		A・B・C
	问题十一	阅读理解	提高分析、理解日语文章的能力	A・B・C
	问题十二			A・B・C
	问题十三	日语短文朗读	掌握规范的语音、语调，培养语感	A・B・C
	问题十四	日译汉	巩固所学语法、词汇，提高综合应用能力	A・B・C
	问题十五	汉译日		A・B・C
	问题十六	作文		A・B・C

第16課

忘年会

请观看第16课的视频，预习本课相关的单词、句型等相关知识后，在课前完成下列练习。

练习1　请给下列单词标注读音。

1. 在宅＿＿＿＿＿＿＿＿＿＿＿＿＿
2. 住民票＿＿＿＿＿＿＿＿＿＿＿＿＿
3. 破壊＿＿＿＿＿＿＿＿＿＿＿＿＿
4. 保険証＿＿＿＿＿＿＿＿＿＿＿＿＿
5. 施設＿＿＿＿＿＿＿＿＿＿＿＿＿
6. 賞味＿＿＿＿＿＿＿＿＿＿＿＿＿
7. 御礼＿＿＿＿＿＿＿＿＿＿＿＿＿
8. 園遊会＿＿＿＿＿＿＿＿＿＿＿＿＿
9. 祈願＿＿＿＿＿＿＿＿＿＿＿＿＿
10. 特定日＿＿＿＿＿＿＿＿＿＿＿＿＿
11. 歓迎会＿＿＿＿＿＿＿＿＿＿＿＿＿
12. 宿泊先＿＿＿＿＿＿＿＿＿＿＿＿＿
13. 余興＿＿＿＿＿＿＿＿＿＿＿＿＿
14. 報告＿＿＿＿＿＿＿＿＿＿＿＿＿
15. 最寄り＿＿＿＿＿＿＿＿＿＿＿＿＿
16. 了承＿＿＿＿＿＿＿＿＿＿＿＿＿
17. 務める＿＿＿＿＿＿＿＿＿＿＿＿＿
18. 誇らしい＿＿＿＿＿＿＿＿＿＿＿＿＿
19. 越す＿＿＿＿＿＿＿＿＿＿＿＿＿
20. 下車＿＿＿＿＿＿＿＿＿＿＿＿＿

练习2　请听录音，写汉字。 🎧

1. お（　　　）になる
2. （　　　）が分かる
3. 乾杯の（　　　）
4. 今年の（　　　）
5. （　　　）を作成する
6. （　　　）を渡る
7. 所定の（　　　）
8. 駅までの（　　　）
9. 荷物を（　　　）かる
10. 食べ（　　　）
11. 営業課一同を（　　　）する
12. （　　　）を立てる
13. 気を（　　　）く
14. 秋が（　　　）まる
15. （　　　）で待つ
16. （　　　）に出席する

练习3　请结合括号内提示，写出相应的外来语完成句子，并写出相应的英语单词。

1. ＿＿＿＿＿＿（宾果）という言葉は、アメリカで発明されたゲームの名前から来ました。　　　　　　　　　　　　　　　　　　　　　　　　英语：＿＿＿＿＿＿
2. 彼の心の中の＿＿＿＿＿＿（紧张，不安；情绪，精神状态）は耐えられないほどでした。　　　　　　　　　　　　　　　　　　　　　　英语：＿＿＿＿＿＿
3. ただいま無料＿＿＿＿＿＿（样本，样品）をさしあげております。英语：＿＿＿＿＿＿
4. あのレストランは＿＿＿＿＿＿（服务）がよいと思います。　　英语：＿＿＿＿＿＿

练习4

1　预习本课相关句型，结合以前学过的句型，将动词变成适当的形式完成句子，尝试理解两者的区别。

（1）座る
①どうぞ＿＿＿＿＿＿てください。
②どうぞお＿＿＿＿＿＿ください。
句型"～てください"和"お～ください"都用于表示＿＿＿＿＿＿等，"～てください"的＿＿＿＿＿＿不如"お～ください"高。"～てください"前接＿＿＿＿＿＿，"お～ください"的接续方法为"お＿＿＿＿＿＿ください"。
（2）手伝う
①すみませんが、少し＿＿＿＿＿＿ていただけませんか。
②すみませんが、少しお＿＿＿＿＿＿いただけませんか。
句型"～ていただけませんか"和"お～いただけませんか"都用于表示＿＿＿＿＿＿，"～ていただけませんか"的＿＿＿＿＿＿不如"お～いただけませんか"高。"～ていただけませんか"前接＿＿＿＿＿＿，"お～いただけませんか"的接续方法为"お＿＿＿＿＿＿いただけませんか"。

2　预习本课"～でございます""～でいらっしゃいます"的意义和用法，并翻译下列句子，尝试理解两者的区别。

日语	中文
劉でございます。はじめまして、どうぞよろしくお願いいたします。	
ご紹介します。こちらは劉先生でいらっしゃいます。	

"でございます"是"です"的＿＿＿＿＿表达形式，通常用于＿＿＿＿＿＿场合。"でいらっしゃいます"是"です"的＿＿＿＿＿表达形式，向＿＿＿＿＿＿表示敬意。

课后总结

练习1　对照本课的语法要点，填写下表。

语法要点	造句	语法细节
お／ご～ください。		
お／ご～いただけませんか。		
～でございます。		
～でいらっしゃいます。		
お／ご～くださる。		
お／ご～いただく。		
お／ご～申し上げる。		
お／ご～願う。		
お／ご～に預かる。		
Ｖ ております／てまいります／てございます。		
Ｖ ませ。		
缓冲语（铺垫语）		
Ｎ も		
Ｎ まで		
～にもかかわらず、～。		

练习2　使用本课知识要点，尝试达成以下的交际目标。

1. 使用日语介绍"忘年会"的准备情况。

　　_____

　　_____

　　_____

2. 简单的描述一下参加"忘年会"的感受。

　　_____

　　_____

　　_____

3. 策划一份"忘年会"方案。

_____

_____

_____

自我检测

言語知識（文字・語彙）

問題一、次の下線の単語を平仮名で書きなさい。

1. 宋君は北清大学を<u>代表</u>して会議に出席しました。（　　　）

2. 金沢行きの<u>列車</u>の<u>進行</u>方向が変わりました。（　　　）（　　　）

3. スタッフと一緒に会場を<u>設営</u>します。（　　　）

4. <u>懇親会</u>で彼女と知り合いました。（　　　）

5. このようなおめでたい席にお<u>招</u>きいただき、<u>誠</u>に光栄に存じます。（　　　）（　　　）

6. 大変ご<u>無沙汰</u>しております。（　　　）

7. 日本への短期留学を<u>企画</u>します。（　　　）

8. 彼女の<u>了承</u>を得ます。（　　　）

9. <u>謹</u>んで新年のごあいさつを申し上げます。（　　　）

10. 試験の<u>当日</u>、病気になりました。（　　　）

11. 今度の金曜日に<u>座談会</u>があります。（　　　）

12. お時間のある時に、ぜひお目にかかりご<u>教示</u>いただければ幸いです。（　　　）

13. 彼は彼女に<u>毛布</u>をかけてやりました。（　　　）

14. 唐君は毎日夜が<u>更</u>けるまで勉強しました。（　　　）

15. ご<u>予算</u>はどのくらいでしょうか。（　　　）

16. 手を<u>携</u>えて人類運命共同体の構築を推進しよう。（　　　）

17. 人間の欲求には<u>際限</u>がありません。（　　　）

18. 彼女に<u>仕返</u>しをしました。（　　　）

19. 土曜日の<u>早朝</u>に成都を発ちます。（　　　）

20. この道は<u>車両</u>通行禁止です。（　　　）

問題二、次の下線の単語を漢字で書きなさい。

1. 上着のボタンを<u>はず</u>します。（　　　）
2. 于先生がその会議の<u>しかい</u>をしました。（　　　）
3. ご<u>たこう</u>をお祈りいたします。（　　　）
4. 田さんはおぼれている少年を助けて<u>ひょうしょう</u>されました。（　　　）
5. <u>どうが</u>は静止画の連続からなっています。（　　　）
6. その学校の教員の離職率は<u>じつ</u>に40パーセントである。（　　　）
7. 鉛筆で申し込み用紙に<u>きにゅう</u>します。（　　　）
8. 劇で主役を<u>つと</u>めます。（　　　）
9. 物価は最近<u>へんどう</u>しています。（　　　）
10. これは<u>よろこ</u>ばしい知らせです。（　　　）
11. 彼は、韓国語は<u>ひとこと</u>も話せません。（　　　）
12. ご<u>けんしょう</u>にて何よりと存じます。（　　　）
13. 連休中の指定席はすべて<u>まんせき</u>です。（　　　）
14. 町からめぼしいものをすべて<u>りゃくだつ</u>します。（　　　）
15. <u>ちかごろ</u>の日本語教育の傾向は何ですか。（　　　）
16. 祭りは<u>れいねん</u>どおり行われました。（　　　）
17. その交流会は予想をはるかに<u>うわまわ</u>る観客を集めました。（　　　）
18. われわれ<u>いちどう</u>はその知らせに喜びました。（　　　）
19. <u>じょうし</u>の許可を得ます。（　　　）
20. 于院長は出張で2週間<u>ふざい</u>です。（　　　）
21. その地震で68人の<u>せいめい</u>が失われました。（　　　）
22. 唐君は<u>たからくじ</u>で800万円を当たりました。（　　　）

問題三、_____に何が入りますか。A・B・C・Dから一番適切なものを一つ選びなさい。

1. パーティーで_____大会をしました。
   A ビンゴ　　　　B リンゴ　　　　　C ピンク　　　D セット
2. 彼女は試合前に_____が高まっている。
   A ファッション　B テンション　　　C マンション　D イントネーション
3. 恐れ入りますが、_____をお送りいただけないでしょうか。
   A コンサート　　B サービス　　　　C サンプル　　D プール
4. あの店は_____が急に悪くなりました。
   A サッカー　　　B サービス　　　　C フリーター　D ユーモア
5. コンサートは壮大な_____で終わりました。
   A コンテスト　　B スピード　　　　C スピーチ　　D フィナーレ

問題四、＿＿＿＿に何が入りますか。Ａ・Ｂ・Ｃ・Ｄから一番適切なものを一つ選びなさい。

1. 「そこの茶碗、見せてください。」
   「（　　　　）。」
   A　あずかりました　　　　　　　　B　かしこまりました
   C　うわまわりました　　　　　　　D　おそれいりました

2. （　　　　）詳細は後ほどお知らせします。
   A　あいにく　　　　B　ただいま　　　　C　なお　　　　　D　常に

3. （　　　　）なお金で手に入れます。
   A　わずか　　　　　B　さすが　　　　　C　すこし　　　　D　しずか

4. （　　　　）ですが、どんなご用件でしょうか。
   A　けっきょく　　　B　さっそく　　　　C　しっかり　　　D　はっきり

5. 「何と言ったの。」
   「（　　　　）、何でもないよ。」
   A　そろそろ　　　　B　いやいや　　　　C　いよいよ　　　D　はらはら

6. （　　　　）ないで頑張ってください。
   A　気を抜か　　　　B　気をつけ　　　　C　気になら　　　D　気がつか

7. 新しき2024年の新春を迎え、貴社並びに各位先生、いよいよご（　　　　）のこととお
   慶び申し上げます。
   A　自愛　　　　　　B　無沙汰　　　　　C　健勝　　　　　D　業績

8. 言いたい（　　　　）のことを言います。
   A　すぎ　　　　　　B　ぶり　　　　　　C　あたり　　　　D　ほうだい

9. 朴さんは（　　　　）勉強したのに、大学院の入学試験に失敗しました。
   A　あれだけ　　　　B　ここだけ　　　　C　そのだけ　　　D　あちらだけ

10. 多大なご支援に預かっているおかげで、（　　　　）の対日業務が輸出入とも活発にな
    ってまいりました。
    A　御社　　　　　　B　商事　　　　　　C　貴社　　　　　D　弊社

11. （　　　　）彼は留守です。
    A　あれだけ　　　B　あいにく　　　　C　さっそく　　　　D　いやいや

12. 先日は（　　　　）食事を用意していただいたのに……申し訳ございませんでした。
    A　わざわざ　　　B　あいにく　　　　C　わずか　　　　　D　なお

13. このところ、（　　　　）寒くなりました。
    A　ゆっくり　　　B　めっきり　　　　C　びっくり　　　　D　がっかり

14. 彼女はみんなに（　　　　）たくなかったです。
    A　気を抜かれ　　B　気にされ　　　　C　ばかにされ　　　D　念を押され

問題五、_____の文とだいたい同じ意味の文があります。A・B・C・Dから一番適切なものを一つ選びなさい。

1. そうおっしゃられると、誠に恐縮です。
   A そうおっしゃられると、誠に怖いです。
   B そうおっしゃられると、誠にうれしいです。
   C そうおっしゃられると、誠に恐れ入ります。
   D そうおっしゃられると、誠におっしゃいます。

2. あれだけ忠告したのに、彼女は私の言うことを聞きませんでした。
   A あんなに忠告したのに、彼女は私の言うことを聞きませんでした。
   B じつに忠告したのに、彼女は私の言うことを聞きませんでした。
   C あいにく忠告したのに、彼女は私の言うことを聞きませんでした。
   D わざわざ忠告したのに、彼女は私の言うことを聞きませんでした。

3. 部長、この書類の書き方について、お教えいただけませんか。
   A 部長、この書類の書き方について、お教えもらいないでしょうか。
   B 部長、この書類の書き方について、お教えさしあげます。
   C 部長、この書類の書き方について、お教えいたします。
   D 部長、この書類の書き方について、教えてくださいませんか。

4. 冷蔵庫にバターがわずかしか残っていません。
   A 冷蔵庫にバターがたくさん残っていす。
   B 冷蔵庫にバターがたくさんしか残っていません。
   C 冷蔵庫にバターが少しだけ残っています。
   D 冷蔵庫にバターが少しだけ残りません。

5. この道を15分ほど行くと、右手に高いビルが見えます。
   A この道を15分上回って行くと、右手に高いビルが見えます。
   B この道を15分以上行くと、右手に高いビルが見えます。
   C この道を15分くらい行くと、右手に高いビルが見えます。
   D この道を15分以下行くと、右手に高いビルが見えます。

問題六、次の言葉の使い方で一番適切なものを、A・B・C・Dから一つ選びなさい。

1. 指示
   A 「この日本語教育に関する資料、20部コピーしおいて」と秘書に指示しました。
   B 「この問題を見ていただけませんか」と先生に指示しました。
   C 「明日映画を見に行こうよ」と友達に指示しました。
   D 「お手洗いはどこにありますか」と店員に指示しました。

2. 作成
   A 日本語の練習のために、話す機会を作成しておいてください。

B　この地域で<u>作成</u>された米はよいです。

C　友人とともに新しい会社を<u>作成</u>することにしました。

D　今週中にゼミの資料を<u>作成</u>しておいてください。

3.　最寄り

　　A　<u>最寄り</u>の店までは、歩いて15分です。

　　B　王ちゃんは私の<u>最寄り</u>の友達です。

　　C　<u>最寄り</u>の試験は来週にあります。

　　D　地下鉄の中で<u>最寄り</u>の人に足を踏まれました。

4.　退場

　　A　山田氏は社長の地位を<u>退場</u>した後も、会社への影響力を持ち続けました。

　　B　拍手を浴びて<u>退場</u>します。

　　C　仕事が忙しい時期を<u>退場</u>したら、家族と旅行しようと思っています。

　　D　不規則な生活を<u>退場</u>してから、体調がよくなってきたと感じています。

5.　取り寄せる

　　A　辛さんは成績優秀で運動神経もよいので、クラスで<u>取り寄せ</u>ていました。

　　B　わざわざ<u>取り寄せ</u>たお菓子を弟にすべて食べられました。

　　C　彼はそっと<u>取り寄せ</u>ました。

　　D　犬が体に<u>取り寄せ</u>てきてかわいかったです。

言語知識（文法）

問題七、（　　　）に適切な仮名を入れなさい。

1.　恐れ入ります（　　　）、どうぞよろしくお願いいたします。

2.　ご指導（　　　）預かり、誠にありがとうございました。

3.　日本の生活（　　　）すっかり慣れて、納豆（　　　）（　　　）食べられるようになりました。

4.　本日は雪（　　　）もかかわらず、大勢の方々（　　　）お集まりくださって、本当にありがとうございました。

5.　胡先生のご指導（　　　）お願い申し上げます。

6.　お元気（　　　）いらっしゃいますか。

7.　こちらは課長の佐々木（　　　）ございます。

8.　あれだけ大勢の人がいたに（　　　）かかわらず、犯人の顔を見た人は一人（　　　）いなかったです。

9.　石さん（　　　）よろしくお伝えください。

10.　そんなことをする（　　　）、子ども（　　　）まで笑われますよ。

11. 鈴木先生（　　　）ご親切にご指導いただき、無事に面接（　　　）受かりました。

12. お足元（　　　）お気をつけください。

問題八、（　　　）の単語を適当な形で＿＿＿＿に書きなさい。

例 小林部長はいらっしゃいますか。（いる）

1. 毎度貴社の格別の＿＿＿＿に預かり、厚く御礼申し上げます。（支援）

2. ほかにご質問、ご意見は＿＿＿＿。（ありませんか）

3. 私が本日案内役を務めさせていただく小林＿＿＿＿。（です）

4. 陳さんは黒竜江省のご出身＿＿＿＿ね。（です）

5. お父さんはいつ、東京から＿＿＿＿か。（来る）

6. 井上先生に＿＿＿＿のを楽しみにしております。（会う）

7. ＿＿＿＿に預かり、とてもうれしく存じます。（招く）

8. いつも息子がお世話になって＿＿＿＿。（いる）

9. 少々＿＿＿＿ませ。（待つ）

10. 社長、お客様が＿＿＿＿。（待つ）

問題九、＿＿＿＿に何が入りますか。A・B・C・Dから一番適切なものを一つ選びなさい。

1. ご家族の皆さんによろしく＿＿＿＿ください。

　　A ご伝え　　　　B お伝え　　　　C お伝えして　　　D ご伝えして

2. こちらは会議室＿＿＿＿。

　　A だ　　　　　　　　　　　　B である

　　C でございます　　　　　　　D でいらっしゃいます

3. この漢字の読み方をお教え＿＿＿＿。

　　A いただきませんか　　　　　B いただけませんか

　　C もらいませんか　　　　　　D いただきないでしょうか

4. ご健康を心よりお祈り＿＿＿＿。

　　A と申します　　B 願います　　　C 思います　　　　D 申し上げます

5. どうぞお＿＿＿＿ください。

　　A 入ろう　　　　B 入った　　　　C 入って　　　　D 入り

6. 趙先生はご専攻が日本語教育＿＿＿＿。

　　A でございます　　　　　　　　B でいらっしゃいます

　　C に預かります　　　　　　　　D と申します

7. 弊社常々格別のご愛顧＿＿＿＿、誠にありがたくお礼申し上げます。

　　A と存じ　　　　　B にもかかわらず　　C に預かり　　　D と申し上げ

8. その場合は、お手数ですが、ご連絡をください＿＿＿＿。

　　A くれ　　　　　　B ませ　　　　　C まで　　　　D なさい

9. 今日お話し（　　　　）方は、田下商事の田村部長です。
　　A　さしあげる　　　　B　ていただく　　　C　くださる　　　　　D　もらう

10. 上原社長にわざわざ日本語人材フォーラムにご出席（　　　　）、誠にありがとうござ
　　います。
　　A　くださり　　　　　B　なさり　　　　　C　いただき　　　　D　さしあげ

11. 貴重なご意見を賜りますよう（　　　）。
　　A　お願い申します　　　　　　　　　　B　お願いくださいませ
　　C　お願い申し上げます　　　　　　　　D　お願いなさいます

12. カレンダーに今月の予定が書いて（　　　　）。
　　A　ございます　　　B　まいります　　　C　おります　　　　D　いらっしゃいます

13. （メール）寒くなって（　　　　）ね。毎日寒い日が続いて（　　　　）が、お元気でしょう
　　か。
　　A　いらっしゃいました／おります　　　B　いらっしゃいました／ございます
　　C　まいりました／いらっしゃいます　　D　まいりました／おります

14. 本日はご多忙（　　　）、多くの方に来ていただき、本当にありがとうございます。
　　A　にもかかわらず　B　に預かり　　　　C　なさり　　　　　D　願い

15. 彼女はお金に困って、盗み（　　　）働きました。
　　A　くらい　　　　　B　なら　　　　　　C　ほど　　　　　　D　まで

16. （　　　　）、お名前をお教えいただけませんでしょうか。
　　A　気を抜かないで　　　　　　　　　　B　ご紹介に預かり
　　C　恐れ入りますが　　　　　　　　　　D　いらっしゃいませ

17. ご利用の前に案内書を必ず（　　　　）ください。
　　A　お読み　　　　B　お読みして　　　C　お読みにして　　D　読ませて

18. あちらにコピー機が（　　　　）。ご自由にお使いください。
　　A　いらっしゃいます　　　　　　　　　B　おります
　　C　ございます　　　　　　　　　　　　D　まいります

19. 手続にしばらくお時間がかかりますので、あちらの席でしばらくお待ち（　　　）。
　　A　なさいます　　　B　願います　　　　C　申し上げます　　D　くださいます

20. （電話）もしもし、山田商事（　　　　）。いつもお世話になって（　　　　）。
　　A　でいらっしゃいます／おります　　　B　でいらっしゃいます／いらっしゃいます
　　C　でございます／いらっしゃいます　　D　でございます／おります

問題十、__★__に入るものはどれですか。A・B・C・Dから一番適切なものを一つ選
　　びなさい。

1. 歩道での_____　_____　__★__　_____。
　　A　に　　　　　　　B　禁煙　　　　　C　ご協力　　　　D　願います

2. ただいま＿＿＿ ＿＿＿ ★ ＿＿＿でございます。

    A に   B 李華   C ご紹介   D 預かりました

3. ぜひ＿＿＿ ＿＿＿ ★ ＿＿＿と思います。

    A 妻   B お会い   C いただければ   D に

4. ご多忙＿＿＿ ＿＿＿ ★ ＿＿＿、誠にありがとうございます。

    A にもかかわらず   B くださり   C わざわざ   D お越し

5. ここに＿＿＿ ＿＿＿ ★ ＿＿＿ください。

    A などを   B 学校   C ご記入   D お名前や

読解

問題十一、次の文を読んで質問に答えなさい。答えはA・B・C・Dから一番適切なものを一つ選びなさい。

渡辺先輩、お元気でいらっしゃいますか。（ ① ）。大学を卒業して、就職してから、ほとんど会っていませんね。

実は、金曜日の6月28日は私の誕生日なんです。みんなと久しぶりに会いたいので、誕生日パーティーを開くことにしました。私の部屋はアパートだし、狭いので、近くのお店を借りました。招待した人は、高橋さんや鈴木さんなど、渡辺さんが知っている人ばかりです。会費をいただきますから、プレゼントなどのご心配は要りません。時間は8時からです。場所は地図を入れておいたので、（ ② ）ください。

都合が悪い場合は、お手数ですが、前の日までに私のところにお電話をお願いします。

それでは、ぜひいらっしゃってください。お待ちしております。お会いできる日を楽しみにしております。皆様にもどうぞよろしくお伝えください。

5月27日

山下由美

1. 文中の（ ① ）に入るのにもっとも適当なものは次のどれですか。

    A 差し支えなければ

    B 恐れ入りますが

    C ご無沙汰しております

    D 申し訳ございませんが

2. 文中に「渡辺さんが知っている人ばかりです」とありますが、下線の「ばかり」と同じ使い方の「ばかり」は次のどれですか。

    A 20分ばかりお待ちいただけませんか。

    B ちょっとばかり見せていただきます。

    C 唐君は日本語の本ばかり読んでいます。

D　私はさっき昼食を食べた<u>ばかり</u>です。

3. 文中の（　②　）に入るのにもっとも適当なものは次のどれですか。
A　お目にかけて
B　ご覧になって
C　お目にかかって
D　お耳に入れて

問題十二、次の文書を読んで質問に答えなさい。

2023年12月31日
遼寧省外貿総公司

大外貿易（株）御中

新年のご挨拶

拝啓　謹んで新年のご挨拶を申し上げます。

　振り返ってみますと、旧年中いろいろとご指導に預かり、深甚なる謝意を申し上げます。ここに2024年を迎えるに当たり、弊社の職員一同を代表しまして、貴社の益々のご繁栄をお祈り申し上げますと共に、本年も倍旧のお引き立てのほどをなにとぞよろしくお願い申し上げます。

　まずは新年のご挨拶まで。

敬具

1. この挨拶文は何の挨拶ですか。

_____

2. ビジネス文書の中で、去年に関する感謝の意を表明している部分は何ですか。

_____

3. 発信者の企業は受信者に何をお願いしていますか。

_____

問題十三、声を出して読みなさい。

忘年会（ぼうねんかい）

　その年の苦労を忘れるために年末に催す宴会を忘年会と言います。つまり、その文字通りの意味の「今年の一年の嫌なことを忘れて、新しい気持ちで一年を迎えること」を目的とした食事会や飲み会を意味しています。

　忘年会の起源は、鎌倉時代に開催された「年忘れ」という会であると言われています。現在の忘年会のような形になっていった起源は、江戸時代にあります。現代では、忘年会は職場の慰労会や親睦会の場所で行われるほか、大学や大学院をはじめとする学校のゼミや研究室、サークルで行われたり、部活やクラブ活動などで仲間内で親睦会を兼ねて行われることもあります。

翻訳

問題十四、次の文章を中国語に訳しなさい。

　ただいまご紹介に預かりました李華でございます。今年の忘年会の幹事をさせていただき、誠に光栄でございます。今年の忘年会は学生の皆さんのほかに干院長をはじめ、日本語学院の先生方々までご参加くださいました。まず、学生一同を代表して、お越しいただいた先生方に感謝の意を申し上げたいと存じます。

　私どもが大学院に在籍して、もう1年半になりました。多くの先生方からのご指導を賜ることができ、大変嬉しく思っております。来年も先生方のご指導のほど心よりお願い申し上げます。

1. 中国語訳を書きなさい。

　　_____

　　_____

　　_____

2. 日本語の原文だけを見て、声に出して中国語に訳しなさい。（中国語訳を見ないでください。）

問題十五、次の文章を日本語に訳しなさい。

　我是刚才主持人介绍过的小宋。今天你们为了我们KYY公司，特意举办了如此隆重的宴会[注1]，而且刚才还得到了陈市长的热情致辞，不胜感激。我代表KYY公司全体员工，向你们表示衷心的感谢。那么，非常冒昧，请允许我提议干杯。

注1：举办隆重的宴会／盛大な宴席を催す

1. 日本語訳を書きなさい。

　　_____

　　_____

　　_____

2. 中国語の原文だけを見て、声に出して日本語に訳しなさい。（日本語訳を見ないでください。）

問題十六、『一年間の大学生活を振り返って』という題で、作文を書きなさい。

1. 「です・ます体」を使って、書きなさい。
2. 200字以上400字以内で書きなさい。
3. 適切に漢字を使って書きなさい。
4. 句読点、段落などに注意しながら、書きなさい。
5. 字をきれいに書きなさい。

自我评价表

A完成得很好　B完成得一般　C完成得不理想

	练习	练习内容	练习目的	自我评价
课前预习	练习1	汉字标注假名	掌握日语汉字读音	A·B·C
	练习2	听写汉字	掌握日语汉字书写	A·B·C
	练习3	填写外来语	掌握外来语的书写及含义	A·B·C
	练习4	日译汉	了解敬语相关句型的意义及用法	A·B·C
课后总结	练习1	总结语法要点	巩固本课所学的语法知识	A·B·C
	练习2	使用知识要点达成交际目标	提高知识要点的实际应用能力	A·B·C
自我检测	问题一	汉字标注假名	掌握日语汉字读音	A·B·C
	问题二	假名标注汉字	掌握日语汉字书写	A·B·C
	问题三	外来语选择	掌握外来语的书写及含义	A·B·C
	问题四	词汇选择	掌握词汇的含义及用法	A·B·C
	问题五	同义句选择	掌握近义词汇及表达	A·B·C
	问题六	词汇用法选择	掌握词汇的含义及用法	A·B·C
	问题七	助词填空	掌握助词的用法	A·B·C
	问题八	完成句子	掌握句型的接续及用法	A·B·C
	问题九	句子语法1（选择语法项目）	提高语法知识的综合应用能力	A·B·C
	问题十	句子语法2（组合句子）		A·B·C
	问题十一	阅读理解	提高分析、理解日语文章的能力	A·B·C
	问题十二			A·B·C
	问题十三	日语短文朗读	掌握规范的语音、语调，培养语感	A·B·C
	问题十四	日译汉	巩固所学语法、词汇，提高综合应用能力	A·B·C
	问题十五	汉译日		A·B·C
	问题十六	作文		A·B·C

新经典日本语基础教程第二册同步练习册
（第三版）

答案手册

课前预习

练习1

1. たいきおせん	2. わだい	3. かんきょうもんだい	4. たし
5. せいせき	6. こんがっき	7. まくら	8. じしん
9. うらや	10. だいす	11. にあ	12. よわ
13. ふと	14. れいせい	15. き	16. てほん
17. お	18. たす	19. おおくち	20. きゅうこう

练习2

1. 教育学	2. 教科書	3. 卒論	4. 塞
5. 上	6. 完璧	7. 目標	8. 基礎知識
9. 関心	10. 光陰	11. 急	12. 力
13. 広場	14. 世界中	15. 入	16. 形

练习3

1. ウエスト waist	2. ストーブ stove	3. アナウンサー announcer	4. ピアニスト pianist
5. ページ page	6. ガス gas	7. パジャマ pajamas	8. カメラマン cameraman

练习4

1. 涼しくなりました。

2. 元気になりました。

3. 部長になりました。

4. 画面の文字サイズを大きくします。

5. 部屋をきれいにします。

6. 教科書の8ページの問題を宿題にします。

7. 部屋はツインにします。

8. 朝食は牛乳にします。

9. 電気をつけたまま、出かけました。

10. 昨夜、火事にはびっくりして、パジャマのまま、外に出ました。

11. 窓が閉まっています。／窓を閉めています。

12. 電気がついています。／電気をつけています。

13. 電気が消えています。／電気を消しています。

14. 女の子が公園を走っています。

15. 小鳥が空を飛んでいます。

课后总结

练习1

语法要点	语法细节
ナAに　なる。	用ナ形容词表示某种性质或状态的变化。意为"变得（变成）……"。
N1が　N2に　なる。	用名词表示某种性质或状态的变化。意为"变得（变成）……"。
Nを　イAく　する。	用イ形容词表示通过人的意志性动作改变人或事物的状态。意为"把……做成（变为）……"。
Nを　ナAに　する。	用ナ形容词表示通过人的意志性动作改变人或事物的状态。意为"把……做成（变为）……"。
N1を　N2に　する。	用名词表示通过人的意志性动作改变人或事物的状态。意为"把……做成（变为）……"。
Nに　する。	表示人的主观决定或选择。意为"决定（选择）……"。
～まま	表示未发生变化而保持同一状态。
自動詞・他動詞	动词按照前面是否出现宾语分为自动词和他动词。一般情况下，出现宾语（Nを）的动词为他动词，多含有人的主观意志；不出现宾语（Nを）的动词为自动词，多不含有人的主观意志。 自他动词对应情况很多，如：開く／開ける；有些动词同时具有自、他动词两种词性，如：休む。a. 週に2日間休む。b. 風邪で学校を休む。另外，也有自他动词不对应的情况。如："行く"没有对应的他动词。
N（场所）を　V（经过）	"を"是格助词，此处表示经过的场所。"を"后面使用表示移动的自动词，如"通る""走る""散歩する""旅行する"等。

练习2

1. この公園はにぎやかになりました。

   20歳になりました。

2. 私は旅行が大好きなので、今年の冬休みに、香港へ旅行に行きました。

   いろいろな所を考えましたが、最後に香港にしました。

   そこでは～を楽しんできました。

   友達／グループ／団体旅行と一緒に～をしました。とても楽しかったです。

   そして、冬休みが終わる前に、～という目標を立てました。

3. 新学期の目標を立てました。

　日本語の発音を完璧にしたいです。（きれいな日本語の発音を目標にします。）

　一生懸命勉強しようと思います。

自我检测

言語知識（文字・語彙）

問題一

1. せんがっき	2. れいせい	3. こ	4. はちみつ
5. ちゃわん	6. かねも	7. ちきゅう	8. もくひょう
9. つ	10. あつ	11. し	12. かんぺき
13. とち	14. ちりょう	15. ちしき	16. すす

問題二

1. 卒論	2. 治療	3. 辺	4. 大切
5. 広場	6. 連絡	7. 専門	8. 環境問題
9. 大好	10. 大気汚染	11. 落	12. 通
13. 飛	14. 試合	15. 幼稚園	16. 豊

問題三

1	2	3	4	5	6	7	8
B	C	B	D	B	C	A	A

問題四

1	2	3	4	5	6	7	8	9	10
D	B	B	A	D	C	D	B	D	A

11	12	13	14
C	B	A	B

問題五

1	2	3	4	5
C	D	C	D	A

問題六

1	2	3	4	5
C	B	D	B	B

問題七

1. に	2. に	3. を	4. を、は／が	5. の
6. に	7. に	8. に、が	9. を	10. を
11. が	12. を、に			

問題八

1. 半分に	2. 大きく	3. 悪く	4. 短く	5. 生の
6. はいた	7. 暇に	8. 選手に	9. にぎやかに	10. 不便な

問題九

1	2	3	4	5	6	7	8	9	10
B	B	D	A	D	B	B	A	A	C

11	12	13	14	15
B	C	A	C	B

問題十

1	2	3	4	5
B	B	C	D	A

問題十一

1. C　　2. A　　3. B

問題十二

1. B　　2. A　　3. A

問題十四

　　富士山是日本最高的山，因此举世闻名。它吸引着来自世界各地的许多外国游客和登山者。富士山是日本的象征。富士山脚下有湖泊，非常美丽。冬天会下雪，给富士山披上一层洁白的雪袍。即使在夏季，山顶仍然覆盖着雪。在夏天和秋天，当天气晴朗时，富士山在早晨会呈现出红色。据说可以登上富士山的时间是从7月到9月。游览富士山的日本人为了保护这里的环境，都会将自己产生的垃圾带回。

問題十五

　　今日、友達と一緒に公園を散歩しに行きました。公園に着いた時、たくさんの人が集まっていました。子供たちは自由に遊んでいて、大人たちはピクニックを楽しんでいました。突然、雨が降り始めました。友達が急いで雨宿りする場所を捜してくれました。しかし、雨がどんどん強くなったので、車の中で雨がやむまでいろいろなことを話しました。この雨の日の経験は、忘れられない思い出となりました。

课前预习

练习1

1. こうこうせい	2. すうがく	3. たいじゅう	4. べんとう
5. しんぱい	6. あんき	7. にってい	8. いなか
9. さ	10. きょうか	11. ふ	12. とく
13. さび	14. じむしつ	15. かん	16. かわ
17. ひしょ	18. に	19. ぬ	20. しあわ

练习2

1. 復習	2. 流	3. 解消	4. 門限
5. 招待状	6. 録音	7. 訪	8. 不況
9. 免許	10. 仕方	11. 治	12. 離
13. 誘	14. 階段	15. 提出	16. 解

练习3

1. スポーツクラブ sports club	2. ストレス stress	3. リズム rhythm	4. コピー copy
5. プロジェクト project			

练习4

1.

句子①中的"を"与(他动词/自动词)呼应使用，表示动作、行为涉及的对象。

句子②中的"を"与(他动词/自动词)呼应使用，表示经过的场所。

句子③中的"を"与(他动词/自动词)呼应使用，表示离开的场所。

2.

日语	中文
来年の3月まで日本にいます。	我要在日本待到明年3月份。
来年の3月までに日本に行きます。	我要在明年3月份之前去日本。

句型"まで"释义为到……，表示动作或状态持续到某一时间；

句型"までに"释义为在……之前，表示动作发生在某时间之前。

练习1

语法要点	语法细节
～時、～。	表示动作发生或状态出现的时间。意为"在……时候"。前接名词の、イ形容词基本形、ナ形容词词干な和动词连体形。
～前に、～。	表示某动作发生之前发生了另外一个动作。意为"在……之前"。前接名词の、动词基本形。
～後で、～。	表示某动作发生之后发生了另外一个动作。意为"在……之后"。前接名词の、动词连用形Ⅱた。
～まで	表示动作或状态持续的时间。意为"到……"。前接名词、动词基本形。
～までに	表示动作的截止日期，也可以表示在特定的时间之前发生了某个动作，或呈现出某种状态。意为"在……之前"。前接名词、动词基本形。
V 始める／終わる／終える／続ける。	"～始める"表示动作或变化开始；"～続ける"表示动作或变化持续；"～終わる"表示动作或变化结束，强调结果；"～終える"表示动作或变化结束，强调意志。分别意为"开始……""继续……""……完了""……做完"。前接动词连用形Ⅰ。
～ついでに、～。	表示利用某个机会顺便做某事。也可单独使用。意为"在……的同时，顺便……"。前接名词の、动词连体形。
V ながら	表示在做前项动作的同时做后项动作，句子的重点为后项。意为"一边……一边……"。前接动词连用形Ⅰ。
N 中^{じゅう}	"中"为接尾词，接在表示时间或空间的名词后，表示时间或空间的整个范围。
N（场所）を V（离开）	"を"是格助词，经常与"出る""降りる""卒業する"等自动词搭配使用，表示离开的场所。

练习2

(1) 私は半年前に日本語を勉強し始めました。日本語を勉強する前は、とても心配していましたが、今は楽しんでいます。録音を聴きながら、朗読の練習をしたりします。また、暇な時に、日本のテレビドラマを見たりします。

(2) 私が一番効果的だと感じるストレス解消法は～です。

日本語の勉強で疲れた時、この方法は私にとってリラックスできるものです。

みなさんはストレス解消のためのいいアドバイスはありますか。

(3) 授業が始まる前に予習しておきます。

授業を受けた後で、すぐ復習します。

宿題が多いので、よく夜10時ごろまで宿題をやっています。

宿題は来週の月曜日までに出さなければなりません。

言語知識（文字・語彙）

問題一

1. なが	2. もんげん	3. さわ	4. かいしょう
5. たず	6. さそ	7. うんどうかい	8. ぬ
9. ひとりぐ	10. かたづ	11. さび	12. へんきゃく
13. めざ	14. かんじん	15. く	

問題二

1. 弁当	2. 心配	3. 暗記	4. 体重
5. 秘書	6. 免許	7. 曲	8. 増
9. 乾	10. 願書	11. 見舞	12. 逃
13. 腰	14. 特	15. 田舎	

問題三

1	2	3	4	5	6
C	A	A	B	D	D

問題四

1	2	3	4	5	6	7	8	9	10
A	C	A	B	D	C	B	D	A	C

問題五

1	2	3	4	5	6	7
A	B	C	A	A	B	B

問題六

1	2	3	4	5
A	C	B	D	B

問題七

1. の	2. な	3. の	4. の	5. を
6. の	7. を	8. を	9. に	10. を

問題八

1. 働き	2. 行った	3. 立ち	4. 読み	5. 終わる
6. 始まる	7. 食べた	8. 乗る	9. した	10. 忙しい

問題九

1	2	3	4	5	6	7	8	9	10
A	B	B	C	C	C	D	A	A	C

11	12	13	14	15	16	17
A	B	C	B	D	C	B

問題十

1	2	3	4	5
B	D	C	D	B

読解

問題十一

1. B　　2. C　　3. C

問題十二

1. A　　2. A　　3. B

翻訳

問題十四

　　在日常生活中，我们面临着各种各样的压力，比如人际关系、学业、工作等。但是，有一些方法可以帮助我们有效地应对和消解压力。

　　首先，我们要找到自己喜欢的事情或感兴趣的活动。兴趣爱好可以帮助我们消解压力，让我们的心情焕然一新。比如，我们可以找到一些能让我们转换心情的兴趣爱好，比如听音乐、画画、阅读等。另

外，走进大自然也对身心有益。我们可以享受大自然的美丽风景，比如在公园散步、爬山、看海等，这些都可以让我们放松。最后，我们要珍惜和朋友或家人的时间。我们可以尝试这些方法，找到适合自己的减压方式。

問題十五

　私は日本語を勉強しています。教科書で漢字やひらがなやカタカナを練習します。日本語の意味やローマ字も覚えます。例文を読んで、文法や単語を理解します。いつか日本に行って、日本の文化や食べ物を体験したいです。日本語が話せるようになったら、もっと日本のことを理解できるようになるでしょう（もっと日本のことを理解できるようになると思います）。日本語のアクセントや文字や表現が好きです。日本語を勉強することは楽しくて、やりがいがあります。私はもっと日本語が上手になりたいです。

课前预习

练习1

1. すうねん	2. ほんにん	3. たんきりゅうがく	4. いぜん
5. けんがくかい	6. こわ	7. がいしけいきぎょう	8. じんざい
9. な	10. おおどお	11. さつじんじけん	12. つた
13. しず	14. つ	15. せ	16. はこ
17. う	18. いど	19. ゆうひ	20. おこ

练习2

1. 優秀	2. 現在	3. 再開	4. 可能性
5. 昇	6. 必死	7. 文句	8. 用意
9. 展覧会	10. 表	11. 充実	12. 広
13. 誠意	14. 意欲	15. 社会人	16. 枯

练习3

1. パートナー partner	2. ファックス fax	3. コーナー corner	4. レベル level
5. ボランティア volunteer	6. ビデオ video	7. ハイキング hiking	8. デモ demonstration

练习4

1.

日语	中文
教室に机や椅子などがあります。	教室里有桌子和椅子等。
今日の午後、教室でクラス会があります。	今天下午在教室召开班会。

句型 "N1 に N2 が ある" 表示某处有某物，释义为<u>在……有……</u>。

句型 "N1 で N2 が ある" 表示某地发生（出现）某事，释义为<u>在……发生（有）……</u>。

2.

日语	中文
会議は今から始まるところです。	会议正要开始。
論文を書いているところです。	正在写论文。
宋さんは帰ったところです。	小宋刚刚回去。

句型"～ところだ"表示<u>动作或状态处于某种阶段</u>。其中"V（る）ところだ"表示动作、状态<u>即将发生、出现</u>，释义为<u>正要……</u>；句型"V（ている）ところだ"表示动作、状态<u>正在进行、持续</u>，释义为<u>正在……</u>；"V（た）ところだ"表示<u>动作、状态刚刚结束</u>，释义为<u>刚……</u>。

课后总结

练习1

语法要点	语法细节
V　う／ようとする。	表示某种现象或状态即将发生、出现或努力要做某事。意为"就要……，将要……""要……，努力……"。前接动词意志形。
V　たばかりだ。	表示动作或状态刚刚结束。意为"刚刚……"。前接动词连用形Ⅱ。
V（る・ている・た）ところだ。	表示动作或状态处于某种阶段。前接动词时态较为灵活。 ①"V（る）ところだ"表示动作、状态即将发生、出现。意为"正要……"。 ②"V（ている）ところだ"表示动作、状态正在进行、持续。意为"正在……"。 ③"V（た）ところだ"表示动作、状态刚刚结束。意为"刚……"。
N　ばかり	"ばかり"是提示助词，表示限定，带有程度过甚之意，多用于消极场合。意为"光……""净……"。
V　てばかりいる。	表示一个动作不断反复或某种状态一直不变，带有程度过甚之意，多用于消极场合。意为"总是……""净……"。
N1　で　N2　がある。	表示在某地发生（出现）了某事。意为"在……发生（有）……"。
N　ぶり	"ぶり"是接尾词，表示间隔时间长。
～くらい／ぐらい	"くらい／ぐらい"是提示助词，表示程度。
～さ	"さ"是接尾词，接在イ形容词或ナ形容词的词干后面，将其变成名词，表示某种状态或程度。

练习2

(1) 日本語を勉強して半年ぐらい経とうとしています（半年ぐらいになります）。

　　教科書だけでなく、聞き取り練習のための教材、動画、音楽、そしてソーシャルメディアなど、様々なリソースを組み合わせて使うことが重要です。これにより、読むこと、書くこと、聞くこと、話すことという四技能をバランスよく向上させることができます。

(2) 今朝、早く起きようとしましたが、できませんでした（起きられませんでした）。

　　日本語の勉強を始めたばかりの頃、日本語で一生懸命自分の考えを表そうとしていました。

(3) 朝ご飯を食べるところです。／朝ご飯を食べているところです。／朝ご飯を食べたところです（朝

ご飯を食べたばかりです）。

朝ご飯を食べた後で、教室に行こうとしたところ、雨が降りました。

自我检测

言語知識（文字・語彙）

問題一

1. べつ	2. しゃかいじん	3. ようい	4. あらわ
5. りかい	6. ま	7. じゅうじつ	8. もんく
9. けんこう	10. いなかぐ	11. な	12. に
13. ほんにん	14. ほんやく	15. かいけつ	16. みらい

問題二

1. 告	2. 怖	3. 尽	4. 怒
5. 水平線	6. 井戸	7. 講演	8. 夕食
9. 講堂	10. 貴	11. 沈	12. 詳
13. 運	14. 伝	15. 甘	16. 交流

問題三

1	2	3	4	5	6	7	8
A	C	D	B	D	B	C	A

問題四

1	2	3	4	5	6	7	8	9	10
A	B	B	C	C	A	B	D	B	A

問題五

1	2	3	4	5
C	C	D	B	A

問題六

1	2	3	4	5
B	D	C	A	C

問題七

1. を	2. を	3. の	4. が／は	5. に
6. に	7. を	8. を	9. で、が	10. で、が

問題八

1. 忘れよう	2. 渡ろう	3. もらった	4. コピーしている	5. 始まる
6. 遊んで	7. 深さ	8. 高さ	9. 書き終わった	10. 出かける
11. 準備している	12. 復習した			

問題九

1	2	3	4	5	6	7	8	9	10
A	B	C	A	B	D	B	C	B	B

11	12	13	14
A	D	D	B

問題十

1	2	3	4	5
B	C	C	D	B

問題十一

1. C   2. B   3. D   4. B

問題十二

1. B   2. A   3. C

問題十四

最近，我正在尝试迎接新的挑战。那就是超越自己的极限，学习新技能。一开始我感到有些不安，但为了成长，我觉得挑战和不断改变是至关重要的。

在尝试学习新技能的过程中，一开始可能会遇到一些困难。然而，只要不放弃，不断练习、不断学

14

习，就能逐渐取得进步。

　　每天都在努力进步的同时，我也感受到了想要变得更好、与过去的自己较量的欲望。这正是我不断努力的动力，让我朝着想成为的自己前进。

　　挑战自己敢于踏入未知领域的勇气，但由此而来的满足感和成长的喜悦是无法用任何东西取代的宝贵体验。

問題十五

　　今日は私の誕生日です。しかし、ついていない一日でした。友達からもらったプレゼントを駅のトイレに忘れてしまいました。気づいた時に取りに行きましたが、清掃作業員がトイレを掃除しているところでした。私は滑って転んでしまい、大変でした。家に戻ってシャワーを浴びようと思いました。お風呂に入ろうとした時に、友達から電話がかかってきました。私の大好きなバスケットボールの試合をやっていると言いました。私はすぐにテレビをつけましたが、試合がちょうど終わったところでした。

课前预习

练习1

1. よこく	2. じぜん	3. ぜんかい	4. おこな
5. はんい	6. じょうきょう	7. こうかい	8. だいじ
9. かべ	10. あやま	11. やぶ	12. よご
13. すいみんやく	14. なつ	15. なら	16. あ

练习2

1. 応募	2. 育児	3. 落	4. 家賃
5. 願書	6. 人形	7. 風邪薬	8. 花瓶
9. 堅持	10. 卒業論文	11. 注意	12. 訪問
13. 期待	14. 負	15. 合格	16. 立

练习3

1. テスト test	2. メモ memo	3. テーブル table	4. ポスター poster
5. チーム team	6. イデオロギー ideology		

练习4

日语	中文
母は今ビールを冷蔵庫に入れています。	妈妈正在往冰箱里放啤酒。
ビールを冷蔵庫に入れておきました。	提前把啤酒放进了冰箱里。
冷蔵庫にビールが入っています。	冰箱里放着/有啤酒。
冷蔵庫にビールが入れてあります。	冰箱里放着啤酒。

1. 使用"ておく"表达"提前做某事"时，前多接他动词（自动词／他动词）。

2. "ている""てある"均可表示存续状态，在这种用法下，"ている"侧重强调事物存在的状态本身，前接自动词（自动词／他动词），"てある"侧重强调人为有意志行为带来的状态存续，前接他动词（自动词／他动词）。

练习1

语法要点	语法细节
V　ておく。	表示事先做某种准备，经常和"前もって""事前に""あらかじめ"等副词搭配使用。口语表达形式为"V　とく"。意为"提前……"。
	表示为了某种目的而将结果的状态继续保持下去。口语表达形式为"V　とく"。
V　てある。	接在他动词之后，表示动作完成后的存续状态。一般不涉及动作的主体，只涉及动作的对象。
V　てしまう。	接在意志性动词后面，表示动作完了。口语表达形式为"V　ちゃう／じゃう"。
	表示出现了令人遗憾、失望、后悔的结果。口语表达形式为"V　ちゃう／じゃう"。
～がる。	接在イ形容词词干／ナ形容词词干后面，表示第三人称的感情、希望、要求等。
N1　という　N2	用于提示未知或不了解的人或事物。
N／数量词しか　～ない。	"しか"是提示助词，后接否定表达形式，多表示数量之少或程度之低。意为"仅仅……"。
V　忘れる。	表示忘记做某事。意为"忘了……"。前接动词连用形Ⅰ。
N　中_{ちゅう}	"中"是接尾词，前接普通名词、数量词时，表示范围，意为"在……之中"；前接动作性名词时，表示动作、状态的持续，意为"正在……"；前接表示特定时间段的名词时，意为"……期间"。
数量词　も	"も"是提示助词，前接数量词，强调数量之多或程度之甚。意为"竟，竟然，都，也"。

练习2

(1) 事前に復習の計画を立てておきます。毎日単語を覚えたり、文章を読んだりしています。

(2) 小学校の時に、家族と一緒に山登りにいきました。しかし、途中で疲れて、山頂まで登るのを諦めてしまいました。

(3) 私の教室は11号館の3階にあります。教室に机と椅子が置いてあります。黒板に字が書いてあります。壁にクラス名簿が貼ってあります。

言語知識（文字・語彙）

問題一

1. いや	2. ほうもん	3. ま	4. かぜぐすり
5. おうぼ	6. はんぶん	7. せいど	8. ちい
9. きまつ	10. ごうかく	11. よご	12. ま
13. にんぎょう	14. お	15. はら	

問題二

1. 後悔	2. 同窓会	3. 水分	4. 転勤
5. 試験監督	6. 挿	7. 先学期	8. 飾
9. 勘違	10. 範囲	11. 済	12. 懐
13. 行	14. 破	15. 空	

問題三

1	2	3	4	5	6
A	C	D	C	D	A

問題四

1	2	3	4	5	6	7	8
C	B	C	B	A	A	C	C

問題五

1	2	3	4	5	6
C	B	C	A	A	D

問題六

1	2	3	4	5
B	D	A	A	C

問題七

1. の	2. に、が	3. が、に	4. で、を	5. に
6. も	7. に、を	8. を	9. は、が	10. が（の）、に
11. を	12. しか			

問題八

1. 部屋を掃除しておきます。

   ごちそうを用意しておきます。

2. 寮の壁に貼ってあります。

   花瓶に挿してあります。

3. 卒業論文を書いてしまいたいと思っています。

   教科書を予習してしまいたいと思っています。

4. 失敗を嫌がります。

   宇宙飛行士になりたがります。

5. HSKという中国語検定試験

   アジサイという花

6. 3人しかいませんでした。

   半分しか復習しませんでした。

問題九

1	2	3	4	5	6	7	8	9	10
B	C	A	C	D	D	B	C	B	A

11	12	13	14	15	16
A	C	C	A	B	A

問題十

1	2	3	4	5
C	B	C	A	D

問題十一

1. C   2. B   3. C

問題十二

1. B   2. D   3. C

問題十四

　　昨天，因为女儿想去游乐园，所以我就带着她去了一家叫作"绿色"的游乐园。看着女儿玩得很开心，我也想起了我的儿童时代，真的很怀念。回来的时候我们俩都很累，就在电车上睡着了。我醒来的时候看向窗外，发现已经坐过站了。我连忙叫醒女儿下了车，然后又乘坐反方向的电车回家了。真是有趣的一天。

問題十五

　　小学校の時から今まで、たくさんの試験を経験しましたが、昨日の小テストは私にとって一番忘れられないものになりました。先週の宿題がとても多くて、単語も文型も覚えないでテストを受けました。問題用紙に書いてあった問題はどこかで見たことがありましたが、どうしても答えられなくて、最後はやはりいい成績を取れませんでした。本当に後悔しました。今度、絶対テストが始まる前に復習しておきます。

课前预习

练习1

1. みなみがわ	2. たいきょくけん	3. こむぎこ	4. もぎてん
5. えんげき	6. みごと	7. へ	8. かんぜん
9. せいか	10. でんとう	11. つうやく	12. へいわてき
13. はげ	14. さっか	15. ちょっこうびん	16. こうれいしゃ
17. なみだ	18. すいじゅん	19. こ	20. ひとびと

练习2

1. 屋台	2. 貢献	3. 優勝	4. 船
5. 中古車	6. 追試験	7. 発展	8. 人口
9. 入試	10. 人間関係	11. 食材	12. 性格
13. 減	14. 早口	15. 支店	16. 給料

练习3

1. アイディア idea	2. エコ ecology	3. スタッフ staff	4. イベント event	5. ソース sauce
6. マヨネーズ mayonnaise	7. スタイル style	8. ペットボトル PET bottle	9. グランド ground	10. バレーボール volleyball
11. ノック knock	12. インフルエンザ influenza	13. レジ register	14. ユーモア humor	

练习4

日语	中文
夏休みに日本へ遊びに行くことにしました。	我决定暑假去日本玩。
夏休みに日本へ出張することになりました。	定下来暑假要去日本出差。
毎日日記をつけることにしています。	我坚持每天记日记。
毎日日記をつけることになっています。	规定每天都要记日记。

1. 句型 "V ことにする" 表示<u>主观决定做某事</u>，是<u>主观性</u>（主观性／客观性）表达；句型 "V ことになる" 表示<u>出现某种客观结果</u>，是<u>客观性</u>（主观性／客观性）表达。

2. 当 "V ことにする" 后接 "ている" 构成 "V ことにしている" 时，表示<u>该决定形成某种习惯</u>；当 "V ことになる" 后接 "ている" 构成 "V ことになっている" 时，表示<u>客观规定</u>。

练习1

语法要点	语法细节
V　ことにする／ことにしている。	"V　ことにする"表示说话人主观决定做某事。当该决定形成某种习惯时，多用"V　ことにしている"。
V　ことになる／ことになっている。	"V　ことになる"表示出现某种客观结果。表示客观规定时，多用"V　ことになっている"。
V　てくる。	(1)表示由远及近的移动。 (2)表示从过去到目前为止某动作、状态一直持续。 (3)表示开始出现某个现象。
V　ていく。	(1)表示由近及远的移动。 (2)表示从现在开始，某动作、状态持续下去。
～てしょうがない。	表示无法控制的某种心理、身体状态，是"～てしかたがない"的口语表达形式。意为"……得不得了"。
～し、～し～。	接续方式通常为简体形式，郑重场合也可以使用敬体形式。(1)表示列举。(2)表示原因、理由。
～かもしれない。	表示推测。强调虽然发生的概率较低，但不可否认此可能性的确存在。意为"也许……"。
そのうえ	"そのうえ"是接续词，表示累加。意为"加上……"。
～とは	表示碰到意想不到的情况时吃惊、感叹的心情。意为"竟然……"。

练习2

(1) 国際文化祭に一番興味を持っています。毎年、いろいろな国から来た留学生たちが運動場で屋台を出したり、自分の国のおいしい料理を作って売ったりしています。私は特に日本人留学生の作ったたこ焼きが大好きです。

(2) 大学に入って日本語を勉強し始めてから、毎朝6時に起きることにしています。食堂で朝ご飯を食べ終わってから、教室に行って、大きな声で本文を読むことにしています。

(3) 大学の寮には規則がたくさんあります。夜10時半までに寮に帰ることになっています。無関係の人を寮の部屋に入れてはいけないことになっています。それから、ペットを飼うことはできません。

言語知識（文字・語彙）

問題一

1. じんるい	2. きゅうりょう	3. おどろ	4. じぎょう
5. であ	6. すうこう	7. じんこう	8. どりょくか
9. かていきょうし	10. へんじ	11. たが	12. しょくざい
13. かなら	14. あら	15. いろ	16. ゆうしょう

問題二

1. 涙	2. 減	3. 売	4. 南側
5. 太極拳	6. 競技	7. 完全	8. 水準
9. 記者	10. 業務	11. 直行便	12. 中古車
13. 込	14. 服	15. 作家	16. 万能

問題三

1	2	3	4	5	6	7	8	9	10
D	C	D	A	B	D	A	C	B	A

問題四

1	2	3	4	5	6	7	8	9	10
C	B	C	C	D	A	C	D	C	D

11	12
B	C

問題五

1	2	3	4	5
B	B	C	A	C

問題六

1	2	3	4	5
A	D	B	C	D

問題七

1. で	2. に	3. が	4. か	5. に
6. に	7. とは	8. に	9. が	10. し、で
11. へ、に	12. に	13. を、に	14. し、し、も	

問題八

1. ダイエットすることにしました
   留学することにしました
2. 税金が上がることになりました
   留学することになりました
3. 中国語を勉強してきました
   雨が降ってきました
4. 減っていく
   頑張っていき
5. おなかがすいてしょうがない
   残念でしょうがない
6. 優しいし、成績もいいし
   駅に近いし
7. 合格するかもしれない
   料理が上手かもしれない

問題九

1	2	3	4	5	6	7	8	9	10
D	B	A	B	B	B	D	A	D	B

11	12	13	14
A	B	C	C

問題十

1	2	3	4	5
A	A	C	C	B

問題十一

1. C   2. D   3. B

問題十二

1. C   2. C   3. A

問題十四

　　日本規定中小学实行九年义务教育。高中虽然不是义务教育，但97%以上的中学生都读高中。经过三年的高中学习，大约有50%的高中生读大学。我是去年高中毕业的。我们高中既没有校服，也不限制发型，真的太棒了。并且，还有很多社团活动。我妹妹现在读的是女子高中，学校规定不许染发、不许化妆、不许戴耳环、还不许改校服。

問題十五

　　このコンビニでアルバイトをして、今年で2年目になりました。来月から時給が1110円に上がることになったと店長さんが昨日言いました。それを聞いて、うれしくてしょうがなかったです。今後は引き続き頑張っていくことにしました。一緒にアルバイトしている仲間たちがよく働けているし、性格もいいし、彼らに出会えて本当にラッキーです。大学を卒業してから、ほかの町に行くかもしれません。その時になったら、この仕事も辞めるかもしれませんが、この1年間、頑張ってきたのでいろいろ成長できたし、いろいろ勉強にもなったと思います。

课前预习

练习1

1. ないかく	2. そうりだいじん	3. めざましどけい	4. しゅうしゅうび
5. もじ	6. せいじか	7. りゅうこうご	8. どうろ
9. こっかい	10. とっきゅうでんしゃ		

练习2

1. 撮影	2. 出発	3. 禁煙	4. 係員
5. 絶対	6. 体調	7. 一曲	8. 貯金
9. 危険	10. 無		

练习3

1. スピード speed	2. パンフレット pamphlet	3. サウナ sauna	4. マスコミ mass communication
5. セット set	6. パスポート passport	7. メールアドレス mail address	8. コンテスト contest
9. ガードマン guard man	10. スピーチ speech		

练习4

1. ①ようにします　②ようになりました　③なくなりました

（1）努力做到某事

（2）习惯、能力、状况等的变化　～なくなる

2. 意志性动词　"名词+の"　非意志性动词或表示可能意义的动词　动词ない形

课后总结

1.

语法要点	语法细节
～ようにする。	该句型用于表示努力做到某事。意为"尽量……"（前接动词否定形式则表示"尽量避免……"）。
～ように、～。	该句型前面多接非意志性动词、表示可能意义的动词或动词ない形，用于表示目的，意为"为了……"（前接动词ない形时，表示"以免出现某种情况"）。

语法要点	语法细节
〜ようになる。	该句型用于表示能力、状况、习惯等的变化。意为"变得开始（能）……"。
〜なくなる。	该句型为"〜ようになる"的否定形式，用于表示能力、状况、习惯等的变化。意为"变得不（不能）……"。
〜ために、〜。	前面多接意志性动词或"名词+の"的形式，用于表示目的，意为"为了……"。后句表示为实现该目的所采取的行动。
〜なさい。	该句型用于表示命令。
〜な。	该句型用于表示禁止。

2.

(1) A：健康のために、野菜をちゃんと食べてください。

B：分かりました。じゃあ、今日から毎日野菜を食べるようにします。

A：お菓子など甘いものはできるだけ食べないようにしてください。

(2) A：最近、健康のために、朝ジョギングを始めました。

B：いいですね。私も朝ジョギングをしたいんですが、朝は弱くて、なかなか起きられないんです。

A：私も。ですから、起きられるように（朝寝坊しないように）、目覚まし時計をセットしています。

(3) 仕事を始めてから、朝寝坊はしなくなりました。毎日忙しくて、ゲームもできなくなりました。でも、とても充実していて、英語も前より上手に使えるようになったし、自分にもっと自信をもつようになりました。

自我检测

言語知識（文字・語彙）

問題一

1. もじ	2. いっきょく	3. しゅうしゅうび	4. こっかいぎじどう
5. どうろ	6. めざましどけい	7. しゅっぱつ	8. とっきゅうでんしゃ
9. ちょきん	10. まか	11. そうりだいじん	12. あきら
13. こうへい	14. ひ	15. こた	16. そだ

問題二

1. 貯	2. 禁煙	3. 危険	4. 無
5. 係	6. 内閣	7. 体調	8. 絶対
9. 関係者	10. 撮影		

問題三

1	2	3	4	5	6	7	8	9
D	B	C	B	D	A	C	C	C

問題四

1	2	3	4	5	6	7	8
B	B	D	C	D	A	C	C

問題五

1	2	3	4	5
D	C	B	D	B

問題六

1	2	3	4	5
A	B	D	D	C

言語知識（文法）

問題七

1. な	2. が	3. ても	4. の	5. か
6. から	7. で	8. で	9. に	

問題八

1. 日本の会社で働く

2. 日本語が上手に話せる

3. 遅れない

4. 旅行の

5. 子供が食べられる

問題九

1. a   2. b   3. b   4. b   5. b   6. b   7. b

問題十

1	2	3	4	5	6	7	8	9	10
C	D	B	B	C	C	B	C	C	D

11	12	13	14	15	16	17
D	B	C	C	B	C	D

問題十一

1	2	3	4	5
B	A	A	A	A

読解

問題十二

1. A　　2. C　　3. D　　4. C　　5. C

問題十三

1. D　　2. B　　3. D　　4. D

翻訳

問題十五

　　为了能过N1，从上个月开始我拼命学习。每天早上都争取6点钟起床。而且每晚睡前我都要花1个小时背单词以免忘记。半个月后，我能记住单词了，做题时也不会错了。学习很辛苦，有时也会想早上睡个懒觉。这个时候，我就对自己说："不要睡懒觉！快起来！"明天就要考N1了。也许试题会很难，但我想努力到最后一刻。

問題十六

　　友達の紹介で、大学の近くにあるレストランでアルバイトを始めました。仕事の内容はそれほど難しくないですが、いろんな料理の名前を覚えなければなりません。早く覚えられるように、私はメニューをノートに書き、一生懸命暗記しました。また、お客さんに対して敬語を使うようにしています。最初はうまくできるかどうか心配でしたが、今はもう仕事にちゃんと対応できるようになりました。

课前预习

练习1

1. まちがい	2. しょるい	3. にゅうこくかんりきょく	4. ぶか
5. どうりょう	6. おうぼしゃ	7. ちょうさ	8. きょうりょく
9. しどう	10. わりびき		

练习2

1. 推薦状	2. 貴重	3. 専門的	4. 締切	5. 研修
6. 喜	7. 励	8. 交換	9. 原稿	10. 長生

练习3

1. ビジネス business	2. パンク puncture	3. カタログ catalogue	4. チェック check	5. シャッター shutter

练习4

①あげ ②くれ ③もらい

1. てあげる てくれる てもらう

2. てくれる てもらう

课后总结

1.

语法要点	语法细节
～てやる／てあげる／てさしあげる。	表示自己（己方）为他人做某事。谦虚程度由高到低依次为"てさしあげる""てあげる""てやる"。
～てもらう／ていただく。	表示请求他人为自己（己方）做某事。"ていただく"比"てもらう"更谦虚。以动作接受者、即"我或己方的人"为主语。
～てくれる／てくださる。	表示他人为自己（己方）做某事。"てくださる"比"てくれる"更尊敬。以动作执行者、即他人为主语。
～てくれませんか／てくださいませんか。	表示请求他人为自己（己方）做某事。"てくださいませんか"比"てくれませんか"更尊敬。
～てもらえませんか／ていただけませんか。	表示请求他人为自己（己方）做某事。"ていただけませんか"比"てもらえませんか"更谦虚。

语法要点	语法细节
～てほしい。	表示说话人对自己以外的人的希望或要求（～に～てほしい），亦可用于表示盼望某种状态发生（～が～てほしい）。前者和"～てもらいたい"意思基本相同。否定形式为"～ないでほしい""～てほしくない"。
それで	接续词，表示原因或理由。意为"因此，所以"。

2.

（1）先週の試験はとても難しくて、あまりよくできませんでした。点数が低かったので、私はがっかりしました。友達の李さんが「大丈夫。分からないところを教えてあげよう」と励ましてくれてました。そして、1時間半かけて丁寧に教えてくれました。とても感謝しています。

（2）A：あのう、先生、今ちょっとよろしいでしょうか。

　　B：いいですよ。

　　A：あのう、この問題がよく分からないので、教えていただけませんか。

（3）バス、遅いね。早く来てほしいなあ。

自我检测

言語知識（文字・語彙）

問題一

1. なお	2. てすう	3. ちょうさ	4. わりびき
5. はげ	6. よろこ	7. げんこう	8. ながい
9. どうりょう	10. はんにち	11. こころ	12. くる
13. そぼ	14. にゅうこくかんりきょく	15. きかん	

問題二

1. 推薦状	2. 協力	3. 間違	4. 専門用語
5. 書類	6. 研修	7. 締切	8. 応募者
9. 満足	10. 指導	11. 年寄	12. 実践
13. 交換	14. 拾	15. 細	

問題三

1	2	3	4	5	6
C	C	D	B	C	D

問題四

1	2	3	4	5	6	7	8	9	10
C	B	D	B	B	C	D	B	B	C

問題五

1	2	3	4	5
B	D	B	B	C

問題六

1	2	3	4
B	A	C	D

言語知識（文法）

問題七

1. に	2. が	3. ながら	4. から	5. し
6. までに	7. に	8. について	9. に	10. から
11. に	12. に			

問題八

1. 買ってあげた

2. 説明してくださいました

3. 教えていただきました

4. 作ってもらいました

5. 案内してくれました

問題九

1. a　2. b　3. a　4. b　5. a　6. a　7. a

問題十

1	2	3	4	5	6	7	8	9	10
B	A	C	D	D	D	B	B	B	C

11	12	13	14	15	16	17
C	C	B	C	A	D	B

問題十一

1	2	3	4	5
A	A	C	D	B

翻訳

問題十二

1. A   2. C   3. C   4. D   5. D   6. B

問題十三

1. C   2. B   3. C   4. B   5. D

翻訳

問題十五

　　来到日本已经过去了半年，我渐渐地适应了日本的生活。于是，为了体验我打算做兼职，便找来朋友商量。他已经在日本住了两年，也有打工的经历。他担心我"学校的功课没问题吗？"，我反复解释说"一点的话没问题"，他就给我介绍了一家餐馆。

　　面试时，我特别紧张，店长的话只听懂了一半。但现在已经适应了工作，还和餐馆里工作的日本人成了朋友。我觉得做兼职的决定果然没错。

問題十六

　　私はルームメートが3人います。先週、私は風邪を引いて、寒気もしましたし、熱も出ました。楊さんは薬を買って（きて）くれました。劉さんはおかゆを注文してくれました。そして、李さんには授業のノートを貸してもらいました。みんなのおかげで、風邪は4日間で治りました。お礼に（感謝の気持ちを表すために）、みんなに果物を買ってあげました。みんなで果物を食べながら、楽しく話しました。私たちの友情がいつまでも続いてほしいと思います。

课前预习

练习1

1. かんごし	2. しゅじゅつ	3. おおがねも	4. ちゅうし	5. ゆうめいじん
6. ほうげん	7. いっけん	8. びょうしつ	9. かっこく	10. わた

练习2

1. 骨	2. 転	3. 麻酔	4. 春	5. 天使
6. 星	7. 学者	8. 動物	9. 恋	10. 監督

练习3

1. レントゲン roentgen	2. チョコレート chocolate	3. パンダ panda	4. スーパーマン superman	5. ダイヤモンド diamond	6. バランス balance

练习4

1.

词例	样态助动词	比况助动词	
	～そうだ	～ようだ	～みたいだ
消える	消えそうだ	消えるようだ	消えるみたいだ
消えない	消えそうにない / 消えそうもない / 消えそうにもない	消えないようだ	消えないみたいだ
おいしい	おいしそうだ	おいしいようだ	おいしいみたいだ
おしいくない	おいしくなさそうだ	おいしくないようだ	おいしくないみたいだ
いい / よい	よさそうだ	いいようだ	いいみたいだ
簡単だ	簡単そうだ	簡単なようだ	簡単みたいだ
簡単ではない	簡単ではなさそうだ	簡単ではないようだ	簡単ではないみたいだ
学生	—	学生のようだ	学生みたいだ
学生ではない	学生ではなさそうだ	学生ではないようだ	学生ではないみたいだ

2.

(1) おいしそうに　　(2) 眠そうな　　(3) 母のような

(4) 中国人のように　　(5) 上海みたいな　　(6) 天使みたいに

规律："～ようだ、～そうだ、～みたいだ"的活用形式与 ナ形容词 一致。

练习1

语法要点	语法细节
～そうだ。(外观, 趋势, 预测)	样态助动词, 表示根据事物的外观或视觉做出的判断, 意为 "看样子 像……"。(外观)
	表示某事态即将发生。意为 "眼看就要……" "马上就要……"。(趋势)
	表示某事态有可能发生。意为 "好像……"。(预测)
～ようだ。(比喻, 示例)	比况助动词, 表示比喻。意为 "好像……" "宛如……"。经常与副 词 "まるで" 呼应使用。
	表示示例。意为 "像……一样" "例如……"。
～みたいだ。(比喻, 示例)	比况助动词。"ようだ" 的口语表达形式, 但接续方式不同。
N　らしい。(典型)	接尾词, 前接名词, 表示该事物的典型特征。"名词＋らしい＋同一 名词" 意为 "像样的"。
少しも～ない。	表示完全否定。意为 "一点也不……" "完全不……"。
疑问词 でも	疑问词加上接续助词 "でも", 表示全面肯定。意为 "无论……都……"。

练习2

1. 熱が出ました。寒気がします。めまいもします。

2. ゆうべ熱が出ました。寒気がして、めまいもしました。ルームメートと一緒に病院に行きました。
   点滴を受けてよくなりました。

3. 彼女はまるで人形のようにかわいいです。

4. 春らしい天気です。

自我检测

言語知識（文字・語彙）

問題一

1. ひみつ	2. ふくろ	3. おに	4. まなつ	5. なか
6. お	7. つ	8. あいだ	9. やぶ	10. さ

問題二

1. 洗濯物	2. 腫	3. 熱	4. 下	5. 別
6. 輝	7. 隠	8. 本格的	9. 方言	10. 効

問題三

1	2	3	4	5	6
A	C	D	C	A	D

問題四

1	2	3	4	5	6	7	8	9	10
A	D	A	D	C	A	B	B	A	D

問題五

1	2	3	4	5
A	C	B	D	D

問題六

1	2	3	4	5
B	A	C	D	B

言語知識（文法）

問題七

1. で、が　　　　2. に　　　　　3. に、が　　　4. で、に、の
5. を、に　　　　6. で　　　　　7. が、に、を　8. を、を、に

問題八

1. 死にそう

2. 元気そうだった

3. 気持ちよさそうに

4. 出そうです

5. 悪い人ではなさそうです

6. 日本語コーナのような

7. いるような

8. かわいかったようで

9. 上海みたいな

10. スイカやみかんみたいな

11. 石みたいに

12. いないみたい

13. 自分らしく

14. 都会らしい

15. 彼らしくない

問題九

1. b　　2. b　　3. a　　4. a　　5. a

問題十

1	2	3	4	5	6	7	8	9	10
C	A	B	B	D	A	D	A	B	B

問題十一

1	2	3	4	5
D	B	A	B	D

読解

問題十二

1. B　　2. A　　3. C

問題十三

1. B　　2. A　　3. D

翻訳

問題十五

　　樱花被认为是日本的象征，这似乎并不是日本人喜爱樱花的唯一原因。首先，有很多日本人因为樱花很美而喜爱樱花。其次，因为樱花很快就会落，日本人认为生命就像樱花一样短暂。最后，樱花预示着春天即将到来，可以说是希望的象征。

　　每年樱花的季节我都会去赏花。我最喜欢看樱花像雪花一样飘落的样子。我经常和家人或朋友一起去赏花。一边吃着便当一边赏花真的让人觉得很幸福。

問題十六

　同僚の劉さんは先月結婚しました。奥さんは日本人で、劉さんが留学した時のクラスメートです。昨日劉さんは二人の写真を見せてくれました。劉さんの奥さんはきれいで、優しそうな人でした。劉さんは、今月、大連や三亜のような海がある町に行って、新婚旅行をするつもりだと言いました。二人が帰ってきた後で、ほかの同僚たちと一緒にロボット掃除機をプレゼントしようと思っています。

课前预习

练习1

1. るす	2. らく	3. まじめ	4. くろう	5. けしょうひん
6. せんじょう	7. よそう	8. せんぎょうしゅふ	9. たいしつ	10. しんこく

练习2

1. 履歴書	2. 温	3. 店長	4. 費用	5. 寒気
6. 幸	7. 農村	8. 丁寧	9. 被害	10. 真珠

练习3

1.

词例	传闻	样态
行く	行くそうだ	行きそうだ
面白い	おもしろいそうだ	おもしろそうだ
いい	いいそうだ	よさそうだ
静かだ	静かだそうだ	静かそうだ
雪	雪だそうだ	———

2.

　　"ようだ"与"みたいだ"都能表示 推测、比喻、例示 ，但"ようだ"与"みたいだ"在接续上有所不同，具体差异表现在前接 ナ形容词 与 名词 的情况下。

词例	ようだ	みたいだ
静かだ	静かなようだ	静かみたいだ
学生	学生のようだ	学生みたいだ

练习1

语法要点	语法细节
～ようだ。（推测）	"ようだ"是比况助动词。表示以听觉、视觉、嗅觉、味觉、触觉等为依据做出的直觉判断，相对来说比较主观。经常与副词"どうも""どうやら""なんだか"搭配使用。意为"好像……"。
～みたいだ。（推测）	"みたいだ"是比况助动词。是"ようだ"的口语表达形式。经常与副词"どうも""どうやら""なんだか"及其口语表达形式"なんか"搭配使用。
～そうだ。（传闻）	"そうだ"是助动词，表示传闻，句首经常用"……によると""……によれば""……の話では"等形式来说明消息来源。 意为"听说……""据说……"。
～らしい。（推测）	"らしい"是助动词，表示推测。根据看到或听到的客观信息作出推断，相对来说较为客观。经常与副词"どうも""どうやら""なんだか"搭配使用。意为"好像……"。
～と聞いている。	表示传闻。意为"听说……""据说……"。
～と言われている。	表示传闻。多用于社会普遍评价或格言、传说中。意为"听说……""据说……"。
～見える。	表示"看上去好像……"。
～だろう。（推测）	"だろう"是"でしょう"的简体形式，表示推测。经常与"おそらく""たぶん"等表示推测含义的副词搭配使用。
V やすい/にくい。	表示该动作很容易（难）做到或该事情很容易（难）发生。

练习2

1. 日本語がもっと上手になるように、日本のレストランでアルバイトをすることにしました。お客さんにあいさつする言葉を練習したり、メニューを覚えたりしたり、いろいろと苦労しましたが、今ではずいぶん慣れました。

2. 田中君は9時ごろに帰ってくると言っていた。/田中君は9時ごろに帰ってくるそうだ。

言語知識（文字・語彙）

問題一

1. あ	2. いじょう	3. や	4. たいふう	5. みずぶそく
6. きょうどう	7. たいこく	8. かざん	9. じりつ	10. は

問題二

1. 遠足	2. 腐	3. 老	4. 象徴	5. 俳優
6. 離婚率	7. 本体	8. 政府	9. 初雪	10. 苦労

問題三

1	2	3	4	5	6	7	8	9	10
C	D	B	C	B	A	B	A	D	C

問題四

1	2	3	4	5
D	A	A	A	C

問題五

1	2	3	4	5
A	B	B	D	C

言語知識（文法）

問題六

1. が　　2. は/が　　3. に　　4. で

5. に　　6. に、を　　7. が　　8. が

問題七

1. 体にいいみたい

2. 列に並ぶのが好きなよう

3. はきやすいみたい

4. 全然ダメだそう

5. 英語の成績が大事らしい

6. 元気がないよう

7. 静かだろう

8. 帰れないだろう

問題八

1	2	3
B	D	A

問題九

1. b 2. a 3. b 4. c

問題十

1	2	3	4	5	6	7	8	9	10
D	A	C	B	B	C	A	B	C	A

11	12	13	14	15
C	C	A	B	B

問題十一

1. D 2. A 3. C 4. A 5. C

読解

問題十二

1. B 2. D 3. C

問題十三

1. B 2. B 3. D

翻訳

問題十五

　　昨天我去中国朋友家玩。她的丈夫负责做家务。我家里父亲几乎不做家务。现在的日本由于夫妻双方都要工作，所以共同承担家务活动的家庭有所增加，但还是有很多人认为家务应该由女性承担。我以为中国应该和日本一样，但是实际上却是截然不同。

問題十六

　王さんはいま日本に留学しています。学校が終わった後、コンビニでアルバイトをしているそうです。彼はコンビニでのアルバイトは大変ですが、日本人の生活習慣をよく知ることができると言っています。例えば、日本人はおにぎりを温めないで食べます。また、日本人はおみそしるを飲む時、スプーンではなく、お箸を使います。彼はもうコンビニのアルバイトに慣れましたので、コンビニのアルバイトはとてもおもしろいと思っています。

课前预习

练习1

1. とお	2. か	3. しょうりょこう	4. しそう	5. わす
6. ふあん	7. すす	8. かいせんりょうり	9. けっせき	10. かちょう
11. かんどう	12. めんぜい	13. しょうひん		

练习2

1. 変更	2. 厳	3. 持参	4. 気	5. 本場
6. 睡眠	7. 近	8. 気圧	9. 影	10. 新発売
11. 功績、碑文	12. 宗教、影響			

练习3

1. センター center	2. クーラー cooler	3. ファッション fashion	4. パスポート passport	5. ダイエット diet

练习4

词性	基本形	ば形
动词	酔う	酔えば
	近づく	近づけば
	急ぐ	急げば
	出す	出せば
	待つ	待てば
	死ぬ	死ねば
	呼ぶ	呼べば
	読む	読めば
	守る	守れば
	掛ける	掛ければ
	勧める	勧めれば
	忘れる	忘れれば
	する	すれば
	欠席する	欠席すれば
	来る	来れば

词性	基本形	ば形
イ形容词	大きい	大きければ
	やさしい	やさしければ
	いい	よければ
ナ形容词	不安	不安であれば／不安なら（ば）
	嫌い	嫌いであれば／嫌いなら（ば）
	豊か	豊かであれば／豊かなら（ば）
名词	課長	課長であれば／課長なら（ば）
	一年生	一年生であれば／一年生なら（ば）
	大人	大人であれば／大人なら（ば）

课后总结

练习1

语法要点	语法细节
～なら、～。	当前面只接名词时，用于提示话题或限定话题的范围，后项多为叙述该话题范围内最具代表性或得到最高评价的事物。意为"要说……，那还是……；说到……，还得是……"。当前面接名词、イ形容词、ナ形容词和动词时，用于提示话题或以某话题为前提，在此基础上提出说话人给对方的建议、意见、忠告、请求或说话人的判断等内容。意为"如果……，还是……比较好""要是……，还是……的好"。
～ば、～。（条件）	"ば"是接续助词，具体用法和释义分为以下三种： 用法（1）：表示必要条件。用于说话人提出一个完成后项目标的最低条件，并强调该条件的必要性。意为"只要……就……；只要……就能（会）、（可以）……"。 用法（2）：表示假设条件。用于说话人提出前项的假设条件，将会产生后项的结果。后项为表示说话人的意志、愿望、行为或说话人对他人的要求、命令、请求等内容。常与表示假设语气的副词"もし"搭配使用。意为"如果……，就……；要是……（的话），就……"。 用法（3）：表示一种客观规律、自然现象、一般真理、个人习惯等内容。不能与表示假设语气的副词"もし"搭配使用。意为"如果……，就一定……；要是……（的话），就肯定会……"。
～ばいい。	用于说话人提出达到某预期目标的一个最低条件，多用于向对方提出建议或解决方案。意为"只要……就可以了（就行了）"。
～ばいいか。	用于说话人询问应如何做才能够达到前项的目标。较礼貌的说法是"疑问词 V ばよろしいですか"。意为"……该如何做才好呢？"

语法要点	语法细节
～ずに、～。	表示在不做或没做前项的状态和条件下做后项动作。口语表达形式是"Vないで"。"する"后接"ずに"时，整体变为"せずに"。意为"不（没）……就……了"。
そういえば	一般置于句首，表示想起或意识到与现在话题相关的某事。 意为"这么说来，这么一说"。
～っぽい。	表示有这种感觉或有这种倾向，或某种成分非常多。意为"经常……，总是……，偏……"。

练习2

1. A：この夏休み、どこかへ旅行に行くつもりですか。

   B：はい、日本へ行きたいんです。夏の日本旅行なら、やはり北海道がいいと聞いています。

   A：へえ、北海道のどこに行きたいですか。

   B：まず、ファーム富田へ行きたいです。そこへ行けば、きれいなラベンダーが見られるそうです。

   A：きっときれいでしょうね。

   B：ええ。そして、涼しいし、おいしい食べ物もいっぱいあるし、とても楽しみにしています。

   A：ぜひ楽しんできてください。

2. A：北京へ行くなら、故宮がお勧めだと言われていますが、李さんは故宮へ行ったことがありますか。

   B：はい、高校を卒業した時、一回行ったことがあります。

   A：どんな所ですか。

   B：故宮は現存する世界最大の木造建築群です。1987年にユネスコによって『世界文化遺産』に登録されました。敷地面積は72.5万平方メートルで、24人の皇帝がここで暮らしていたそうです。

   A：へえ、とても立派な建物ですね。私もぜひ行きたいです。

3. このゴールデンウイークの休みに、北京へ行きました。人がとても多かったですが、古い建物をたくさん見ました。その中で、一番印象的なのは故宮です。故宮は「故宮博物館」、または「紫禁城」という名前もあります。そこに美しい風景、貴重な文化財があって、また長い歴史を感じることもできます。古い建物のほかに、おいしい北京料理も食べました。北京ダック、北京風味のお菓子などです。チャンスがあれば、また行きたいと思います。

言語知識（文字・語彙）

問題一

1. すいみん	2. じさん	3. ほんば	4. へんこう	5. きあつ
6. ひぶん	7. かげ	8. ちか	9. き	10. しんはつばい
11. おごそ	12. こうせき	13. えいきょう		

問題二

1. 欠席	2. 通	3. 忘	4. 海鮮料理	5. 掛
6. 小旅行	7. 思想	8. 勧	9. 課長	10. 不安
11. 免税	12. 感動	13. 賞品		

問題三

1	2	3	4	5
D	C	B	C	D

問題四

1	2	3	4	5	6	7	8	9	10
C	D	D	C	B	D	B	B	B	B

問題五

1	2	3	4	5
C	C	D	B	D

問題六

1	2	3	4	5
D	B	B	D	C

問題七

1. から、まで、で	2. か、か	3. で	4. に
5. を、に／へ	6. でも	7. との／なら	8. で
9. かに	10. の、に	11. も	12. と

問題八

1. 暑ければ	2. 足せば	3. 丈夫であれば／丈夫なら（ば）
4. 来れば	5 よければ	6. できれば
7. すれば	8. 天気であれば／天気なら（ば）	

問題九

1. この近くのおいしい日本料理店なら	2. 冬休みに旅行に行きたいなら
3. 車の雑誌なら	4. コンビニに行くなら
5. 田中さんなら	6. 熱があるなら

問題十

1	2	3	4	5	6	7	8	9	10
C	B	C	B	D	D	B	D	B	D

11	12	13	14	15
C	D	C	C	B

問題十一

1	2	3	4	5
A	D	D	D	A

問題十二

1	2	3	4
D	D	B	B

1	2	3
B	D	D

翻訳

問題十五

　　我想租公寓，所以去问朋友小李的建议。小李告诉我说："要想租公寓，问小王就行了。因为他很了解。"说曹操，曹操到。正好小王从对面走过来。于是，我拜托小王带我去了房屋中介公司。我们看了很多间公寓，我看中了一个离车站近的、墙壁偏白的公寓。小王说："房租有点儿贵啊。"我说："只要离车站近，房租稍微贵一点儿我也租。"就决定租那间公寓了。我那天很累，回到家之后，没有泡澡就睡觉了。

問題十六

　　春になれば桜が咲きます。日本人はお花見が大好きで、よく「花なら桜だ」と言います。日本に留学していた時、友達の田中さんにお花見に誘ってもらいました。お花見は初めてなので、「何を準備すればいいんですか」と彼女に聞きました。田中さんは「李さんはジュースを持ってくれればいいですよ」と教えてくれました。花見に行く前日、オレンジジュースとアップルジュースを買いましたが、花見の日に、それを家に忘れてしまって、何も持たずに約束の場所に行ってしまいました。「忘れっぽくて本当にごめんなさい。今すぐ買ってきます」と謝りました。田中さんは「私も買ったので、大丈夫ですよ」と言ってくれました。その日のお花見はとても楽しかったです。

课前预习

练习1

1. さいしゅうび	2. りょうかい	3. ないしょ	4. さくばん	5. けいさつかん
6. ふごうかく	7. ぎんせかい	8. さんかしゃ	9. うった	10. しゃしんかん
11. きざ	12. ふうふ	13. はいしゃ	14. りょうがえ	

练习2

1. 急用	2. 上達	3. 開	4. 分担	5. 台無
6. 届	7. 撃	8. 叫	9. 胸	10. 見
11. 我慢	12. 表示	13. 大勢	14. 橋	

练习3

1. アルバム album	2. ドラマ drama	3. サプライズ surprise	4. バースデー birthday	5. ネット net	6. トンネル tunnel

练习4

词性	基本形	后接"たら"的形式
动词	買う	買ったら
	開く	開いたら
	撃つ	撃ったら
	叫ぶ	叫んだら
	見つかる	見つかったら
	死ぬ	死んだら
	読む	読んだら
	過ごす	過ごしたら
	泳ぐ	泳いだら
	届け出る	届け出たら
	訴える	訴えたら
	する	したら
	我慢する	我慢したら
	来る	来たら

词性	基本形	后接"たら"的形式
イ形容词	大きい	大きかったら
	やさしい	やさしかったら
	いい	よかったら
ナ形容词	台無し	台無しだったら
	嫌い	嫌いだったら
	豊か	豊かだったら
名词	夫婦	夫婦だったら
	警察官	警察官だったら
	参加者	参加者だったら

▶ **课后总结**

练习1

语法要点	语法细节
～と、～。	"と"是接续助词，具体接续、用法和释义分为以下两种。 用法（1）：前接动词基本形，表示前项出现或成立后，就会产生后项的结果。多用于自然的事情、机器的使用方法、路线说明、反复动作、个人习惯、社会惯例等。意为"一……就（会）……，每……就（会）……"。 用法（2）：前接动词基本形或动词ない形，表示忠告或警告。意为"如果……就……，要是……就会……"。
～たら、～。	"たら"是接续助词，具体接续、用法和释义分为以下两种。 用法（1）：前接动词、イ形容词、ナ形容词、名词，表示假设条件，有时与表示假设语气的副词"もし"搭配使用。接续方法比较复杂，需要多加练习。意为"如果（要是）……"。 用法（2）：前接动词连用形Ⅱ，表示确定条件，说明前项动作的完成是后项动作的前提条件。意为"等（当）……了之后（再）……"。
～たらどうか。（建议）	前接动词连用形Ⅱ，表示说话人提出建议或忠告。较礼貌的说法是"Vたらいかがでしょうか"。意为"……怎么样？"。
どうしたらいいか。 ～といいよ。	用于征求对方的意见或指示。意为"该……做才好呢？""～といいよ"用于回答，前接动词基本形，意为"一般情况下（出于个人经验建议）这么做就可以了"。
～と、～た。（发现）	前接动词基本形，表示以前项动作的结束为契机，发现已经发生、已经存在的事物等，后项常用过去式。意为"一……，发现……了"。
～たら、～た。（发现）	前接动词连用形Ⅱ，表示以前项动作的结束为契机，发现已经发生、已经存在的事物等，后项常用过去式。意为"一……，发现……了"。
そうすると	一般置于句首，承接对方所叙述的事件。意为"那么的话，那样的话"。

練習2

1. A：李さん、明日は張先輩の誕生日だと聞いているんですけど……

 B：そうですか。じゃあ、サプライズパーティーを開きましょうか。

 A：そうしましょう。明日の午後6時に私の部屋で開きましょう。

 B：いいですね。準備するものがたくさんありそうです。みんなで分担したらどうですか。

 A：もちろんいいですよ。楊さんは果物や飲み物を準備してください。私はケーキを予約します。いつものケーキ屋さんで予約するといいですね。

 B：ええ、あの店のチョコレートケーキはとてもおいしいですね。張先輩はきっと好きでしょう。

 A：ええ、そうしましょう。パーティーのこと、張先輩に絶対内緒ですよ。

 B：絶対言いません。張先輩に話すと、この計画が台無しになってしまいますから。

2. 20歳の誕生日に、友達からプレゼントをもらいました。開けてみたら、誕生日ケーキでした。私の一番好きなアイスケーキでした。食べてみると、ミルクの味がとても濃くて、上のいちごもとてもおいしかったです。その冷たくて甘い食感は最高でした。

3. 先週の水曜日に、ルームメートは私のために誕生日パーティーを開いてくれました。部屋に帰ると、中は真っ黒でした。電気をつけようとした時、誕生日の歌が聞こえてきました。電気をつけると、とてもおいしそうな誕生日ケーキが目に入りました。とても感動しました。ケーキ以外のプレゼントもいくつかもらいました。李さんはすてきなネックレスをくれました。劉さんはかわいいハンカチをくれました。そして、張さんからはペンケースをもらいました。みんなに感謝の気持ちでいっぱいです。

自我检测

言語知識（文字・語彙）

問題一

1. はし	2. きゅうよう	3. だいな	4. じょうたつ	5. う
6. とど	7. むね	8. ぶんたん	9. み	10. ひら
11. がまん	12. さけ	13. ひょうじ	14. おおぜい	

問題二

1. 警察官	2. 最終日	3. 了解	4. 写真館	5. 銀世界
6. 歯医者	7. 不合格	8. 両替	9. 訴	10. 参加者
11. 刻	12. 昨晩	13. 内緒	14. 制作	

問題三

1	2	3	4	5
C	B	D	D	D

問題四

1	2	3	4	5	6	7	8	9	10
C	B	D	C	D	C	D	D	B	D

問題五

1	2	3	4	5
C	D	D	D	C

問題六

1	2	3	4	5
D	B	D	C	D

言語知識（文法）

問題七

1. に、から　　　　　2. で　　　　　　　3. を、に　　　　　　4. と、で、に

5. から、の　　　　　6. と、に　　　　　　7. へ、と／や／か、に　8. から、で

9. と、は、が／も、も、が　　　　　　　　10. に、が、と

問題八

1. 飲んだら　　　　　2. 簡単だったら　　　3. 電車だったら　　　4. 暑かったら

5. 卒業したら　　　　6. 開けたら

問題九

1. 相談するといい　　2. 提出するといい　　3. 買うといい　　　　4. 調べるといい

5. 持っていくといい　6. 用意するといい

問題十

1	2	3	4	5	6	7	8	9	10
C	D	C	D	D	D	D	C	D	D

11	12	13	14	15
A	D	B	C	D

問題十一

1	2	3	4	5
A	C	B	A	D

読解

問題十二

1	2	3
B	C	D

問題十三

1	2	3
D	D	C

翻訳

問題十五

　　下周三有期中考试。李同学平时不怎么学习，所以意识到如果不准备就会不及格。他不知道如何准备才好，所以就向学习成绩好的王同学寻求建议。王同学说："先从背单词开始怎么样？并且，到下周三还有一周时间，所以我觉得做每天的计划就行了，那样的话，会比较容易推进。"李同学听后，认真地制定了计划，背单词、学知识。尝试认真学习之后，他发现并没有那么难。考试结束后，他也想要努力学习。

問題十六

　　先週の土曜日に、クラスの皆さんと一緒にハイキングに行きました。先週の金曜日は曇りでしたから、先生は「あしたは晴れだったら、ハイキングに行きます。雨だったら、ハンキングを中止します」と言いました。幸いにも翌日は晴れでした。みんなは楽しく話しながら、学校の近くの山に登りました。頂上まで登ると、海が見えました。とても青くてきれいでした。みんなでおいしいものを食べたり、ゲームをしたりして、とても楽しかったです。しかし、帰りに道に迷って、どう行ったらいいか分からなくなりました。ちょうどその時、通りかかったおじいさんが「ここで左に曲がって、まっすぐ行くと、バス停が見えるよ」と親切に道を教えてくださいました。バスに乗って、午後5時ごろに無事に学校に着きました。機会があったら、またクラスの皆さんと一緒にハイキングに行きたいです。

课前预习

练习1

1. うたが	2. どろぼう	3. ふせいかく	4. よなか
5. かくとく	6. いんりょく	7. こしょう	8. ゆうのう
9. ふゆう	10. しゃかいしゅぎ	11. たいしゅう	12. ふ
13. さわ	14. み	15. きら	16. や

练习2

1. 詐欺	2. 迷惑	3. 事件	4. 寝坊
5. 押	6. 商品	7. 特色	8. 富裕
9. 毒	10. 強盗	11. 建	12. 捜

练习3

1. ガラス glass	2. サスペンス suspense	3. マンション mansion	4. データ data

练习4

分类	接续方法	词例	被动形
五段动词	将基本形词尾的ウ段假名变为该行的ア段假名后加"れる"	洗う 嫌う	洗われる 嫌われる
		書く 騒ぐ	書かれる 騒がれる
		押す だます	押される だまされる
		立つ 持つ	立たれる 持たれる
		死ぬ	死なれる
		遊ぶ 呼ぶ	遊ばれる 呼ばれる
		盗む 踏む	盗まれる 踏まれる
		叱る 振る	叱られる 振られる

（续表）

分类	接续方法	词例	被动形
一段动词	将基本形词尾的"る"去掉后加"られる"	開ける 褒める	開けられる 褒められる
サ变动词	将"する"变为"される"	する 対応する	される 対応される
カ变动词	将"来る"变为"来られる"	来る	来られる

课后总结

练习1

语法要点	语法细节
N1 は N2 に V れる／られる。（基本被动）	表示主语（N1）受到他人（N2）行为的影响。N1 为动作接受者，仅限于"我"或容易与"我"共情的人，N2 为动作执行者。
N1 は N2 に N3 を V れる／られる。（所有者的被动）	表示主语（N1）的所有物、身体的一部分等（N3）受到他人（N2）行为的影响。N1 为动作接受者，仅限于"我"或容易与"我"共情的人，N2 为动作执行者。
N1 は N2 に V れる／られる。（受害的被动）	表示主语（N1）因为某事或他人（N2）的行为而受害或者感到困扰。N1 仅限于"我"或容易与"我"共情的人。
N1 が／は N2 に／によって V れる／られる。（客观情况的被动）	主语（N1）为无生命事物，多用于客观叙述社会事实。动作执行者（N2）后面除了"に"之外，多用"によって"表示特定的动作主体。
～ため（に）、～。（原因）	表示造成特殊结果的原因。释义为"因为……所以……"。
～からだ。	表示原因。"～のは～からだ"的省略说法。释义为"是因为……"。
～のに、～。	"のに"是接续助词，表示转折，含有意外、不满、遗憾等语气。释义为"明明……却……"。

练习2

1. 家に帰る途中で、道を渡っていたおばさんが車にはねられて、意識がだんだん無くなりました。

2. バスに乗った時に、リュックのジッパーが外れてしまい、その中に入った財布を盗まれてしまいました。

3. 宿題が多いので、図書館で静かに勉強したいですが、友達からゲームに誘われて、勉強に集中できなくなります。集中力が続かないからです。どうしたらいいか分かりません。

言語知識（文字・語彙）

問題一

1. はっけん	2. きゅうきゅうしゃ	3. ほしょう	4. しゅじんこう、ころ
5. けっきょく	6. じっけん	7. たいおう	8. にっすう
9. ねぼう、しか	10. こうふく	11. あ	12. よなか
13. おさ	14. か	15. さが	

問題二

1. 殴	2. 泥棒	3. 騒	4. 疑
5. 不正確	6. 逮捕	7. 褒	8. 納豆
9. 焼	10. 続	11. 嫌	12. 迷惑
13. 満	14. 獲得	15. 故障	

問題三

1	2	3	4
B	D	A	B

問題四

1	2	3	4	5	6	7	8	9	10
C	B	A	A	C	D	C	A	A	D

問題五

1	2	3	4	5	6
C	D	A	D	B	C

問題六

1	2	3	4	5
C	B	D	C	D

問題七

1. に、を	2. が	3. を	4. が、が
5. に	6. で、に	7. に、に	8. のに、に
9. な	10. に	11. に	12. に、を、に
13. は、に	14. の		

問題八

1. 叱られました

   殴られました

2. スマホを盗まれました

   日記を読まれました

3. 友達に来られて

   周りの人に話しかけられて

4. 見られています

   愛されています

5. 熱が出た

   試合に負けた

6. ダイエットしているからです

   彼氏とデートするからです

7. 頑張った

   何回も言った

問題九

1	2	3	4	5	6	7	8	9	10
D	C	D	C	A	D	B	D	A	A

11	12	13	14	15	16
D	A	D	B	D	A

問題十

1	2	3	4	5
A	D	A	C	C

問題十一

1. B   2.C   3. B

問題十二

1. B   2. B   3. A

問題十四

　　昨晚，是我室友小李的生日聚会。因为马上要期末考试了，我本想在教室里复习，但小李邀请了我，我就得去参加。因为小李在聚会上吃了生鲜食品，肚子痛，回去的时候，隔壁房间的小王和我一起带小李回了宿舍，真的特别感谢他。今天早上，因为小李还是不舒服，就没去上课。老师问我小李缺席的原因，我就把昨天的事情都跟老师说了。下课后，老师叫我过去，让我把本周的作业转告给小李。

問題十五

　キムさんは韓国人で、今はアメリカにある会社に勤めています。昨日は金曜日だったため、キムさんは普段のように会社で仕事をしていました。夜、キムさんが家に帰ると、窓ガラスが割られていることに気づきました。ドアに鍵をかけていましたが、お金やパソコンなどを取られてしまって、部屋もごちゃごちゃになっていました。そんなことはキムさんにとって初めてだったため、本当にびっくりしたそうです。どうしたらいいかキムさんは迷いました。そして、友達の鈴木さんに電話して、相談してから、警察に通報することにしました。

课前预习

练习1

1. わら	2. つよ	3. しんらい	4. たしょう
5. まも	6. しゅうごう	7. さくせん	8. かんどう
9. ぜんはん	10. こうはん	11. ぎゃくてん	12. じんせい
13. すぐ	14. ちいき	15. れいぎ	16. さぎょう

练习2

1. 部活	2. 走	3. 敬語	4. 冗談
5. 体力	6. 目指	7. 打	8. 当
9. 拍手	10. 傾向	11. 存在	12. 接待
13. 責任	14. 払	15. 大声	16. 落第

练习3

1. キャプテン captain	2. マネージャー manager	3. バスケット basket	4. スポーツドリンク sports drink
5. シュート shoot	6. エース ace	7. ムードメーカー mood maker	8. グラウンド ground
9. マフラー muffler	10. メニュー menu		

练习4

分类	接续方法	基本形	使役形
五段动词	将基本形词尾的ウ段假名变为该行的ア段假名后加"せる"	洗う 使う	洗わせる 使わせる
		書く 泳ぐ	書かせる 泳がせる
		話す 出す	話させる 出させる
		立つ 持つ	立たせる 持たせる
		死ぬ	死なせる

分类	接续方法	基本形	使役形
五段动词	将基本形词尾的ウ段假名变为该行的ア段假名后加"せる"	遊ぶ 呼ぶ	遊ばせる 呼ばせる
		飲む 読む	飲ませる 読ませる
		守る 怖がる	守らせる 怖がらせる
一段动词	将基本形词尾的"る"去掉后加"させる"	見る 決める	見させる 決めさせる
サ变动词	将"する"变为"させる"	する 結婚する	させる 結婚させる
カ变动词	将"来る"变为"来させる"	来る	来させる

课后总结

1.

语法要点	语法细节
N1 は N2 を V せる／させる。（强制，指示） N1 は N2 に N3 V せる／させる。（强制，指示）	表示强制或指示某人做某事。动作执行者（N2）一般后续"を"或"に"。谓语动词为自动词时，原则上使用"を"，但句中出现名词"（场所）を"时，动作执行者（N2）后续"に"表示；谓语动词为他动词时，则使用"に"。一般来说，面对比自己地位高、年龄大的人不使用该句型。
N1 は N2 を V せる／させる。（容许，放任） N1 は N2 に N3 V せる／させる。（容许，放任）	表示容许、放任他人的行为或者状态。一般来说，面对比自己地位高、年龄大的人不使用该句型。
N1 は N2 を V せる／させる。（情感诱发）	表示诱发人产生某种心理变化。动词多为表示感情或心理意义的词。
～とおり	表示按前项提示的内容做后项的事。亦可接在"言う""考える"等表示发话和思考的动词后，表示与之相同。意为"如……一样"。
N によって	表示由于前项的不同而产生后项不同的结果。意为"根据……""由于……"。
N にとって	表示站在前项的角度或立场进行判断、作出评价。后项多接表示评价性的语言。意为"对于……来说"。
N に対して	表示对象，后项多用于表示动作、态度等词句。意为"针对……""对……"。

（续表）

语法要点	语法细节
こそ	"こそ"是提示助词。用于强调某事物。
ぞ	"ぞ"是终助词。用法一是表示断定或决心，用于自言自语；用法二是强调自己的主张或提醒、警告等，多用于男性同辈或晚辈之间。

2.

（1）A：今回は龍にマネージャーをやらせるつもりですが、どうですか。

　　B：そうですね。龍は何事に対しても真面目だから、いいかもしれませんね。

　　A：そうですね。マネージャーは雑用が多いですからね。

（2）1年生から茶道部に参加しています。今、茶道部の先輩になりました。後輩たちに茶道の精神を調べさせたり、お茶の点て方を教えたりして、楽しんでいます。

（3）試合の前半は負けていましたが、後半は監督の作戦が見事にあたり、逆転して優勝しました。

自我检测

言語知識（文字・語彙）

問題一

1. けいご	2. はし	3. じょうだん	4. そんざい	5. づく
6. みが	7. めざ	8. れいぎ	9. あ	10. かんどう

問題二

1. 部活	2. 信頼	3. 笑	4. 体力	5. 重要
6. 逆転	7. 人生	8. 拍手	9. 望	10. 家事

問題三

1	2	3	4	5	6	7	8	9	10
D	A	C	B	A	C	B	D	D	B

問題四

1	2	3	4	5	6	7	8	9	10
B	A	A	B	B	B	C	C	A	B

問題五

1	2	3	4	5
A	C	B	B	C

問題六

1	2	3	4	5
C	A	C	A	B

言語知識（文法）

問題七

1. を　　　　2. によって　　　3. を　　　4. に、を　　5. も

6. に、を　　7. に　　　　　　8. を　　　9. は、は　　10. こそ

問題八

1. 書かせ　　　2. 喜ばせ　　　　3. 泳がせた　　4. 待たせ　　5. やらせ

6. 行かせました　7. 閉めさせました　8. 集めさせ　　9. 驚かせ　　10. 心配させ

問題九

1. お肉のメニューが違います

2. 仕事のやり方も変わってきます

3. 一番重要なのは言葉だと思います

4. すばらしい一年です

5. 失礼なことをしてはいけません

6. 親切です

7. 社長の奥様はきれいな方です

8. 誰でも自分の好きなことを一生懸命やりたくなりますね

9. 一番の宝物です

10. 私の大好きなものです

問題十

1	2	3	4	5	6	7	8	9	10
C	B	A	D	B	B	A	A	A	C

問題十一

1	2	3	4	5
B	B	A	A	B

読解

問題十二

1. C　　2. A　　3. B　　4. C

問題十三

1. B　　2. D　　3. A　　4. B

翻訳

問題十五

　　周末我正用平板电脑看电视剧的时候，被妈妈说"去趟水果店，买点草莓回来"。正好看到有趣的地方，所以就让弟弟代替我去买了。我说把弟弟一直想要的足球给他，他马上就答应"去!"。但是，之后这件事情被妈妈知道了，狠狠地批评了一顿。并且平板电脑被妈妈没收了一个月。

問題十六

　　私は子供の頃、バイオリンやバスケットなどを習っていました。家に帰っても毎日母にバイオリンの練習をさせられました。毎日忙しくて友達と遊ぶ時間が全然ありませんでした。それが大嫌いでした。だから、絶対に自分の子供には嫌いなことをさせないと思っていましたが、今6歳の娘にピアノや水泳などを習わせています。時々、ピアノの練習のことで、娘を泣かせることもあります。

课前预习

练习1

1. じかい	2. せっきゃく	3. のうりょく	4. かがく	5. ざんぎょう
6. こんや	7. えんりょ	8. かじ	9. かいけい	10. いがい

练习2

1. 事務的	2. 勝手	3. 伝わる	4. やる気	5. 能力
6. 反省	7. 全力	8. 痛感	9. 引き受ける	10. 早退

练习3

1. ミス	2. プレー	3. ビザ	4. デザイン	5. ゲーム
miss	play	visa	design	game

练习4

分类	接续	基本形	使役被动形
五段动词	将基本形词尾的ウ段假名变为该行的ア段假名后加"せられる"或"される"	洗う	洗わせられる／洗わされる
		払う	払わせられる／払わされる
		聞く	聞かせられる／聞かされる
		泳ぐ	泳がせられる／泳がされる
		立つ	立たせられる／立たされる
		待つ	待たせられる／待たされる
		死ぬ	死なせられる／死なされる
		遊ぶ	遊ばせられる／遊ばされる
		叫ぶ	叫ばせられる／叫ばされる
		飲む	飲ませられる／飲まされる
		読む	読ませられる／読まされる
		作る	作らせられる／作らされる
		走る	走らせられる／走らされる
		話す	話させられる
		消す	消させられる
一段动词	将基本形词尾的"る"去掉后加"させられる"	起きる	起きさせられる
		決める	決めさせられる
サ变动词	将"する"变为"させられる"	する	させられる
		勉強する	勉強させられる
カ变动词	将"来る"变为"来させられる"	来る	来させられる

练习1

语法要点	语法细节
V せて／させてくれる・くださる。	表示他人让自己做某事，其中包含对对方的感谢之情。主语为给予恩惠的人。表示请求对方是否允许自己做某事时，使用"V せて／させてくれませんか・くださいませんか"。意为"……让我（我们）……"。
V せて／させてもらう・いただく。	表示请求他人让自己做某事，其中包含对对方的感谢之情。主语为接受恩惠的人。表示请求对方是否允许自己做某事时，使用"V せて／させてもらえませんか・いただけませんか"，礼貌程度高于"V せて／させてくれませんか・くださいませんか"。意为"请……让我（我们）……"。
V せて／させてあげる・やる・おく。	表示容许或放任不管之意。多用于较自己地位低的人或者动植物。表示不介入、保持现在的状态时，用"V せて／させておく"更合适。意为"……让……"。
V せて／させてください。	表示请求对方允许自己做某事。比"V せて／させてくれませんか・くださいませんか""V せて／させてもらえませんか・いただけませんか"的礼貌程度要低。意为"请让我（我们）……"。
N1 は N2 に V せられる／される・させられる。	（1）表示接受某人的命令或指示，不得不做对方所指示的动作。意为"不得已……"。 （2）表示某事引起某人心理上的变化，使某人对某事物产生了特殊的情感。意为"不由得……"。

练习2

(1) A：ビジネスマナーの本を1冊貸していただけませんか。

　　B：はい、いいですよ。

　　A：明日KYY株式会社で研修させていただくことになっています。

　　B：あ、そうでしたね。頑張ってくださいね。

(2) 日本語を鍛えるために、日本語教室で日本語を教えるアルバイトを探したいです。

　　人の前で話す勇気も湧いてきて、堂々と人とコミュニケーションができると思います。

(3) いい体験をさせてくださいました。仕事の内容はとても難しくて、私はミスが多くて、何度も叱られました。とても反省しています。能力がまだ足りないことを痛感しました。

言語知識（文字・語彙）

問題一

1じむてき	2. かって	3. つた	4. そうたい	5. あんてい
6. がんぼう	7. のうりょく	8. はんせい	9. ぜんりょく	10. つうかん

問題二

1. 会計	2. 今夜	3. 接客	4. 科学	5. 残業
6. 遠慮	7. 意外	8. 家事	9. 次回	10. 鍛

問題三

1	2	3	4
A	C	A	C

問題四

1	2	3	4	5	6	7	8	9	10
A	B	C	A	B	D	B	A	C	A

問題五

1	2	3	4	5
A	B	D	C	B

問題六

1	2	3	4	5
D	B	C	A	C

言語知識（文法）

問題七

1. に	2. に	3. とは	4. に	5. に
6. に、を	7. とは	8. は／が、に	9. が	10. は、を

問題八

1. 食べさせられ

2. 運ばされ／運ばせられ

3. 来させられて

4. 行かされ／行かせられ

5. 買わされました／買わせられました

6. 払わされ／払わせられ

7. 練習させられました

8. やめさせられ

9. 覚えさせられ

10. 読まされ／読ませられ

問題九

1. 早退させてもらいました

2. 長い休みを取らせてあげました

3. 好きなことをやらせてくれました

4. 彼女を大学に行かせてあげました

5. 本を読ませていただきます

6. ちょっと使わせてもらえませんか

問題十

1	2	3	4	5	6	7	8	9	10
D	D	A	B	B	A	C	C	B	A

問題十一

1	2	3	4	5
A	C	A	A	D

読解

問題十二

1. B　　2. A　　3. B　　4. C　　5. B

問題十三

1. D　　2. C　　3. B　　4. C

問題十五

佳子

　　非常感谢前段时间让我寄宿在你们家体验生活。虽然一周时间很短暂，但是让我有了一段很珍贵的体验。邂逅了很多国家的人，也接触到了异国的文化。尤其是佳子妈妈做的饭菜真的太好吃了。我按照你妈妈教我的方法试做了一下，虽然没她做得那么好，但是很好吃。下次也让我做我们国家的饭菜吧。期待再见。

王

問題十六

　　今朝は最悪でした。携帯のアラームが鳴らなくて、1時間も寝坊してしまったのです。いつも駅まで20分歩いているのですが、今日はそんな時間はありませんでした。バスを利用することにして、バス停に並びました。でも、バスがなかなか来ませんでした。30分以上も待たされてしまいました。そのままでは1時間近く遅刻してしまいそうでした。上司に怒られている様子が想像できました。

　　しかし、駅で今日は土曜日だったことに気づきました。携帯のアラームが鳴らなかったのもバスが30分遅れて来たのも今日が土曜日だったからです。

第15课

课前预习

练习1

1. こうえい	2. とつぜん	3. ほんじつ	4. ぐたいてき
5. きょうしゅく	6. ふしぜん	7. ふっこう	8. きょうげき
9. かいちょう	10. しゅつえん	11. じゃま	12. とっきゅうけん
13. はいしゃく	14. まい	15. のち	16. あず

练习2

1. 表現	2. 豊富	3. 澄	4. 添付
5. 回答	6. 工夫	7. 設定	8. 時期
9. 国際会議	10. 一家	11. 番	12. 製品

练习3

1. グラフ graph	2. ホームページ homepage	3. バラエティー variety	4. ゴルフ golf
5. レシート receipt	6. ゴリラ gorilla	7. アクセント accent	8. イントネーション intonation

练习4

一般动词	尊敬动词	自谦动词	郑重动词 （常以"ます"的形式出现）
会う	——	お目にかかる	——
ある	——	——	ございます
言う	おっしゃる	申し上げる	申します
行く	いらっしゃる おいでになる お越しになる	伺う 上がる	参ります
いる	いらっしゃる おいでになる	——	おります
受け取る	——	拝受する	——
思う	——	——	存じます
借りる	——	拝借する	——

70

一般动词	尊敬动词	自谦动词	郑重动词 （常以"ます"的形式出现）
聞く	（〜が）お耳に入る	伺う 承る 拝聴する	──
着る 穿く 履く	召す お召しになる	──	
来る	いらっしゃる おいでになる 見える お見えになる お越しになる	──	参ります
死ぬ	お亡くなりになる 亡くなられる	──	
知らせる	──	お耳に入れる	──
知っている	ご存じだ	（人を）存じ上げている 承知している	存じています
する	なさる	──	いたします
訪問する	──	伺う 上がる	──
食べる 飲む	召し上がる 上がる	いただく ちょうだいする	──
もらう	──	いただく ちょうだいする	──
くれる	くださる	──	──
あげる	──	さしあげる	──
寝る	お休みになる	──	──
見せる	──	お目にかける ご覧に入れる	
見る	ご覧になる	拝見する	──
読む	──	拝読する	──

练习1

序号	语法要点	语法细节
1	お／ご～になる。	一般动词的尊敬语形式，用于向对方或谈话中涉及的人物表示敬意。但词干是单音节的一段动词（"いる""見る""着る"等）与"来る""する"等不能用于此句型。
2	（尊敬）V。	生活中一些使用频率较高的动词，通常有特殊尊敬语形式。
3	Vれる／られる。（尊敬）	助动词"れる""られる"接在一般动词ない形（去掉"ない"）后，表示对他人行为的尊敬。这种敬语形式多用于男士的讲话、报纸、公文等，尊敬程度不如"お／ご～になる"。
4	お～だ。	与"句型1""句型3"相同，是一般动词的尊敬语形式，但该句型含有"正要做……"或现在所处的某种持续状态之意。
5	ご～なさる。	与"句型1""句型3""句型4"相同，是一般动词的尊敬语形式，"なさる"是"する"的尊敬动词。
6	お～する。	一般动词的自谦语形式。
7	お～いたす。	在"句型6"的基础上，将"する"替换为其郑重语"いたす"，提高了自谦的程度。因为使用了"郑重语"，所以以"いたします"的形式使用。
8	（自谦）V。	生活中一些使用频率较高的动词，通常有特殊自谦语形式。
9	（郑重）V。	生活中使用频率较高的动词当中，"する""いる""ある""思う""知っている""来る""行く""言う"这8个动词有特殊郑重语形式，这些郑重词要与"ます"一起使用，不能以基本形结句。
10	～んじゃないかな。	表示说话人的委婉判断。意为"是不是……？"
11	～ところ（を）～。	在打扰对方或给对方添麻烦时使用，后续表示委托、致歉、致谢等含义的句子。意为"在……之中，在……之时"。

练习2

(1) 大学に入って初めての発表のテーマは「私の故郷」でした。とても緊張していましたが、準備した内容を最後まで発表できたし、先生にも褒められたし、うれしかったです。

(2) 一番好きな授業は基礎日本語です。この授業で、知らない単語や文法がたくさん勉強できて、また先生の話してくださった日本の生活や文化なども大好きだからです。

(3) 一番尊敬している人は高校の担任の先生です。高校時代、先生は毎朝学校にいらっしゃるのが早くて、学生と一緒に自習したり、学生の質問に回答したりしたからです。

言語知識（文字・語彙）

問題一

1. じき	2. とうしゃ	3. みせいねん	4. しんにゅうしゃいん
5. もう	6. じょうさま	7. うかが	8. せってい
9. ぞん	10. かた	11. はいけん	12. なが
13. てんぷ	14. くふう		

問題二

1. 動物園	2. 邪魔	3. 拝借	4. 突然
5. 到着	6. 会長	7. 京劇	8. 多忙
9. 出演	10. 覧	11. 恐縮	12. 本日
13. 具体的	14. 住		

問題三

1	2	3	4	5	6	7	8	9
A	B	D	C	C	B	B	D	A

問題四

1	2	3	4	5	6	7	8
B	D	A	C	D	B	C	D

問題五

1	2	3	4	5
B	C	C	D	A

問題六

1	2	3	4	5
B	C	A	C	A

問題七

1. で　　2. に　　3. に　　4. か　　5. が　　6. が　　7. に　　8. を　　9. で　　10. に

問題八

1. ご出張になりました

　　会議にご出席になりました

2. ご覧になりましたか

　　いらっしゃいますか

3. 来られました

　　やめられました

4. ご転勤です

　　お待ちです

5. ご遠慮なさら

　　ご出発なさいました

6. ご紹介します

　　お持ちします

7. お送りいたします

　　ご用意いたします

8. 拝見しました

　　伺います

9. いたします

　　ございます

問題九

1	2	3	4	5	6	7	8	9	10
D	C	B	B	D	A	C	D	B	A

11	12	13	14	15	16	17	18		
A	B	D	D	A	C	D	A		

問題十

1	2	3	4	5
A	D	D	A	C

問題十一

1. D   2. C   3. C

問題十二

1. C   2. D   3. D

翻訳

問題十四

　　大家早上好。初次见面，我是日语教育研讨班的负责人，我叫铃木一郎。非常高兴能认识大家。虽然我从大学开始主修日语教育，但还是不太精通，所以有一些不安。接下来，我想为研讨课程尽自己的绵薄之力，还需要拜托大家多多配合。

　　最后，祝愿大家有所成就，我的发言就到这里。谢谢大家。

問題十五

　　皆さん、こんにちは。簡単に自己紹介をしたいと思っております。田中健と申します。日本人です。出身は日本の横浜で、今は大連の旅順区に住んでおります。会社の人事異動で大連に参りまして、皆さんと一緒に仕事することになりました。中国に参ったことはありませんでしたが、ずっと中国、そして大連のことが好きですから、これからの生活を楽しみにしております。そして、全力を挙げて仕事に取り組みたいと思っております。中国語がまだまだですが、一生懸命中国語を勉強して、同僚の皆さんに中国語を教えていただければと思います。どうぞよろしくお願いいたします。

课前预习

练习1

1. ざいたく	2. じゅうみんひょう	3. はかい	4. ほけんしょう
5. しせつ	6. しょうみ	7. おんれい	8. えんゆうかい
9. きがん	10. とくていび	11. かんげいかい	12. しゅくはくさき
13. よきょう	14. ほうこく	15. もよ	16. りょうしょう
17. つと	18. ほこ	19. こ	20. げしゃ

练习2

1. 世話	2. 人数	3. 音頭	4. 幹事
5. 案内状	6. 踏切	7. 位置	8. 送迎
9. 預	10. 放題	11. 代表	12. 予算
13. 抜	14. 深	15. 待合室	16. 座談会

练习3

1. ビンゴ bingo	2. テンション tension	3. サンプル sample	4. サービス service

练习4

1.

（1）座る

　①どうぞ　座っ　てください。

　②どうぞお　お座り　ください。

　　句型"～てください"和"お～ください"都用于表示　请求、指示、劝诱　等，"～てください"的　尊敬程度　不如"お～ください"高。"～てください"前接　动词连用形Ⅱ　，"お～ください"的接续方法为"お　动词连用形Ⅰ　ください"。

（2）手伝う

　①すみませんが、少し　手伝っ　ていただけませんか。

　②すみませんが、少しお　手伝い　いただけませんか。

　　句型"～ていただけませんか"和"お～いただけませんか"都用于表示　请求他人为自己做某事　，"～ていただけませんか"的　自谦程度　不如"お～いただけませんか"高。"～ていただけませんか"前接　动词连用形Ⅱ　，"お～いただけませんか"的接续方法为"お　动词连用

<u>形I</u> いただけませんか"。

2.

日语	中文
劉でございます。はじめまして、どうぞよろしくお願いいたします。	我是小刘。初次见面，请多关照。
ご紹介します。こちらは劉先生でいらっしゃいます。	我来介绍一下。这位是刘老师。

"でございます"是"です"的 <u>郑重</u> 表达形式，通常用于 <u>商店、车站、餐厅等以顾客为听话人</u> 的 <u>场合</u>。

"でいらっしゃいます"是"です"的 <u>尊敬语</u> 表达形式，向 <u>谈及的人物</u> 表示敬意。

课后总结

练习1

语法要点	语法细节
お／ご～ください。	表示请求、指示、劝诱等。尊敬程度高于"～てください"。释义为"请……"。
お／ご～いただけませんか。	用于请求他人为自己做某事。自谦程度高于"～ていただけませんか"。释义为"能不能请您……？"
～でございます。	"でございます"是"です"的郑重表达形式。通常用于商店、车站、餐厅等以顾客为听话者人的场合。
～でいらっしゃいます。	"でいらっしゃいます"是"です"的尊敬语表达形式，向谈及的人物表示敬意。
お／ご～くださる。	用于描述他人对自己(己方)有益的行为，含有尊敬或感谢之意。尊敬程度高于"～てくださる"。
お／ご～いただく。	表示说话人或己方承蒙对方某种恩惠，或请求对方为自己做某事，含有感谢之意。自谦程度高于"～ていただく"。
お／ご～申し上げる。	自谦程度高于"お／ご～する"，多用于书信或较郑重的寒暄、致辞等。
お／ご～願う。	通常用于说话人恳请对方做某事，或请求对方为自己(己方)做某事。
お／ご～に預かる。	自谦程度高于"お／ご～いただく"，表示说话人承蒙对方好意或恩惠，含有感谢之意，多用于书信、文章、讲演以及其他郑重场合。
V ております／てまいります／てございます。	"ております"是"ている"的郑重表达形式。"てまいります"是"ていく・くる"的郑重表达形式。"てございます"是"てある"的郑重表达形式。(补助动词应使用平假名书写)

语法要点	语法细节
V　ませ。	"ませ"是"ます"的命令形，接在"いらっしゃる""お/ご～くださる"等尊敬语动词连用形I后，用于恭敬地请对方做某事，现在广泛用于服务行业。"来る"的尊敬语"お越しになる""おいでになる"后接"ませ"变为"お越しくださいませ""おいでくださいませ"，"持ってくる"后接"ませ"变为"お持ちくださいませ"。
缓冲语（铺垫语）	询问、请求或拒绝对方时，在切入主题前用于缓和语气，同时给予时间让听话人预测接下来的表达内容，一般称作"缓冲语"或"铺垫语"。常用的有"すみませんが""失礼ですが""恐れ入りますが""申し訳ございませんが""差し支えなければ""お手数ですが""もしよろしければ""大変恐縮ですが"等。
N　も	"も"是提示助词，提示不以人的意志为转移的自然变化，如季节、时间等，含有说话人的感慨之情。
N　まで	"まで"是提示助词，表示程度超出一般，带有说话人惊讶的语气。
～にもかかわらず、～。	表示结果与预测相反。释义为"尽管是……，但……"。

练习2

1. 今年の幹事は私でございます。キム課長に司会進行をお願いしてあります。ご案内のメールができているので、キム課長にご確認いただきました。また、佐藤部長に乾杯の音頭をお願いいたします。

2. 忘年会では、おいしい料理を食べたり、お酒を飲んだり、歓談したりします。

　忘年会に参加すると、仕事やプライベートの悩みを一時的に忘れて、気分がリフレッシュできます。

　忘年会は、同僚や友人とのコミュニケーションを深める良い機会でもあります。

3. ①開会宣言

　②乾杯の音頭、または簡単なあいさつなど

　③食事・宴会・歓談・表彰・余興など

　④代表者のあいさつ

　⑤閉会宣言

言語知識（文字・語彙）

問題一

1. だいひょう	2. れっしゃ、しんこう	3. せつえい	4. こんしんかい
5. まね、まこと	6. ぶさた	7. きかく	8. りょうしょう
9. つつし	10. とうじつ	11. ざだんかい	12. きょうじ
13. もうふ	14. ふ	15. よさん	16. きょうどうたい
17. さいげん	18. しかえ	19. そうちょう	20. しゃりょう

問題二

1. 外	2. 司会	3. 多幸	4. 表彰
5. 動画	6. 実	7. 記入	8. 務
9. 変動	10. 喜	11. 一言	12. 健勝
13. 満席	14. 略奪	15. 近頃	16. 例年
17. 上回	18. 一同	19. 上司	20. 不在
21. 生命	22. 宝		

問題三

1	2	3	4	5
A	B	C	B	D

問題四

1	2	3	4	5	6	7	8	9	10	11	12	13	14
B	C	A	B	B	A	C	D	A	D	B	A	B	C

問題五

1	2	3	4	5
C	A	D	C	C

問題六

1	2	3	4	5
A	D	A	B	B

問題七

| 1. が | 2. に | 3. に、まで | 4. に、が | 5. を | 6. で |
| 7. で | 8. も、も | 9. に | 10. と、に | 11. に、に | 12. に |

問題八

1. ご支援	2. ございませんか	3. でございます
4. でいらっしゃいます	5. いらっしゃいます	6. お目にかかる
7. お招き	8. おります	9. お待ちください
10. お待ちです		

問題九

1	2	3	4	5	6	7	8	9	10
B	C	B	D	D	B	C	B	C	C
11	12	13	14	15	16	17	18	19	20
C	A	D	A	D	C	A	C	B	D

問題十

1	2	3	4	5
C	D	B	D	A

問題十一

1. C　　2. C　　3. B

問題十二

1. 新年のご挨拶です。

2.「振り返ってみますと、旧年中いろいろとご指導に預かり、深甚なる謝意を申し上げます」です。

3. 発信者の企業は受信者に「本年も倍旧のお引き立てのほどをなにとぞよろしくお願い申し上げます」とお願いしています。

問題十四

　　我是刚刚主持人介绍的李华。能够担任今年的"忘年会"的主持人，我感到非常荣幸。今年的"忘年会"不仅有同学们的参与，还有于院长和日语学院的老师们的光临。首先，我要代表全体同学，向到场的老师们表示感谢。

　　我们已经在研究院学习了一年半的时间，得到了许多老师们的指导，我们感到非常高兴。明年也请各位老师们多多指教。

問題十五

　　ただいまご紹介に預かりました宋でございます。本日は私どもKYY社のために、このような盛大な宴席を催していただき、また先ほどは、陳市長からもご丁寧なご挨拶をいただき、誠にありがとうございます。KYY社、社員一同を代表して、厚く御礼申し上げます。それでは、大変せんえつではございますが、乾杯の音頭を取らせていただきます。